Annette von Leitner

Das große Buch der HOROSKOPE

Annette von Leitner

Das große Buch der HOROSKOPE

Abendländisches,
chinesisches und
indianisches Horoskop

tosa

Herausgegeben von Annette von Leitner
Umschlag von Joseph Koó
Innenillustrationen von Der Graph, Wien

Druck: Ueberreuter Print

INHALT

EINLEITUNG

Blättern Sie auch immer wieder gerne in Büchern, um mehr über sich und Ihren Partner oder Familienmitglieder und Freunde zu erfahren, um zu entschlüsseln, warum sich wer, wann, wie verhält?

Ein Streifzug durch die abendländische Astrologie, durch das Chinesische Horoskop und ein Überblick über das immer populärer werdende Indianische Naturhoroskop soll Sie zum Vergleich animieren. Es wird interessant sein, zu entdecken, dass sich typische Merkmale, Vorlieben und Leidenschaften in allen drei präsentierten Horoskoparten entsprechen. Dass Kulturkreis, Erziehung und Umfeld in der Persönlichkeitsentwicklung eine große Rolle spielen, ist unbestreitbar. Faszinierend ist aber, dass sich bestimmte Merkmale wiederholen!

Jedes *Sternzeichen* wird nach acht wesentlichen Bereichen unterteilt:

- Im Schwerpunktkapitel »Persönlichkeit« werden Anlagen, Talente und Eigenschaften der typischen Vertreter durchleuchtet – natürlich getrennt nach Mann und Frau. Der prägende Einfluss der vorhergehenden bzw. folgenden Sternzeichen wird ebenso berücksichtigt wie Farben und ihre Wirkung.
- »Liebe, Partnerschaft, Erotik« – wen interessiert das nicht? Egal ob frisch verliebt, schon lange verheiratet oder womöglich mit dem »falschen Griff« begabt ... Dem Partner/der Partnerin auf die Schliche kommen – und so dem Liebesglück auf die Sprünge helfen, kann nicht schaden! Von wem Sie besser Herz und Hand lassen sollten und wer am besten zu Ihnen passt, wer Ihre Ergänzung ist und wer Ihr Spiegelbild. Was Sie von Ihrem Schütze-Partner erwarten können und was er nicht erfüllen kann.
- »Gesundheit«: Schlemmen, genießen, verwöhnen – wer dabei die für sein Sternzeichen besonders anfälligen Organe im Auge behalten sollte.
- Warum Sie mit Ihrem Widder-Chef nicht können? Eine mögliche Erklärung finden Sie im Kapitel »Beruf«. Wenn Sie Geld nicht halten oder vermehren können – vielleicht hat das auch mit Ihrem Sternzeichen zu tun!
- Besonders aktive Menschen sind meist im Zeichen des Feuers Geborene. Welche Sportart tut aber Ihnen als Zwilling gut?
- Anregungen zum besseren Verständnis des Nachwuchses und für den

Umgang mit Kindern aus dem Blickwinkel der Astrologie können zwar keine Pobleme lösen, aber vielleicht zur Entspannung beitragen. Wie verstehe ich meine Waage-Tochter? Was geht in meinem Skorpion-Junior vor?

⇨ Ach, der ist auch Wassermann? Ein Reigen prominenter Vertreter Ihres Sternzeichens – bekannt bei Jung und Alt.

⇨ Dass der Aszendent großen Einfluss auf die Eigenschaften und deren mehr oder weniger starke Ausformung hat, weiß jeder. Wie Sie Ihren Aszendenten mittels der Tabelle finden und seine Bedeutung auf Ihr Hauptzeichen entschlüsseln können, zeigt Ihnen die Tabelle.

In der klassischen abendländischen Astrologie erkannte typische Eigenschaften, Verhaltensweisen und Vorlieben erfahren durch die Betrachtung des *Chinesischen Horoskops* ihre Bestätigung. »Hase, Schwein, Schlange & Co.« finden Wissenswertes über sich und ihre Partner nach einer kurzen Einführung und einer Übersicht über die zwölf Tierzeichen. Wer möchte nicht einem weiteren Hinweis auf die Denk- und Fühlweise seines Partners nachgehen oder seinem Verhalten nachspüren?

Das Chinesische Horoskop erfreut sich in unseren Breiten schon seit geraumer Zeit wachsender Beliebtheit. Sicher haben Sie sich schon gefragt, warum ausgerechnet diese zwölf Tiere die Charaktere darstellen. Einer Sage nach rief Buddha alle Lebewesen zu sich, um sich zu verabschieden. Seinem Ruf folgten aber nur jene zwölf Tiere! Zur Belohnung ihrer Treue übergab er jedem von ihnen ein Mondjahr, über das sie herrschen sollten.

Die Abfolge der Regenten ist immer gleich. Der Jahresregent legt fest, welche grundsätzlichen Eigenschaften, Anlagen und Möglichkeiten jemand hat. Die fünf Elemente Erde, Feuer, Wasser, Holz, Metall verstärken oder mildern die Ausformung besonders kennzeichnender Eigenschaften. Wie im westlichen Kulturkreis die Zahl Vier immer wieder auftaucht – vier Himmelsrichtungen, vier Elemente etc. –, ist es in der chinesischen Weltanschauung die Fünf: fünf Himmelsrichtungen (Ost, West, Nord, Süd und Mitte), fünf Elemente, ...

Wollen Sie Ihr Chinesisches Horoskop noch verfeinern, sollten Sie bedenken, dass die genannten zwölf Regenten des Mondjahres auch über die Zeiteinheiten von Monaten bis Stunden herrschen und damit verschieden Eigenschaften beeinflussen können.

Anders alle die bisher genannten Horoskope orientiert sich das *Naturho-*

roskop der Indianer – das *»Medizinrad«* – nicht am Lauf der Gestirne. Nach der indianischen Lehre betreten Sie am Tag Ihrer Geburt das Medizinrad an einer bestimmten Stelle, unter einem Totem, das heißt »Zeichen«. Auf Ihrer Reise durch das Leben sollen Sie die Fähigkeiten und Eigenschaften, die Ihnen dadurch mitgegeben sind, ergänzen und vervollkommnen. Sie bewegen sich also auf dem Rad weiter, weil Sie sich entwickeln. Das Rad selbst richtet sich nach dem Lauf der Erde und der Jahreszeiten.

Nach der indianischen Lehre soll es Ihre Aufgabe im Leben sein, sich um das Verständnis Ihres Standpunktes auf dem Rad zu bemühen. Wenn alle Stationen durchlebt sind, sollten Sie sich im Einklang mit Mutter Natur befinden. Allerdings bewältigt jeder seine Reise in unterschiedlichem Tempo. Bei vielen wird ein Leben nicht ausreichen!

Egal welches Horoskop Sie favorisieren, es wird Ihnen Anhaltspunkte geben und Sichtweisen öffnen, aber nicht Entscheidungen abnehmen. Jedes Sternzeichen, jedes Tier und jedes Totem repräsentiert Eigenschaften, die auf Sie und Ihre Partner, lieben Freunde … zutreffen. Es kann Ihnen den Schlüssel zum besseren Verständnis in die Hand geben, aber keine unumstößlichen Rezepturen zum Umgang mit anderen enthalten!

Das Abendländische Horoskop

Der Widder

21. März bis 20. April

Persönlichkeit

Sie lieben ständige Herausforderungen, haben etwas übrig für menschliche »Vulkanausbrüche« und unerschöpflichen Tatendrang? Dann ist der Widder Ihr idealer Lebensbegleiter!

Eines ist klar: Langweilen werden Sie sich mit einem Widder nicht. Allerdings sollten Sie über ein überdurchschnittliches Maß an Verständnis für seine plötzlichen emotionalen Ausbrüche, eine überdurchschnittliche Portion Gleichmut gegenüber seiner ungestümen und wechselhaften Begeisterungsfähigkeit verfügen! Wenn Ihnen auch bei Höchstgeschwindigkeit nicht schwindlig und schlecht wird, haben Sie die besten Voraussetzungen für ein Leben an der Seite eines Widders.

Eine der hervorstechendsten Widder-Eigenschaften ist seine fast nie erlahmende Tatkraft. Mit seinem Ziel vor Augen stürmt der Widder ungebremst, mit all seiner überschäumenden Energie los und ruht nicht eher, bevor er nicht in der Zielgeraden ist. Um die Details der Abwicklung dürfen sich gerne andere kümmern, während er selbst bereits nach neuen Ufern Ausschau hält. Das ist oft auch besser: In alltäglichen Dingen kann er eine gewisse Begabung für Chaos zeigen ... Dem Marszeichen liegt das Erobern und Kämpfen eben näher als das Erhalten und Bewahren.

Ein Widder macht keine Fehler und duldet kaum Widerspruch. Sein starkes Selbstbewusstsein hält eigene Fehlleistungen für unmöglich: Da muss wohl ein unvorhersehbarer Einfluss von außen im Spiel gewesen sein!

»Das geht nicht« akzeptiert ein Widder genauso wenig wie »später« oder »übermorgen«. Was unerreichbar, nicht zu verwirklichen scheint, spornt ihn an. Je höher das Ziel, je größer die Aufgabe, desto lieber nimmt er die Herausforderung an und stürzt sich mit Feuereifer in die unverzügliche Verwirklichung der Pläne. Nur lange dauern darf es nicht!

Die Unerreichbarkeit eines glühend verehrten Menschen spornt den Kämpfer eher an. Manche Widder neigen zur Kopflastigkeit und jagen einem selbst gefertigten Traumbild hinterher – was sie natürlich nicht daran hindert, auch sehr irdische Gefühle und Beziehungen auszuleben! Forderungen zu stellen ist ein Widder-Thema, das sich wie ein roter Faden durch sein Leben zieht. Wie soll ein Normalsterblicher die immensen Erwartungen erfüllen, die ein euphorischer Widder ihm entgegenbringt? Enttäuschungen können nicht ausbleiben und schmerzen den Starken. Mit Verletzungen und Niederlagen hält er sich aber nicht lange auf, sondern stürmt weiter zur nächsten verheißungsvollen Verabredung ... Er lässt es nicht zu, dass er tief getroffen wird. Sein Schutzmechanismus schaltet sich ein, der Schalter legt sich um – und damit ist die Sache erledigt.

Besonders empfindlich reagiert er auf die Erkenntnis, betrogen worden zu sein. Ungewollt vergessen passiert einem Widder – wirklich verzeihen fällt ihm schwer!

Mit seiner Energie haushalten kann der Unermüdliche nicht. Er MUSS sich verausgaben, seine volle Kraft einsetzen. Am liebsten sieben Tage in der Woche – vierundzwanzig Stunden pro Tag. Nicht alle Menschen können und wollen hier mithalten! Das stößt aber bestenfalls auf sein Unverständnis oder Erstaunen.

So richtig in seinem Element fühlt sich das Energiebündel und Kraftpaket in Situationen, in denen seine Tatkraft und sein Kampfgeist gefragt sind: Ob Notlage, Krise oder Katastrophe – auf ihn dürfen Sie zählen! Mit Rat und Tat, und das auch materiell, steht Ihnen ein Widder zur Seite. Allerdings versteht es sich für ihn von selbst, dass seine Hilfsaktion sofort Früchte trägt und den Empfänger in die Lage versetzt, sich daraufhin alleine weiterzuhelfen. Vor allem spektakuläre Aktionen, die rasche Katastrophenhilfe bringen, sind seine Sache. Er ist es, der Sie in einer Nacht-und-Nebel-Aktion aus einer unangenehmen Lage befreit oder in ein brennendes Haus rennt, um jemanden zu retten. Die Beatmung und Versorgung der schlimmen Wunden überlässt er dann gerne anderen – vielleicht einem aufopferungswilligen Fisch. Denn selbstlos ist er nicht. Seine Hilfe ist für ihn durchaus auch Ausdruck seiner Kompetenz und Macht.

So bereitwillig ein Widder anderen hilft, so wenig will er sich selbst helfen lassen. Schwächen eingestehen kann er nämlich nicht – er, der Unbezwingbare.

»Freunde braucht man sofort oder gar nicht« ist ein Widder-Satz. Allerdings braucht ein Widder seine Freunde nicht nur für vernünftige, nützliche Dinge. Wichtig sind für ihn auch der Spaßfaktor, originelle Ideen und gemeinsame Unternehmungen.

Großzügigkeit dürfen Sie von einem Widder fast immer erwarten, wenn es ihm möglich ist. Er ist aber nicht bereit, Opfer zu bringen oder sich dadurch einschränken zu lassen. Egal ob kurzfristige Notlage oder um Ihnen oder – last, but not least – sich selbst eine Freude zu breiten, knausrig ist er sicher nicht. Ein Widder ist nicht kleinlich und schenkt gerne. Es fällt ihm nicht schwer, die Angebetete mit einem überraschenden Geschenk zu erfreuen oder dem Freund am Wochenende beim Umbau zu helfen. Allerdings läuft er bei seinen spontanen Einsätzen leicht Gefahr, ausgenützt zu werden. Schließlich ist für ihn der Totaleinsatz nichts Besonderes, sondern »ganz normal«.

Müde, erschöpft, ausgelaugt – ein Widder??? Nein, ein Widder wird nicht müde, er scheint über unerschöpfliche Reserven an Energie zu verfügen – vor allem, wenn er sich einer Sache verschrieben hat. Er kämpft bis zum Umfallen, und das mitunter wörtlich! Ein Feuerzeichen wie er braucht »Action«, ständig und abwechslungsreich.

Vielleicht können Sie Ihren dynamischen Widder zu einer Notbremsung verführen? Widder sind Genussmenschen, wenn die Sache ein gewisses Etwas hat ... Ob ein spezielles Dinner, ein Kurztrip an einen interessanten Ort, ein knisternder Abend zu zweit – alles, nur nichts Durchschnittliches! Wenn er genießt, dann in vollen Zügen. Den Spitzenwein trinkt er nicht maßvoll gläschenweise, das delikate Menü zergeht nicht in winzigen Häppchen auf der Zunge!

Ein Buch mit sieben Siegeln ist für Widder die Geduld. Warten, etwas abwarten können, ohne eigenes Zutun ein Geschehen zulassen – nein, das ist nicht Widdersache! Hindernisse sind dazu da, überwunden zu werden, notfalls geht er eben mit dem Kopf durch die Wand – wozu hat »widder« Hörner?

Sein Dickkopf – samt zugehörigen Hörnern – und sein Eigensinn verschaffen ihm nicht nur Freunde. Noch dazu wird diese Unbeirrbarkeit manchmal recht lautstark und aggressiv geäußert und verteidigt. Da braucht der Partner – ob beruflich oder privat – manchmal schon ein gutes Stück Elefantenhaut! Eine Explosion à la Widder ähnelt eher einem Raketenstart als einer Fehlzündung ... Aber Vorsicht: Ist er ruhig und gleichmütig, sollten Sie sich nicht aufatmend zurücklehnen! Ganz im Gegenteil! Solange ein Widder schäumt vor Wut, aufbraust und schreiend tobt, können Sie beruhigt sein – er kämpft. Hat er den Kampf aufgegeben und ist gleichgültig geworden, gibt es keinen Weg zurück. Denn gefällte Entscheidungen überdenkt er nur äußerst selten ein zweites Mal.

Explosiv sind Widder auch in der Liebe. Verliebt sein ist Feuer – wenn auch vielleicht nur ein kurzes, heftiges Strohfeuer – und gibt ihm Energie. Vielleicht eine der heimlichen Kraftquellen des Widders ...? Dabei ist er ständig auf der Suche nach der Liebe in Vollendung, von der er eine sehr konkrete Vorstellung in sich trägt. Wie der sagenhafte Highlander durch die

Welten wandert, wandert der Widder von Flirt zu Flirt – immer auf der Suche nach »dem/der einen« – denn: »Es kann ja nur einen geben«!

Beschaulichkeit, Vernunft und Vorsicht sind Reizworte für Widder. Unmäßigkeit, Unvernunft und Ehrgeiz hingegen klingen wie Musik in seinen Ohren. Alles will er – und das am besten gleich, auf der Stelle! »Ich will alles – und das sofort« ist das Motto des Ungeduldigen. Sei es im Berufsleben, im Alltag oder in der Partnerschaft: Halbheiten, langsam voranschreitende Entwicklungen und ein laues Liebesleben treiben Widder sehr schnell zum Ausbruch. Wie gesagt – solange ein Widder kämpft, ist noch nichts verloren ...

So anstrengend und nervenraubend seine impulsive Art für die Umgebung sein mag, einen großen Vorteil birgt sie doch: Der Widder ist kein Geheimniskrämer, sondern steuert sein Ziel sehr geradlinig an. Er wird mit seiner Meinung nicht hinterm Berg halten und Ihnen unverblümt die Wahrheit sagen. Die wenigsten Widder sind geborene Diplomaten! Grämen Sie sich nicht, wenn bei einem Streit nicht nur das gute Porzellan zerbricht, sondern der Jähzorn Ihres Widders auch sehr heftige, kräftige Worte sprudeln lässt! Der Zorn verraucht schnell und eine Art Entschuldigung wie: »Gut, das ist geklärt, also vergessen wir's!« – wird wahrscheinlich noch im selben Atemzug folgen. Schließlich hat er gesiegt und kann großmütig sein.

Als willensstarke, abenteuerlustige Menschen, die sich kaum in ein Schema zwängen lassen, sind Widder geborene Anführer, die es schwer verkraften, wenn ihre Autorität in Frage gestellt wird. Daher werden Sie unter Widdern wenige »Duckmäuser« finden!

Ihr Feuer findet natürlich auch in der typischen Widderfarbe seinen Niederschlag. Was anderes als Rot könnte dieses Temperament besser wiedergeben? Feuerrot, sprichwörtliches »Knallrot« und Tomatenrot – je leuchtender und intensiver, desto besser! Kühle und kalte Töne oder vor allem gedeckte Erdtöne vergraulen den Widder.

HERR WIDDER – ein stürmischer Draufgänger!

Er ist der Mann, der sich auf Schiern den steilsten Hang – wie die berühmt-berüchtigte Streif in Kitzbühel – hinunterstürzt. Sie halten das nicht aus, wollen lieber in Ruhe im Café sitzen oder ihren Blick über die Gipfel schweifen lassen? Dann laufen Sie, so schnell Sie Ihre Beine tragen! Denn mit Herrn Widder werden Sie das nur selten, und wenn, dann im hohen Alter erleben.

Nicht selten begegnet einem ein Widder als Macho – in mehr oder weniger gemäßigter Ausgabe. Schließlich will er erobern! Das ist bei seinem Selbstbewusstsein nur natürlich. Er präsentiert sich Ihnen als charmanter, witziger und geistreicher Plauderer ebenso wie als großzügiger Verehrer, der Sie mit Blumen und anderen Aufmerksamkeiten zu gewinnen sucht. Aber geben Sie seinem Werben weder allzu schnell nach, noch halten Sie ihn zu lange hin – Beharrlichkeit ist nicht die hervorstechendste Widder-Eigenschaft! Da sucht und findet er lieber eine neue Herausforderung. Wahrscheinlich auch sehr schnell – der vitale, unterhaltsame Mann mit der maskulinen Ausstrahlung bleibt nie lange alleine ...

Als Liebhaber hinterlässt der Widder einen bleibenden Eindruck. Auch wenn die Affäre noch so kurz war, die Zeit reichte sicher, um ihn als feurigen und temperamentvollen Partner kennen zu lernen.

Widder-Männer finden es selbstverständlich und nur natürlich, dass sie Ton und Tempo angeben. Der Anspruch an die Umgebung, ihre Forderungen zu erfüllen, sich nach ihren Regeln zu richten, ist meist unübersehbar. Wer nicht mithalten kann, wird rasch als ungleicher Partner behandelt und unvermittelt stehen gelassen oder schlicht vergessen. Für zarter besaitete Gemüter bräuchte der Widder wohl mehr Verständnis und eine erhöhte Bereitschaft, auf andere einzugehen.

Herr Widder bleibt ein Lausbub. Ist ihm eine Situation zu wenig spannend und er langweilt sich, dann hilft er nach. Ein kleines, originell-deftiges oder rotziges Wortgefecht hebt die Stimmung! Gespannt verfolgt er, was er damit ausgelöst hat, wen seine Äußerungen »umgehauen« haben. Stiehlt ihm der Wochenendstau seine Zeit und strapaziert der Vordermann seine nur in mikroskopisch kleinen Spuren vorhandene Geduld, kann er dessen Wagen schon ein bisschen »anschieben«, um endlich Schwung zu erzeugen.

Der von sich überzeugte Widder will (be)herrschen. Dazu gehört – fast wie eine Zwillingsschwester – natürlich auch die Eifersucht.

Die eigene Freiheit will in der Beziehung zu einem besitzergreifenden Widder oft hart erkämpft werden! Widerspruch ist bei ihm erlaubt und gefragt. Auch wenn Sie ihm unbedingt zu verstehen geben sollten, wie sehr Sie ihn bewundern, als Mann bewundern – ein bisschen Streit empfindet er als belebend. Dennoch sind Diplomatie und Einfühlungsvermögen notwendige Begleiter im Leben mit einem stürmischen Widder!

FRAU WIDDER – eine feurige Frau!

Eine Frau betritt das Lokal und zieht alle Blicke auf sich – Frau Widder ist erschienen. Auch in größerer Gesellschaft wird sie nicht zu übersehen sein. Ihre souveräne, selbstbewusste Ausstrahlung vermittelt ihren Bewunderern unmissverständlich, wer hier die Wahl trifft! Diese stolze Frau sucht nicht nach einem Durchschnittsmann, ihr Auge fällt auf den außergewöhnlichen, erfolgreichen und charismatischen »Könner« in allen Lebensbereichen. Ein schüchterner, allzu vorsichtiger Liebhaber wird sie schnell langweilen oder verschreckt die Flucht ergreifen.

An der Seite der Vollblutfrau finden sich starke, kraftvolle Männer-Persönlichkeiten, die sich in jeder Hinsicht mit ihr messen können. Es ist aber auch die Widder-Frau, die sich den knackigen Typen aus dem Fitness-Studio zum Frühstück gönnt ...

Es kann recht anstrengend werden, die Herausforderung Widder-Frau anzunehmen! Wenn sie sich für Sie entschieden hat, wird sie nicht lange fackeln: Ohne taktische Umschweife zeigt sie, was sie will – vielleicht ist ihr sogar der Weg ins Schlafzimmer zu weit ...

Wenn die Widder-Frau ja sagt, meint sie weder »vielleicht« noch »nein«, sondern schlicht und einfach: JA. Das angeblich typisch weibliche »Sichzieren« ist nicht ihre Sache! Ihr Liebhaber wird schnell merken, dass sie nicht zu den zimperlich-zickigen Vertreterinnen ihres Geschlechts zählt ...

Aufmerksamkeit und Bewunderung sind ihr Lebenselixier und unterstreichen ihre Lust an Machtspielen. Lässt der glühende Eifer ihres Verehrers nach, wird sie nach kurzer, empörter Enttäuschung rasch Ersatz gefunden haben. Selbstständig und eigenverantwortlich gestaltet Frau Widder ihr gesamtes Leben. Wehe, jemand verlangt Unterordnung von ihr! Ihren Beruf aufzugeben, um als braves Hausmütterchen zu enden, kommt ihr nicht in den Sinn! Sie ist diejenige, die den Ton angibt, die aufzeigt, wie es weitergeht. Diese Frau weiß immer, was sie will, und kämpft auch darum. Konflikten oder Auseinandersetzungen geht sie nicht aus dem Weg.

Wenn es Großes anzupacken gilt, ist sie da – egal ob es sich um die Übersiedlung der Freundin innerhalb eines Tages oder die rasche Lösung eines beruflichen Problems handelt.

Ihre weiblichen Reize präsentiert sie gerne auffällig. Der spektakuläre Auftritt einer Widder-Frau kann geradezu einer Kriegserklärung an ihre Geschlechtsgenossinnen gleichkommen. Die Zeichen, die sie sendet, sind nicht nur weiblich – sie sind Vollweibsignale! Unkonventionelle Kleidung, die so eindeutig sexy wie möglich ist, und das am liebsten in der Widder-Farbe Rot, unterstreicht ihre Erscheinung. Den Schmuck, den sie trägt, kann man getrost als extravagant bezeichnen.

Generell gilt bei der Widder-Frau: Genug ist nicht genug!

Liebe, Partnerschaft und Erotik

Die »Liebe auf den ersten Blick« ist Widder-Spezialität. Spontan und blitzartig verlieben sich Widder, und zwar gründlich. Dass dieses überschäumende Hochgefühl nur von kurzer Dauer sein kann, vielleicht nur für eine Nacht, ist eine andere Sache. Dabei sind Widder nicht im eigentlichen Sinne flatterhaft.

Immer ist der Widder auf der Suche nach der einzigen, wahren und großen Liebe seines Lebens. Er trägt das Bild seines Traumpartners in sich. Dieser fixen Idee von einem Partner jagt er in rasendem Tempo hinterher und misst daran seine realen Beziehungen. Immer wieder glaubt er, sein Wunschbild in einer bestimmten Person verwirklicht zu sehen. Seine Verliebtheit hält er in seiner glühenden Begeisterung recht schnell für die Liebe. Kaum zeigen sich im alltäglichen Umgang jedoch Abweichungen vom Traumbild, zieht er die für ihn logische Konsequenz und vergisst den eben noch glühend verehrten Menschen sofort. Wer seinen Anforderungen an die Liebe, die Beziehung nicht entspricht, wird hart und erbarmungslos aus seinem Leben verbannt.

Hat er tatsächlich jemanden gefunden, der sowohl seinen Anforderungskatalog erfüllt als auch bereit ist, ihn mit Diplomatie, wohldosiertem Widerspruch und neuen Ideen zu fesseln, mit seinem Höllentempo Schritt zu halten, dann tritt sein Dominanzanspruch zutage. Nur – wer hält das aus? Für den Widder-Partner heißt es kämpfen oder totale Anpassung! Wer sich aber bedingungslos angepasst hat, wird möglicherweise zu Hause versteckt bleiben. Unterwerfung ist beim Widder bestenfalls kurzfristig im erotischen Nahkampf gefragt, im Alltag wird ihn das nur maßlos langweilen! Das wirkliche, aufregende Leben sucht und findet der Widder dann außerhalb …

Ein Widder genießt die Bewunderung und Aufmerksamkeit, die seinem Partner entgegengebracht wird. Bestätigt das doch indirekt ihn selbst. Mit verständnisloser Empörung wird er reagieren, wenn der Partner sich jemand anderem zuwendet. Wie kann man IHM einen anderen vorziehen?

Wer das tut, ist doch selbst schuld, denn einem einzigartigen Widder kann ja doch niemand das Wasser reichen ...

Wenn Sie sich einen feurigen, einfallsreichen Liebhaber, eine aufregende, leidenschaftliche Geliebte wünschen – in diesem Zeichen werden Sie fündig! Wehmütig, mit Kribbeln im Bauch erinnert sich so manche Frau an den Widder-Liebhaber. Männer, die heiße Nächte mit einer unkonventionellen Widder-Frau verbrachten, denken oft lange daran zurück. Für die Liebe und erotische Spielereien haben Widder immer und gerne Zeit. Partner ohne ausgeprägte erotische Fantasie und ohne Durchhaltevermögen stehen eine Nacht mit einem Widder nur schwer durch ... Die Aggressivität des Marszeichens macht das Schlafzimmer manchmal zu einem erotischen Kampfplatz. Sanfte Naturen ohne besonderes sexuelles Interesse werden vor so viel Temperament blitzartig verschreckt die Flucht ergreifen! Aufregend, spannungsgeladen und abwechslungsreich gestaltet sich sein Liebesleben immer.

Um seinem Drang nach Eroberungen gerecht zu werden und ja keine Langeweile aufkommen zu lassen, ist ein Widder auch für einen heißen, spontanen One-Night-Stand zu haben.

Spielerisches Kräftemessen in einer Liebesbeziehung ist für ihn wie das Salz in der Suppe. Einem Seitensprung seines Partners wird der Widder nicht durch langes Forschen auf die Schliche kommen wollen, schon deshalb nicht, weil ihm der Gedanke völlig unverständlich ist, dass ER nicht genügen könnte! Gibt es einen Konflikt, wird er durch ein reinigendes, elementares Gewitter rasch geklärt sein. Möglich, dass der Partner etwas verdutzt zurückbleibt, weil er keinen Grund für diesen Ausbruch sieht. In einer Partnerschaft mit ihm werden sicher immer wieder »die Fetzen fliegen«.

Um wieder einmal so richtig Spannung zu erzeugen, lädt der Widder vielleicht mehrere Verflossene mit ihren derzeitigen Partnern zum Picknick ein. Die daraus erwachsende Situation ist für ihn besser als Kino! Sollte daraus eine Art Waldbrand entstehen, wird er bestenfalls verwundert feststellen, dass er das nicht so gewollt hat, und erstaunt sein, was daraus entstanden ist.

Was Sie an einem Widder kaum finden werden, ist der Gesprächspartner zum Ausloten tiefer Gefühle. Für Tiefschürfendes ist sein Tempo zu hoch, Zeit zum Innehalten hat er nicht! Dazu gibt es zu viele Herausforderungen, die förmlich darauf warten, von ihm angenommen zu werden. Und anbrennen lässt er nichts!

Um ihn zu halten, braucht es nicht nur überdurchschnittlich gute Nerven und psychologische Fähigkeiten. Lassen Sie ihm vor allem seinen Freiraum!

Sich in einer Beziehung eingeengt zu fühlen hält ein Widder nicht aus. Unter Donner und Blitz wird er ausbrechen und verbrannte Erde zurücklassen.

Ein Widder ist begeistert von interessanten, spannenden Partnern, die ihn herausfordern, bei der Eroberung auf dem Kampfplatz der Liebe seine ganze Kunst zu zeigen. Er läuft zur Hochform auf, wenn er sich einem ebenbürtigen Partner gegenübersieht. Mit verblüffenden, originellen und großartigen Ideen macht er auf sich aufmerksam. Zum Beispiel dem Blumenverkäufer alle Rosen abkaufen … Oder auch durch sehr direktes »Anbaggern« mit platten Sprüchen – Hauptsache, es wirkt rasch und führt zum Sieg.

Seien Sie unbedingt pünktlich zum Date mit einem Widder! Der Ungeduldige wartet nicht gern. Ihre Schokoladenseiten dürfen Sie ruhig sehr offensichtlich ins rechte Licht rücken – sei es durch ein interessantes Dekolleté oder ein besonders schickes Jackett. Der Widder selbst wird sich für seinen Auftritt mindestens ebenso in Schale werfen!

Sie wollen Ihren Widder tatsächlich noch mehr anfeuern? Dann nehmen Sie sein Gesicht in Ihre Hände und küssen ihn leidenschaftlich, wild oder auch zart im gesamten Kopfbereich. Die Folgen tragen Sie – aber sicher gerne …!

DER WIDDER UND DIE ANDEREN

Widder – Widder

Die geballte Ladung!

Wie immer, wenn zwei vom selben Stern aufeinander treffen, gibt es reichlich Stoff für Konflikte. Die starke erotische Anziehung zwischen den beiden führt zu einem blitzartig lodernden Feuer, das die Partner in leidenschaftlichen, temperamentvollen Nächten zur gegenseitigen Freude ausleben. Aber: wer gewinnt die Oberhand in dieser Beziehung? Beide wollen dominieren, keiner kann sich auf Dauer unterordnen. Lebenslanger Kampf wäre vorprogrammiert.

Stier – Widder

Wohl überlegt oder losgestürmt?

Der behäbige, bewahrende Stier bremst Widders Feuereifer und Begeisterung manchmal wohl etwas zu sehr ein! Auch wenn der Widder die Treue und Zuverlässigkeit dieses Erdzeichens sehr schätzt, heißt das noch lange nicht, dass er selbst auch immer treu sein wird. Das wiederum treibt den Stier zur Raserei, Untreue erträgt er nicht. Dem Tempo des Widders in der Erotik steht er manchmal etwas verständnislos gegenüber, obwohl sie sich in Leidenschaft und Sinnlichkeit durchaus einig sind. Im alltäglichen Umgang ergeben sich unüberbrückbare Hindernisse durch ihre unterschiedlichen Anschauungen.

Zwillinge – Widder
Idee und Umsetzung

Der Tatmensch wird mit Feuereifer die zündenden Einfälle des Zwillings aufgreifen und zu dessen Freude realisieren. Beide sind spontan und lebenslustig. Der Widder kann vom Zwilling auch ein gewisses Maß an Toleranz für seine Eskapaden erwarten. Hat es zwischen ihnen gefunkt, dann fehlt es bestimmt nicht an ausgefallenen Ideen, die sofort auch in die erotische Tat umgesetzt werden. Unter Umständen ein Dream-Team!

Krebs – Widder
Zwei Pole

Ein einfühlsamer Krebs, der zögerlich einen Schritt vorwärts und dann zwei Schritte zurückgeht, treibt den stürmischen Widder zur Raserei. Auch kann er mit der Überempfindlichkeit und Feinfühligkeit des Krebses nichts, aber auch gar nichts anfangen. Wie soll der Feurige dem Sanften die nötigen Streicheleinheiten zuteil werden lassen? Dazu hat er weder die Geduld noch das Verständnis. Wenn da nicht passende starke Aszendenten und andere prägende Sternenkonstellationen mitwirken, scheint eine Partnerschaft wenig empfehlenswert.

Löwe – Widder
Das Power-Paar!

Einer unterstreicht die Wirkung des anderen, die Interessenlage ist eine ähnliche. Beide sind Tatmenschen, stürmen auf ein Ziel los und können gemeinsam viel erreichen. Allerdings brauchen sie jemanden, der sich um lästigen Kleinkram oder um den Haushalt kümmert! Der impulsive Widder zuckt beim Gebrüll des Löwen nicht ängstlich zusammen, der Gesellschafts-Löwe freut sich über seinen unternehmungslustigen Partner. In der Erotik stehen sie einander weder in Einfallsreichtum noch Feuer nach …

Jungfrau – Widder
Ordnung und Chaos

Die penible Jungfrau verzweifelt am stürmischen Widder! Während sie fein säuberlich ordnet, ihr Geld verwaltet und nur wohl überlegt verwendet, gibt er spontan mit beiden Händen auch größere Summen aus und kümmert sich wenig um Ordnung und Regeln. Die unverhohlene Kritik der Jungfrau wird das Feuer des Widders sehr rasch abkühlen und ihn in heißere, abenteuerliche Gefilde weitertreiben … Zwei Welten prallen aufeinander!

Waage – Widder
Harmonie trifft Konfrontation

Gegensätze ziehen sich entweder an oder stoßen sich ab. Im Tierkreis stehen Widder und Waage einander genau gegenüber. Sucht die Waage nach Harmonie, weicht der Widder einem Streit nicht aus. Sein Temperament kann sie aus dem Gleichgewicht bringen. Immer um Ausgleich bemüht, wird die Waage an dem Impulsiven, Unnachgiebigen wenig Freude haben. Spannend, schwierig und jedenfalls atemberaubend!

Skorpion – Widder
Eine explosive Mischung!

Treffen der leidenschaftliche Skorpion und der heißblütige Widder aufeinander, kommt eines ganz sicher nicht auf: Langeweile. Ein erotisches Feuerwerk, das die Akteure nicht nur zu erstaunten »Aahs« und »Oohs« hinreißen wird …

Ob und wieweit der Hochseilakt einer harmonischen Beziehung zwischen ausschließlicher Dominanz und machtbewusstem Freiheitswillen möglich ist – dabei werden wohl auch die Aszendenten eine tragende Rolle spielen.

Schütze – Widder
Die Flammen schlagen hoch!

Heiß wird es in der Beziehung zwischen den Feuerzeichen! Ihr gemeinsames Liebesleben gestaltet sich einfallsreich und spannend. Routine kommt hier keine auf! Beide sehnen sich nicht nach ruhigen Fernsehabenden, sondern suchen nach anregenden Aktivitäten in immer neuen Varianten, die andere Zeitgenossen gerne provozieren dürfen. Nachts herrscht sicher keine beschauliche Ruhe im Schlafzimmer …

Die Chancen stehen nicht schlecht für dieses flammende Paar!

Steinbock – Widder

Horn gegen Horn

Das tägliche Kräftemessen ist vorprogrammiert. Dominanz und Wollen prägen alle beide. Unterschiedlich sind die Mittel, die sie einsetzen: Stürmt der Widder kraftvoll voran, erkämpft sich der Steinbock sein Terrain mit Ausdauer. Was wie eine ideale Ergänzung scheint, wird in den meisten Fällen zum puren Kampf – Horn gegen Horn. Es finden sich nur wenige Beispiele für eine gelungene und dauerhafte Beziehung.

Wassermann – Widder

Eine knisternde Affäre!

Flirrend, flippig und flüchtig gestalten sich Wassermanns Beziehungen. Gemeinsam mit einem stürmisch begeisterten Widder kann er regelrecht »abheben«. Was der Wassermann an Ideen und idealistischen Überlegungen einbringt, setzt der tatkräftige, durchsetzungsstarke Widder um. Das kann unschlagbar sein!

So anregend und euphorisierend ihre erotische Beziehung ist, die Haltbarkeit und Alltagstauglichkeit ihrer Verbindung bedarf einiger Beziehungsarbeit … Die Geister scheiden sich vor allem bei der Eifersucht, die der Wassermann nur vom Hörensagen kennt und der Widder in heftigen Eruptionen auslebt.

Fische – Widder

Wasser und Feuer

Der verträumte, sanfte Fisch schaut dem in seiner Begeisterung voranstürmenden Widder entgeistert und verständnislos nach. Vorsicht – sonst erstickt er in der Staubwolke des Widders! Ein sensibles Fischlein taucht ab in sein Inneres, während der Starke höchstens noch schneller, noch heftiger seine Kraft versprüht. Obwohl – ein wenig Romantik kann einen verliebten

Widder schon begeistern – zumindest als vorübergehende Abwechslung! Dennoch wäre ein Dolmetsch oft nützlich, sprechen sie doch zwei verschiedene Sprachen. Sie treffen sich in Fantasie und Sinnlichkeit.

Beruf

Den Widder zeichnen natürliche Führungsqualitäten aus. Delegieren ist zwar nicht seine Stärke, aber unter dem Gesichtspunkt der sinnvollen Arbeitsteilung und in Anbetracht der Tatsache, dass er dann nebenbei noch dies und jenes erledigen kann, wird er bald gerne Arbeit teilen und abgeben. Es mag für manche Menschen erstaunlich klingen, aber Widder sind durchaus teamfähig. Allerdings muss das Team aus Partnern bestehen, die er als gleichwertig und ebenbürtig anerkennt und die sich nach seinen Vorgaben richten. Sonst bildet sich ganz automatisch in Blitzesschnelle eine Hierarchie wie »Schnellere – Langsamere« oder »Stärkere – Schwächere«.

Die Begeisterung eines Widders reißt Kollegen und Mitarbeiter mit. Wer mit ihm zusammenarbeitet, sollte aber wissen, dass er das demokratische Du-Wort auch deshalb schätzt, weil sich Ärger und Unmut dadurch schneller, heftiger und direkter ausdrücken lassen ...

Im Geschäftsleben kann sich ein Widder erstaunlich gut auf den Gesprächspartner einstellen, wenn es der Sache dient und ein Ergebnis schneller herbeiführt.

Seine Ansichten verficht der Widder, egal in welcher Position, mit Vehemenz. Hart und konsequent ist er gegen sich und andere, wenn es gilt, ein Ziel zu erreichen. Warum aber Energie auf einen aussichtslosen Kampf verschwenden? Lieber etwas Neues anvisieren ... Und für das Abschließen eines Projekts findet sich hoffentlich ein Kollege! Die genaue Detailarbeit, die Knochenarbeit lässt ihn verzweifeln oder er verursacht Chaos.

Ein Widder ist der Planer, der Vorantreiber in Projekten. Daher kann er in allen Berufen, die nicht unbedingte Unterordnung unter ein enges Korsett aus Regeln und Vorgaben fordern, sondern ihm im Gegenteil selbstständiges Arbeiten in seinem Bereich ermöglichen, seine Fähigkeiten entfalten.

Als Regisseur, Dirigent oder Berufssportler kann er Ton und Tempo angeben. Überall, wo es darum geht, Termine zu halten, ist seine Geschwindigkeit gefragt. Weder Pflegeberufe noch Lehrtätigkeiten bevorzugt er. Nichts, was Geduld und Ausdauer verlangt, ist ein Widder-Beruf.

Gesundheit

Ganz klar, dass Widders Problem seine Maßlosigkeit ist! Er schläft zu wenig, isst und trinkt zu viel, lebt zu ungestüm und zu schnell. Er ist immer stark, nie krank und braucht daher weder Arzt noch Vorsorge – so zumindest will er selbst es glauben.

Was andere gesund macht, macht den Widder krank und umgekehrt!

Ein powervolles Feuerzeichen wie er sollte viel Flüssigkeit zu sich nehmen. Nicht nur um allfällige »Brände« zu löschen, sondern um das ungesunde Leben auszuschwemmen. Als passionierter Fleischesser lässt er manchmal allzu gerne die gesunden Beilagen wie Salat stehen. Sein Darm wird sich wehren!

Um nicht Raubbau an seiner Gesundheit zu betreiben, sollte er, statt eine weitere Herausforderung an seine Gesundheit zu stellen, zur Entspannung hin und wieder einen Gang zurückschalten und sein Tempo verlangsamen. Es muss ja nicht gleich ein dreiwöchiger Kuraufenthalt gänzlich ohne Aktivitäten sein!

Kälte macht dem Feurigen nichts aus. Wenn andere vor Kälte zitternd nach einer weiteren Decke verlangen, reißt der Widder ein Fenster auf. Zum Glück ist er zumeist mit einer robusten Gesundheit gesegnet!

Verspannungen im Kopfbereich können die Folge des ständigen »Unter-Strom-Stehens« sein. Bewusstes Entspannen und Lockerlassen wäre dem gesundheitlichen Wohlbefinden zuträglich. Wirklich erstklassige Ganzkörpermassagen wie Shiatsu, Reiki tun ihm wohl und tragen wirkungsvoll zur Entspannung von Körper, Geist und Seele bei.

Sport

Eine Widder-Sportart muss Tempo, Herausforderung und Abenteuer bieten. Bungeejumping, Boxen, extremes Schifahren, Rafting und Vergleichbares kann ihn begeistern. Langlaufen kommt für ihn einer Strafexpedition gleich, die sein Herz höchstens vor Wut schneller schlagen lässt. Was seinen Adrenalinspiegel in die Höhe schießen lässt, macht ihm Spaß, danach ist er geradezu süchtig!

Der Stürmer ist Widder, ebenso der Springer in der Leichtathletik. Seine Kämpfernatur kann er im sportlichen Einzelkampf, Mann gegen Mann, Frau gegen Frau, gut ausleben. Als Teamspieler wird er in Kürze der Star der Mannschaft sein oder zumindest derjenige, der das Spiel bestimmt.

Reine körperliche Ertüchtigung ist Sport für ihn nicht. Eher die Möglichkeit, seine Kraft zu erproben, Energie loszuwerden und zu siegen. Ob er es schafft, durch so viel Bewegung etwas zur Ruhe zu kommen?

Umgang mit Widder-Kindern

Üben Sie sich in Geduld, wappnen Sie sich mit einer Portion Gleichmut, wenn Sie Eltern eines Widder-Kindes sind! Es stehen Ihnen jede Menge Herausforderungen bevor.

Vergessen Sie allzu große Strenge und viele strikte Regeln. Der Widder muss sich – soweit das verantwortbar ist – seine Hörner abstoßen und eigene Erfahrungen sammeln. Die allseits bekannten Trotzphasen beginnen früh, sind intensiv und dauern lang. Enden Sie überhaupt jemals? Der »Trotzkopf« im Buch war garantiert Widder!

Rebellion ist angesagt, wenn der jugendliche Widder die schwierige Pubertät durchlebt. Hören alle anderen Musik der Gruppe A – er hört Z, ist die lange Walle-Mähne bei Jugendlichen in – er lässt sich eine Stoppelglatze schneiden. Lieben die Eltern Oper, zeigt er sich von Heavy Metal und Punk begeistert. Und je größer der Widerstand, desto heftiger fällt seine provozierende Gegenbewegung aus!

Um eines brauchen Sie sich nicht zu sorgen: dass ihr junger Widder mit der Masse mitläuft. Gruppenzwang interessiert ihn nicht, er ist schließlich er und lässt sich zu nichts zwingen. Dennoch sind ihm Freunde bereits jetzt sehr wichtig. Es ist sinnlos, seine Freunde zu kritisieren – er wird sie nur heftigst verteidigen.

Still sitzen in der Schule fällt dem Widder-Kind schwer. Seine geballte Kraft und Energie sollte sich in viel Bewegung – am besten an der Luft – entladen können. Sonst explodiert es noch!

Lieblingsspiele für Kinder dieses Sternzeichens sind nicht das ruhige Bauen oder beschauliches Basteln. »Action!« Der Spielplatz oder Spiele, bei denen sich Situationen oft und schnell ändern, begeistern ein Widder-Kind.

Prominente Vertreter

Casanova, italienischer Schriftsteller und Lebenskünstler
Lothar Matthäus, deutscher Fußballspieler
Elton John, britischer Popstar
Christopher Lambert, französischer Filmschauspieler
Jean-Paul Belmondo, französischer Schauspieler
Heiner Lauterbach, deutscher Filmstar
Herbert von Karajan, österreichischer Dirigent
Joschka Fischer, deutscher Außenminister
Nena, deutsche Sängerin
Claudia Cardinale, italienische Filmschauspielerin
Montserrat Caballé, spanische Operndiva
Arabella Kiesbauer, deutsche Moderatorin
Diana Ross, amerikanische Sängerin
Esther Schweins, deutsche Schauspielerin
Tania Blixen, dänische Schriftstellerin (»Out of Africa«)
Emma Thompson, britische Schauspielerin und Oscarpreisträgerin

DER STIER

21. April bis 20. Mai

Persönlichkeit

Fest und unerschrocken steht er da – eine Stierbeschreibung klingt beinahe wie der Text einer Hymne oder einer klassischen Ballade! Wenn nicht, ja wenn nicht auch Sinnenfreude und Genuss eine so immens wichtige Rolle in seinem Leben spielen würden ...

Wer großen Wert auf Beständigkeit, unverbrüchliche Treue und Sicherheit in jedem Sinne legt, fühlt sich bei einem Stier bestens aufgehoben. Sie lieben das Abenteuer? Dann machen Sie einen großen Bogen um den Stier! Er bietet Ihnen gerne alles, außer spannende, nervenzerfetzende Spontanaktionen. Da genießt er doch lieber in aller Ruhe, ganz bewusst die schönen Dinge des Lebens – schließlich ist er unter dem Zeichen der Venus geboren! Empfänglich für alles Schöne, weiß er eine elegante Erscheinung ebenso zu schätzen wie eine gelungene Theateraufführung oder einen perfekt gedeckten Tisch.

Überhaupt: Essen ist für einen Stier keine Nebensache! Ihm kann es nie passieren, dass er auf das Essen einfach vergisst. Ob selbst mit Liebe und Sorgfalt zubereitet oder im Restaurant bestellt und verzehrt – Tafelfreuden genießt der Stier mit besonderem Vergnügen. Zu seinem Leidwesen sieht man ihm das auch oft und nur allzu schnell an ... Sie sind zu einer Party bei einem Stier eingeladen? Dann lassen Sie besser das Mittagessen aus oder begnügen sich mit einem kleinen Salat – ganz sicher werden sich die Tische biegen! Üppige Speisen, schön angerichtet auf einem liebevoll gedeckten Tisch, exzellente Weine, gepflegtes Bier – ein Stier versteht zu tafeln! An dieses Festgelage werden Sie noch lange denken! Alles Köstliche gibt es nicht nur in kleinen Gourmetportiönchen – nein, ein Stier will aus dem Vollen schöpfen können – die Menge, das Opulente gehören untrennbar zu seiner Art des Genießens.

Er weiß, was gut ist. Wer zum gut abgehangenen, liebevoll marinierten Filetsteak Ketchup verlangt, zieht entsetzte Blicke auf sich. Wenn schon Ketchup, dann bitte selbst gemacht zu den selbst gewickelten Berner Würstel. Und wer zum Gulasch ein Cola light trinken kann, hat nun wirklich keine Ahnung vom Leben!

Was er genießt, muss auch ansprechend präsentiert sein: Champagner aus dem Pappbecher? Erlesene Vorspeisen aus dem Papier? Eine schöne Frau in der schlabbrigen Trainingshose? Ein attraktiver Mann in schmutzigen, zerfetzten Cordhosen?

Der Stier ist ein Venuszeichen! Wenn es nicht stilvoll geht – dann lieber gar nicht. Dafür das nächste Mal in voller Pracht!

Bei ihm hat alles einen Grund. Oft stehen hinter seinen Taten handfeste Überlegungen wie Nutzen oder das Verhältnis zwischen Aufwand und Ergebnis. Er ist kein Träumer oder Seiltänzer! Und wenn er schon träumt, dann von seinem Wohlergehen und dem seiner Liebsten, von Besitz. Den Kindheitstraum vom Luxuswagen erfüllt er sich gerne – aber eher mit dem Kauf einer gediegenen Limousine als in Form eines schnittigen, spritzigen Sport-Cabriolets!

Sein Realitätssinn, seine praktische Veranlagung und sein Talent, finanzielle Sicherheiten zu schaffen und zu bewahren, haben dem Stier den Ruf eingetragen, materielle Interessen in den Vordergrund zu stellen und ein heilloser Materialist zu sein. Für ihn ist es eine Frage des Wohlbefindens, ein gut gepolstertes Konto, ein hoch verzinstes Sparbuch oder feste Werte wie Immobilien zu besitzen. Fast wie Rumpelstilzchen haben Stiere die Gabe, Stroh in Gold zu verwandeln. Allerdings ohne dabei ein großes oder gar unkalkulierbares Risiko einzugehen – schließlich geht es auch hier um Sicherheit ... Geldsorgen und Schulden können einen Stier körperlich krank machen. Damit auch nichts von seinem Besitz verloren geht, schließt er alle erdenklichen Versicherungen ab. Selbstverständlich auch Krankenversicherung, Lebensversicherung, ... Und natürlich wohnt er lieber in seiner Eigenstumswohnung als in einer Mietwohnung, die ihm ja doch nicht gehört und vielleicht eines Tages verkauft wird – dann könnte er auf der Straße stehen!

Ein Drama! Eines der guten Kristallgläser ist beim Abtrocknen zerbrochen. Wer hat nicht Acht gegeben und den schon angeschlagenen Milchkrug fallen lassen? Für einen Stier ist jeder fahrlässige Verlust schrecklich. Wie kann man die Geldbörse nach dem Tanken auf dem Autodach liegen lassen und abfahren? Monatelang hört man ihn über jegliche Verluste klagen. Sicher kennen Sie auch Menschen, die fein säuberlich alle Tüten aufheben, die sich auch von den ältesten Jeans nicht trennen können, sondern noch daran flicken ... Bestimmt Stiere!

Hilfeleistung gibt er seinen Freunden gerne. Aber nicht in Form von Geld. In seinem Verständnis leidet jemand unter Schulden ebenso wie er. Viel lieber gibt er eine einmalige Starthilfe unter dem Motto »Hilfe zur Selbsthilfe«.

Seine Grundsätze wie Ehrlichkeit, Sicherheit, Verlässlichkeit gibt er nicht auf. Das stark ausgeprägte Pflichtbewusstsein geht über alle noch so romantischen und heftigen Gefühle. Alles liegen und stehen zu lassen, nur um Sie nach Ihrer zweiwöchigen Abwesenheit endlich wiederzusehen – bei aller Liebe, das kann er nicht!

Hat er einmal einen Entschluss gefasst, geht der Stier nicht davon ab. Geradlinig verfolgt er sein Ziel. Vordergründige Schmeichler haben es schwer bei ihm. Im Umgang mit seinen Mitmenschen spielt er seine Menschenkenntnis aus und bewahrt sich damit vor mancher Enttäuschung. Natürlich ist er nicht unfehlbar und wenn er enttäuscht wurde, reagiert er unversöhnlich. Garantiert weiß er noch in 15 Jahren, dass er von einem Kollegen hintergangen wurde.

Zum Ausgleich dürfen Sie sich damit trösten, dass er die positiven Erlebnisse genauso speichert und Ihnen Ihre Loyalität und Freundschaft niemals vergessen wird.

Bis der Stier wutschnaubend die Hörner senkt und unbeirrbar auf den Grund seines Ärgers losgeht, bedarf es einiger guter Gründe. Aber dann – Deckung!

Der Stier ist kein Jäger, er ist ein Sammler. Die Angehörigen dieses Sternzeichens definieren ihre eigene Wertigkeit und die anderer Menschen über den Besitz. »Der hat ja nichts«, ist für einen Stier die denkbar abfälligste Bemerkung. Gesammelt wird nach Möglichkeit Wertvolles. Sie lieben Antiquitäten – Biedermeiermöbel können einen Stier zu Verzückungslauten hinreißen.

Wohnen ist ein wichtiges Thema für das Erdzeichen. Sein Heim muss gemütlich sein, er will es bequem haben, sich in eine schwere, wohl gepolsterte Sitzgarnitur fallen lassen können. Der Landhausstil mit beständigen Massivholzmöbeln inklusive Eichenschrank für die geliebte Sammlung entspricht seinem Stil – viel eher als das hypermoderne Designersofa mit dem coolen Glastisch. Schließlich will »stier« ja auch seine Freunde und spontanen Gäste in angenehmer Wohlfühl-Atmosphäre bewirten. Gut, dass es den großen Ausziehtisch gibt … Denn es kommt schon vor, dass sich unversehens eine gesellige Runde bei ihm einfindet! Familienclan, Nachbarn und Freunde – mit Hund und Katz. Apropos Katze: Stiere lieben Katzen!

Und weil er es daheim so schön und bequem hat, will er auch nur ungern aus dem Haus gehen. Er ist ein Stubenhocker. Aber auch Stiere machen gerne Urlaub. Idealerweise wird mit Freunden ein Haus in der Toskana gemietet, vielleicht sogar eine Kreuzfahrt auf dem Traumschiff gebucht. Nur ja keine Abenteurreise – womöglich im Zelt am harten Boden schlafen zu müssen – da bekommt er schon im Vorhinein Alpträume! Warum die schönsten Wochen des Jahres unter weniger angenehmen Bedingungen verbringen, als in seinem schönen Zuhause?

In seinem Garten fühlt er sich wohl. Da werden liebevoll Pflänzchen gezogen, wird eigenes Gemüse geerntet und den Blumen beim Wachsen zugesehen. Kann sich ein Stier nicht als glücklicher Gartenbesitzer austoben, setzt er seinen grünen Daumen bei Balkon- und Zimmerpflanzen ein. So mancher Stier nennt einen »Zimmerurwald« sein Eigen. Die Pflanzen gedeihen und mehren sich unter seiner Fürsorge, ganz wie er das schätzt!

Sie wollen einen Stier reizen? Dann verlangen Sie von ihm, er soll doch bitte »ganz schnell« ... Tempo ist für ihn ein Reizwort! Ein Stier fühlt sich regelrecht bedroht und verliert jeden Humor, wenn Sie im Scherz sagen, diese oder jene Reparatur sollte am besten gestern schon fertig sein. Bestenfalls bekommen Sie ein kurzes »Immer schön der Reihe nach!« zur Antwort.

Wie sein tierischer Namensvetter ist er überzeugt stur. Sein Anspruch, Recht zu haben, ergibt sich aus der Erfahrung. Schließlich hat sich diese Art der Problemlösung schon jahrelang bewährt ... Prinzipiell ist er kein Anhänger von abstrakter Denkweise, sondern zeichnet sich durch seine praktische Intelligenz aus.

In seinen Ansichten bleibt er oft sehr unbeweglich, ja rigide. Autoritätsliebend, wie er ist, kann er wählen, was schon die Eltern wählten – Bewährtes wird nicht mehr hinterfragt. Auf Experimente will er sich nicht einlassen. Durch diese sehr konservative, bewahrende Lebenshaltung könnten ihm auch Chancen entgehen ...

Alleine leben – ein Stier? Niemals! Alleine kann man nicht genießen. Daher ist der Stier ein Familienmensch par excellence. Oft hat er eine besonders enge Bindung zu seinen Eltern, seinem Elternhaus.

Sein ausgeprägter Familiensinn lässt ihn seinen Liebsten gegenüber großzügig sein. Luxus gibt es, aber verbunden mit einem Anlass und lebenslanger Wertbeständigkeit. Seiner geliebten Ehefrau schenkt er zur Geburt eines jeden Kindes stolz und gerne einen tollen Ring. Der Herr Sohn darf sich zum Schulabschluss eher über eine Qualitätsuhr freuen als über ein schnelles Auto, dessen Lebensdauer nicht garantiert ist ... So mancher Stier erkauft sich durch das gebotene Wohlleben die Anwesenheit seiner Lieben unter einem Dach.

Welche Farben könnten besser zum Stier passen als die ruhigen Grüntöne? Ergänzt durch ein Rot, das an Herbstlaub erinnert, und Kupfertöne.

Nicht verwunderlich ist es, dass warme Brauntöne wie Bronze oder Rostbraun für das Erdzeichen geradezu gesund sind.

HERR STIER – ein Mann fürs Leben!

Dass ein Mann, der unter dem Zeichen der Venus geboren wird, Sie als Liebhaber nicht enttäuschen wird, versteht sich fast von selbst!

Allerdings erobert er Sie nicht im Sturm. Wenn er Sie erwählt hat, wird er Sie eher belagern, um an sein Ziel zu kommen. Beharrlich und mit Stil versucht er, als Kavalier der alten Schule zu punkten. Um Ihnen den Wert und die Beständigkeit einer Beziehung mit ihm besser vermitteln zu können, legt er lieber den Brillantring unter den Weihnachtsbaum – denn: »Dann werden ihre Augen leuchten« ...

Für ihn ist wichtig, eine Beziehung in Ruhe aufzubauen. Wie alle seine Sinne lebt er auch die Erotik höchst genießerisch aus. Perfekt versteht er es, eine Atmosphäre des Wohlbefindens und der Lebensfreude zu schaffen, die das Herz seiner Dame öffnen soll. Triebhaft sinnlich zeigt er sich im Schlafzimmer. Lassen Sie sich nicht von seiner schnörkellosen Art abschrecken – was ihm an Fantasie vielleicht fehlen mag, macht er durch enorme Ausdauer wett!

Wie kaum ein anderer kann er Ihnen, der auserwählten Frau an seiner Seite, Geborgenheit, Stabilität und Sicherheit bieten. Liebend gerne stellt er Ihnen seine starke Schulter als Stütze und Schutzschild zur Verfügung! Die Kehrseite der Medaille: Er sieht sich gerne als Familienoberhaupt, als Patriarch und entwickelt Pascha-Qualitäten ... Für ihn gehört die Gründung einer eigenen Familie zum erklärten Lebensziel. Ein Bindungsflüchtling ist er nicht. Wer eine stabile, verlässliche Partnerschaft mit einer eher klassischen Rollenverteilung zu schätzen weiß, ist bei ihm gut aufgehoben.

Frauen mit kompliziertem, tiefgründigen Seelenleben steht er verständnislos gegenüber. Warum endlos analysieren, wenn man stattdessen die schönen Dinge des Lebens auskosten kann?

Selbstverständlich will er seine Liebe wie einen Teil seines Besitzes als etwas Besonderes wahren und verteidigen. Seine Frau ist sein Juwel – und Juwelen verborgt man nun einmal nicht ... Die eigene Treue sieht er nicht immer ganz so streng. Warum sich nicht zwischendurch einen Spaß gönnen? Und für die Schönheit am Nebentisch hat er immer einen Blick – auch wenn er in Ihrer Begleitung ist!

Sie brauchen ständig Abwechslung, neue Herausforderungen und genießen das Leben aus dem Koffer? Dann Hände weg vom Stier-Mann! Er hasst das »Zigeunerleben«, schätzt ein schönes, trautes und friedliches Heim, in dem Harmonie groß geschrieben wird.

Seine Genussfreude müssen Sie mit ihm teilen können. Kann sein, dass es fast bis zur Selbstverleugnung geht – wenn er Sie etwa bittet, unbedingt die fangfrischen Austern zu schlürfen ... »Das MUSST du kosten«, werden Sie von einem Stier oft hören! Nicht umsonst sind viele Hobby- und Haubenköche in diesem Sternzeichen geboren.

Gewichtsproblemen rückt der Stiermann nicht mit einer Diät zu Leibe, sondern kaschiert den »Schwimmreifen« lieber in einer klassischen Sakko-Hose-Kombination in bester, haltbarer Qualität. Ein Geck, der jede Modeströmung bereitwillig mitmacht, ist er ohnehin nicht.

FRAU STIER – die sinnliche Vernunft!

Ihre besonders feminine, elegante Erscheinung ist für Männer eine wahre Augenweide. Ihre Anziehungskraft ist die Sinnlichkeit, die sie ausstrahlt und Männer schwach werden lässt. Aber sie ist wählerisch! Der Mann, der sie gewinnen darf, muss »etwas darstellen«, muss ihr etwas bieten können und zu genießen verstehen. Lebenskünstler amüsieren sie, kommen aber bestenfalls als Appetithappen in Frage. Hat sie ihre Wahl getroffen, wird der Erwählte im wahrsten Sinn des Wortes eingekocht. Sie wartet nicht mit Sushi und Tiefkühltorte auf, sondern hat ein mehrgängiges Menü gezaubert. Fein gehackte Kräuter veredeln die Rindsbouillon, der Teig für den Apfelstrudel ist von Hand gemacht. Die Tischdekoration passt zum Thema des Menüs: Orchideen schmücken den Tisch beim exotischen Abendessen, Kresseschaumsuppe und Junglammbraten werden von Frühlingsblumen begleitet. Alles signalisiert dem Kandidaten: »So könnte es immer sein, wenn du anbeißt!« Das Gesamtkunstwerk Genuss präsentiert von einer sinnlichen Frau – das lässt Männerherzen schmelzen.

Sie hat auch auf ihre eigene Erscheinung große Sorgfalt verwendet und sich extra schön gemacht. Die Prozedur des Schönmachens ist für sie Bestandteil des Genusses. Deshalb belegt sie das Bad besonders lange ...

Frau Stier ist gerne schöpferisch mit ihren Händen. Sie strickt sich ihre Pullis gerne selbst – auch wenn die Wolle mehr kostet als ein gekauftes Modell. Geschickt versteht sie es, die Garderobe vom letzten Jahr durch

Umfärben oder kleine Änderungen aufzufrischen. Das kann manchmal nötig sein, denn auch bei ihr hinterlassen die kulinarischen Eskapaden Spuren ...

Wenn gespart werden muss, versteht sie es hervorragend, förmlich aus nichts kleine Köstlichkeiten zu komponieren.

Die Stier-Frau lebt gerne auf dem Lande, träumt von einem Häuschen mit Spalier. Genauso faszinierend und erstrebenswert erscheinen ihr aber auch Glanz und Glamour.

Worauf sie nicht verzichtet, ist ihre Sicherheit. Einem Mann, der sie absichern kann, wird sie eine zärtliche, liebevolle und treue Gefährtin sein. Frau Stier bietet alles: fürsorgliche Mutter, aufregende Geliebte, treue Ehefrau und tüchtige Partnerin im Aufbau des eigenen Geschäfts. Dafür erwartet sie Anerkennung und Absicherung – lebenslang.

Auffallend an ihr ist der Schmuck. Sie liebt es, sich mit Pretiosen zu behängen. Sie favorisiert Sets – Kollier, Armband, Ring und Ohrringe. Eine Auswahl an Schmuckkombinationen passend zu ihrer Garderobe und für jede Gelegenheit – davon träumt sie. Ihre Mode ist immer von bestmöglicher Qualität. Sie kauft gerne günstig ein, braucht keine klingenden Markennamen – nur »Fähnchen« dürfen es keine sein! Schließlich dient alles Schöne dazu, ihren Wert als Frau hervorzuheben und zu unterstreichen.

Liebe, Partnerschaft, Erotik

Hitzige, intellektuelle Wortgefechte zum Dessert? Oh nein – da hat sich der Stier doch etwas ganz anderes von seiner attraktiven Begleitung erwartet! Dennoch will er seine Beziehungen langsam angehen. Die »schnelle Nummer« ist nichts für diese erdhaften Geschöpfe mit der prallen Sinnlichkeit! Was nicht bedeuten soll, dass Herr und Frau Stier einem heißen Flirt abgeneigt wären ... Nur: Nicht schnell im Aufzug, sondern daheim oder im entsprechenden Ambiente kommt der Stier zur Sache.

Anfangs mag ein Stier geradezu phlegmatisch erscheinen, aber hat er das Objekt seiner Begierde im Visier, steuert er ohne Umschweife auf sein Ziel zu. Für kokette Spielchen, taktisches Zaudern, um die Spannung zu erhöhen, hat er kein Verständnis. Trotzdem hat er Sinn für Romantik – oder besser: Atmosphäre. Im Kerzenschein oder vor dem offenen Kaminfeuer schmilzt der stärkste Stier! Noch dazu, wenn er satt und zufrieden nach einem frugalen Mahl seine Sinne anderen Freuden zuwenden kann. Und Liebe geht bei ihm nun einmal in erster Linie durch den Magen! Das eine oder andere Glas Champagner aus der Hand seiner Geliebten bringt ihn um den letzten Rest Vernunft ...

Am liebsten und besten lässt sich ein Stier in vetrauter Umgebung ins Reich der Sinne fallen. Ausgefallene Ideen und plötzliche Neuerungen verunsichern ihn aber auch auf der erotischen Spielwiese. Also gehen Sie vorsichtig und diplomatisch vor, wenn Sie Ihrem Stier eine Anregung geben wollen!

Fragt ihn seine Angetraute nach fünf Jahren Ehe: »Liebst du mich?«, lautet seine selbstverständliche Antwort: »Wäre ich sonst noch hier?« Heiße Liebesschwüre sind nicht seine Sache, er gibt Ihnen lieber indirekt zu verstehen, dass er Sie liebt. Am besten zu einem bestimmten Anlass: Am Hochzeitstag kommt ihm etwas so Selbstverständliches nicht nur von den Lippen, sondern auch von Herzen. Am besten überstrahlt vom Glanz eines Schmuckstücks, das ebenso schön und wertbeständig ist wie seine Beziehung zu Ihnen!

Seine Fürsorge, sorgende Anwesenheit und ungefragte Hilfe erlebt der Mensch an seiner Seite oft als beengend, erdrückend und besitzergreifend.

Haben Sie Ihrem Stier Hörner aufgesetzt? Wenn er Grund zur Eifersucht zu haben glaubt, wird er rasend! Unversöhnlich begegnet er Ihnen wochenlang schweigend, wortlos verläuft der Alltag. Frau Stier gibt ihrem Mann vielleicht zu verstehen, dass eventuell der »richtige« Ring das Seine dazu tun könnte, um sie milder zu stimmen. Ein Geschenk aus schlechtem Gewissen macht zwar nichts wieder gut, aber es fällt leichter, wieder freundlich zu sein ... Der gekränkte Stier-Mann merkt sich jeden Angriff auf sein Selbstwertgefühl gut. Er geht dann eben mit Freunden ins Haubenlokal, während seine Frau zu Hause »darben« muss. Bei Versöhnungsversuchen lässt er unmissverständlich durchblicken, dass er es sich noch sehr gut überlegen wird. Sie soll nur merken, welchen Wert er hat!

Selbst hält es ein Stier mit der absoluten Treue nicht so streng. Wenn er sein Leben in einem abgesicherten Modus weiß, das Angestrebte erreicht hat und alles ruhig und zufrieden stellend läuft, hat er Muße, sich ein »Baiser mit Sahne« zu gönnen. Zum Beispiel mit einem Löwegeborenen schlemmen, Champagner schlürfen, sich anschließend gerne verschleppen lassen und nach einer solchen »Orgie« lächelnd zu Hause erscheinen – kein Problem! Unter charmantem Geplauder zaubert Frau Stier ihrem Göttergatten noch einen kleinen Mitternachtsimbiss und trinkt mit ihm ein Gläschen guten Weins dazu … Aber die feste, sichere Beziehung wegen eines Abenteuers aufgeben – das würde wohl kein Stier tun!

Das ausgeprägte Besitzdenken ist für viele Partner nur schwer zu ertragen. Wenn Stiere in der Beziehung klammern – wozu sie neigen –, ist das Ausdruck ihrer Verlustängste. Er denkt an Sie als MEIN Lover, MEINE Frau. Für viele Partner ist diese sachliche Sichtweise in der Liebe nur schwer verständlich und kaum erträglich.

Wenn es Ihnen zu eng wird in der erdrückenden Liebe und Fürsorge, schaffen Sie sich leicht mit einem – ernst gemeinten – Lob und der Bestätigung »Wie gut, dass es dich gibt!« ein bisschen Freiraum. Ein kurzer Freibrief für die nächsten, kleinen Sünden?

Konflikte regeln durch Aussprachen, das liegt dem Stier gar nicht! Er will sich ihnen nicht stellen. Da hilft nur eines: Ihren erhitzten Stier »abdampfen« lassen, bis die Wut verraucht ist. Der Stier-Mann greift dabei zur Fernbedienung, um mit Bier und Cognac beim Freitagskrimi seinen Ärger zu verlieren, die Stier-Frau versenkt ihren Gram im Schönheitsbad.

Vielleicht haben Sie Ihr erstes Rendezvous mit einem Stier ja im Theater – für eine charmante Komödie ist er immer zu haben! Nicht vergessen: Ein Stier liebt Schönheit, Eleganz und Schmuck. Also vergessen Sie das züchtige, weiße Baumwollmodell – greifen Sie zur eleganten Seidenwäsche mit Spitzengarnitur!

Der sensibelste Körperteil des Stiers ist der Nacken. Wenn Sie Frau Stier in den Mantel helfen oder wie zufällig über die Lehne des Sessels streichen, in der Herr Stier Platz genommen hat – eine Gelegenheit, zärtlich über den Hals zu streichen, findet sich immer! Küsse über den Hals verteilt entflammen Ihren Stier bestimmt. Und das wird Sie nicht kalt lassen …

Der Stier und die anderen

Widder – Stier

Unterschiedliches Tempo

Die Begeisterungsfähigkeit und der feurige Eifer des Widders treffen beim gelassenen, behäbigen Stier manchmal auf wenig Verständnis. Der Besonnene wird versuchen, den stürmischen Draufgänger einzubremsen.

Probleme zeichnen sich durch die unterschiedliche Interpretation von

Treue ab: Der Widder fordert sie zwar ein, ob er sie aber selbst hält, steht auf einem anderen Blatt. Das verunsichert den Stier und treibt ihn zur Raserei. In ihrer Leidenschaft und Sinnlichkeit sind sich die beiden ebenbürtig.

Ihre unterschiedlichen Ansichten zu Grundsatzfragen können den Alltag schwierig gestalten.

Stier – Stier

Zu viel Einigkeit?

Ziel und Weg stimmen überein. Liebe geht den Umweg über den Magen, Sicherheit resultiert aus Strebsamkeit. So leidenschaftlich, sinnlich und harmonisch es hinter verschlossenen Schlafzimmertüren zugeht, so sehr kann diese Eintracht im Alltag zur Monotonie führen. Aber erst, wenn die Rollenverteilung nach manchem Kampf geklärt wurde! Dominieren wollen sie beide – wer gewinnt, steht in den Sternen.

Zwillinge – Stier

Wie Hase und Igel

Der Stier weiß nie so recht, in welche Richtung er mit gesenktem Kopf donnern soll: Kaum ist eine Entscheidung gefallen, hat der Zwilling schon eine bessere Idee. Bis der Stier sich umgedreht und die neue Richtung eingeschlagen hat, ruft ihn der Zwilling schon von einem anderen Ende der Weide. Dabei hasst er doch Veränderungen so sehr! Und auf Treue bauen – das wird schwer. Wenn Aszendenten und andere Planetenkonstellationen ihren Einfluss geltend machen, gibt es vielleicht eine Chance …

Krebs – Stier

Gelebte Klassik

Tradition, Sicherheit und Geborgenheit sind das Fundament der Beziehung zwischen Herrn Stier und Frau Krebs. Im klassischen Rollenbild fühlen sie sich beide wohl. Die mütterlich kontrollierende Art des Krebses kann aber sogar einen mächtigen Stier erdrücken! Die Stierfrau sucht die starke Schulter zum Anlehnen, der Krebs ist vielleicht ein bisschen schüchtern – Achtung: Es droht Langeweile!

Löwe – Stier

Die Genussgemeinschaft

Sie schöpfen aus dem Vollen, lieben den Wohlstand und fühlen sich vom gehobenen Lebensstil des anderen angezogen. Die unterschiedliche Art der Herrschaftsansprüche führt manchmal zu einem Machtkampf. Und: wer von beiden ist eifersüchtiger? Die Prinzipien des Stiers mit der Flexibilität und Unverbindlichkeit des Löwen in Harmonie zu verbinden, wird nicht immer einfach sein!

Jungfrau – Stier

Gemeinsames Ziel, anderer Weg

Der Stier will seine Wertvorstellungen verwirklichen, um in vollen Zügen zu genießen. Auch auf dem Weg dorthin will er nicht darben, sondern seine Sinnlichkeit ausleben. Die Jungfrau in ihrem intellektuell-analytischen Lebensansatz kann die Korrektheit ihrem Ziel auch einmal unterordnen und pragmatisch vorgehen. Es muss sich einfach rechnen! In Sachen Erotik fühlt sich die Jungfrau vom Stier zuweilen überfordert ... Dennoch eint die beiden das Ziel, etwas zu schaffen, Werte zu bilden und zu bewahren.

Waage – Stier

»Lass hören!« – »Koste!«

Die luftige Waage kann recht kapriziös sein. Ihre Freude am Formulieren, am Plaudern ist für den Stier zu wenig greifbarer Genuss. Er will ihr die pralle Sinnlichkeit durch Kosten und Fühlen vermitteln, sie beschreibt lieber wortgewandt das Gefühl und labt sich schon am Hörerlebnis. Der Charme des Stiers schmeichelt der Waage, sie aber bietet dem Stier zu wenig Sicherheit. Die erotische Führung übernimmt gerne der Stier – zur Zufriedenheit beider.

Skorpion – Stier

Abgründe sind gefährlich!

Tief schürfende Geheimniskrämerei kommt beim Stier schlecht an. Und der Unabhängigkeitsdrang des Skorpions ruft bei dem Besitzergreifenden großes Unverständnis hervor. Keiner von beiden vergisst dem anderen jemals auch nur die geringste Kränkung! Egal auf welchem Schlachtfeld sonst gekämpft wird: Erotisch ist diese Beziehung in Ordnung, vor allem zwischen leidenschaftlichem Skorpion-Mann und sinnlicher Stier-Frau.

Schütze – Stier
Freiheit gegen Sicherheit

Lebhaft und unberechenbar liebt der Schütze den Nervenkitzel und die Gefahr. Was kann einem Stier unverständlicher erscheinen? Der Schütze flüchtet vor allem Verbindlichen, der Stier bleibt bei der Sicherheit und hält in unverbrüchlicher Treue an ihr fest. Hoffentlich mildern die Gestirne diese Gegensätze! Für eine gemeinsame Affäre schwingen die beiden in der gemeinsamen Genussfrequenz. Ein feines, langes Wochenende lang ...

Steinbock – Stier
Die ideale Vernunftehe

Romantik kommt zwischen ihnen keine auf! Für Erotik und Sinnlichkeit hat der Steinbock keine ausgeprägte Ader, sein Sex ist nüchtern. Der Steinbock ist ebenso geschäftstüchtig wie sein Partner, ihr gemeinsamer Aufstieg scheint garantiert. Familiensinn steht für beide ganz oben in der Werteskala. Die beidseitige Sehnsucht nach emotionaler und materieller Sicherheit verbindet sich in ihrer gegenseitigen Treue.

Wassermann – Stier
Ein Luftschloss

Vielseitig interessiert schwimmt der Wassermann durch seine Freiheit. Denn die ist sein Leben! Was für ihn Glück ist, nennt der Stier Leichtsinn, engagiert er sich in idealistischen Gemeinschaften, fragt der Stier: »Was soll das bringen?« Während der Wassermann seine Freunde in diversen Clubs und Vereinen trifft, bewirtet der Stier gerne alle zu Hause. In einer kurzen Affäre gemeinsam erotisches Neuland erkunden ...?

Fische – Stier
Eine wahre Kuschelehe!

In Sinnlichkeit und Romantik finden sich die beiden – möglicherweise erst auf den zweiten Blick! Gerne verkriecht sich der Fisch in die gemütliche Häuslichkeit des Stiers, um der Wirklichkeit zu entfliehen. Gemeinsam können die beiden dort die kreativen Träume des Fischs in die sinnliche Wirklichkeit des Stiers umsetzen und genießen. Vorsichtig und behutsam lernen beide voneinander und vereinen sich in ihrem Wunsch nach Sicherheit.

Beruf

Durch seine fundierte Ausbildung sowie seinen Leistungsanspruch an sich selbst und andere befindet sich der Stier meist auf der beruflichen Erfolgsspur. Er ist der fleißige, solide Handwerker, dem das alte Sprichwort »Handwerk hat goldenen Boden« immer vor Augen steht. Stufe für Stufe erklimmt er die Karriereleiter einer Firma. Beharrlich verfolgt er seine Ansichten und Ziele, bis sich der Erfolg und das gewünschte Ergebnis einstellen. Das hat schon manchen Stier zum Selfmade-Millionär gemacht.

Seine Uneinsichtigkeit macht ihn zu einem schwierigen Teampartner. Gesellt sich noch die Abneigung zu taktischen Manövern dazu, kommt es schon vor, dass er mit seinem starren, starken Kopf und den gefährlichen Hörnern Schaden anrichtet – nicht zuletzt in seiner eigenen Karriere. Einem Kollegen, der sich auf die Kunst der Ränke und Intrigen versteht, ist er in seiner direkten Ehrlichkeit hilflos ausgeliefert.

Verantwortung übernehmen möchte ein Stier nur im engsten Bereich. Am besten innerhalb einer fest gefügten, hierarchischen Ordnung, die ihm die notwendige Sicherheit und Berechenbarkeit gibt. Oder als sein eigener Chef, der mit Umsicht sein eigenes Geschäft führt. Seine Mitarbeiter bezahlt er allerdings nur nach Kollektivvertrag, gewährt ihnen aber bei besonderer Leistung eine Prämie.

Die Liebe zu Traditionen, erprobten Verhaltensweisen und bewährten Abläufen lassen ihn für eine Karriere als Forscher oder Krisenmanager eher ungeeignet erscheinen. Die hektische Atmosphäre einer Nachrichtenredaktion oder die Spontanität einer Werbeagentur lassen ihn verzweifeln. Dafür kann er seine Fähigkeiten überall dort richtig entfalten, wo es um manuelle Tätigkeiten, logisches Vorgehen und verlässliche Organisation geht. Selbstredend sind Stiere hervorragende Gastronomen oder Winzer! Auch als Angestellte im Finanz- und Versicherungsbereich vollbringen sie Glanzleistungen und fühlen sich wohl. Als Baumeister schaffen sie Bleibendes. In erd- und naturverbundenen Berufen wie Gärtner und Bauer bereitet es ihnen Freude, dem Wachsen und Gedeihen zuschauen zu können.

Gesundheit

Die barocke Lebens- und auch Körperform des Stier-Menschen beschert ihm trotz seiner robusten Gesundheit das eine oder andere Leiden. Seine bacchantische Völlerei wirkt sich auf Gewicht und Stoffwechsel aus. Herz- und Kreislaufbeschwerden aus Bewegungsmangel sind keine Seltenheit bei Stieren.

Häufig wird der Stier zum »Steif-Tier«: Nackenverspannungen folgen der Hartnäckigkeit als körperlicher Ausdruck seines Wesensmerkmals. Nur zu gern lässt er sich nach einer wärmenden Vorbehandlung von kundiger Hand massieren. Auch ein Besuch in der Sauna tut ihm wohl wie alles, was wärmt – das entspricht seinem Anspruch an Gemütlichkeit.

Um seine Gesundheit ebenso in Ordnung zu halten wie sein Leben insgesamt, konsultiert er den Arzt, wenn sich der begründete Verdacht auf eine gesundheitliche Störung zeigt.

Wenn ein Stier vorsorglich etwas für sich und seine Gesundheit tun will, macht er sich auf zur Kur. Sie finden ihn bei der Weintraubenkur in Meran, als Kurgast im Stil der Jahrhundertwende in Karlsbad oder auch in einem modernen, aber gemütlichen Wellnesstempel, wo er sich nach allen Regeln der Kunst verwöhnen lassen kann. Ganz sicher macht er keine asketischen Radikalkuren!

Sport

Seine Lieblingsform von Sport ist »Schirennen im Fernsehen« – und zwar mit einer zünftigen Brotzeit neben sich!

Wettkampfarten sind dem Stier verhasst. Wenn er denn schon wirklich Sport betreiben muss, dann gilt: Hinaus in die Natur! Er liebt das Wandern durch Wälder, Bergsteigen in den Alpen oder auch Klettern im Hochgebirge. Seine Ausdauer lässt ihn ohne besondere Ermüdungserscheinungen Kilometer um Kilometer zurücklegen. Immer im direkten Kontakt mit dem Boden, der Erde – seinem Element, kann er sich am besten entspannen.

Im Winter greift er zu den Langlaufschiern und zieht unermüdlich seine Spuren im Schnee. Dafür macht er lieber einen großen Bogen um die Schwimmhalle ... Wassersportarten entsprechen ihm nicht! Viele Stiere lernen nur sehr ungern und widerwillig schwimmen.

Umgang mit Stier-Kindern

Ihre Dickköpfigkeit bringen Stier-Babys schon mit auf die Welt! Mit unglaublicher Vehemenz verstehen es schon wenige Wochen alte winzige Stiere, ihre Bedürfnisse auszudrücken und einzufordern. Sie wollen herumgetragen werden, immer Nähe und Wärme spüren.

Auffallend ist die besonders enge Mutterbindung der Stier-Kinder. Am besten soll sie rund um die Uhr mit und bei ihnen sein!

Die anhänglichen Kleinen schätzen Veränderungen gar nicht. Übersiedlungen, Reisen und größere Umstellungen verunsichern das Kind zutiefst. Fester Halt und geregelte Abläufe sind schon dem kleinen Stier unumgängliche Notwendigkeit für sein Wohlbefinden.

Schimpfen und zetern bringt Sie im Umgang mit Ihrem Kind nicht weiter – Lob und Argumente sind zielführender. Mit Vernunft agiert ein Stier auch in der schwierigen Phase der Pubertät, die bei ihm manchmal recht spät beginnen kann. Besonders jetzt braucht er viel Anerkennung von seiner Umgebung. Bunt gefärbte Haare und spektakuläre Szenen sind nicht seine Form der Auflehnung. Der Jung-Stier verhält sich eher abwartend und läuft nicht mit jeder Strömung mit. Seine Eltern gehören meist zu denen, die keine nennenswerten Probleme mit dem heranwachsenden Jugendlichen haben.

In der Schule verhalten sich Stier-Kinder geradezu mustergültig: Es wird fleißig gelernt, pflichtbewusst (fast) keine Stunde geschwänzt. Zeugnisse und Diplome zu sammeln macht Stieren Freude. Wenn Sie die Lernbereitschaft Ihres Kindes von Anfang an unterstützen, häufen sich die guten Zensuren und motivieren zum Weiterlernen.

Die Kreativität der Venus-Kinder tritt sehr bald zutage und soll gefördert werden. Musik machen, malen und basteln lieben sie schon als Kleinkinder und entwickeln ihre musischen Talente gerne kontinuierlich weiter.

Prominente Vertreter

Jack Nicholson, amerikanischer Schauspieler
Jean-Paul Gaultier, französischer Modedesigner
Andre Agassi, amerikanischer Profi-Tennisspieler
Thomas Gottschalk, deutscher TV-Star
Tony Blair, britischer Premierminister

Axel Springer, deutscher Verleger
Bono (Hewson), Sänger der Gruppe »U2«
Sigmund Freud, österreichischer Begründer der Psychoanalyse
Papst Johannes Paul II.
Queen Elizabeth II. von England
Barbra Streisand, amerikanische Sängerin und Schauspielerin
Michelle Pfeiffer, amerikanische Schauspielerin
Audrey Hepburn, amerikanischer Filmstar
Senta Berger, deutsche Schauspielerin
Cher, amerikanische Sängerin
Golda Meir, israelische Premierministerin

DIE ZWILLINGE

21. Mai bis 21. Juni

Persönlichkeit

Ahh – Sie lieben Spontanität, hassen alles Festgefahrene, sind immer unterwegs, stets auf der Suche und ändern Ihre An- und Absichten blitzartig? Natürlich – Sie sind selbst Zwilling! Ihr Lebensmotto: Veränderung als einzige Konstante.

Als Gefährte des Zwillings haben Sie da schon manchmal Mühe, der sprunghaften Entscheidungsfindung zu folgen. Hin und her gerissen zwischen seinen »Hälften« fällt es ihm fürchterlich schwer, sich eine Meinung zu bilden und vor allem, an ihr festzuhalten und sie zu vertreten. Man wird es sich doch noch einmal anders überlegen dürfen! Schließlich ist auch das eine Form der Freiheit.

Und Freiheit geht dem Zwilling über alles. Sein Symbol könnte durchaus auch die Freiheitsstatue sein – in Großformat auf Rollerskates! Wie die anderen beiden Luftzeichen, Wassermann und Waage, braucht er sein Element: zum Atmen, als Ausdruck des Freiraums, den er zum Überleben braucht. Niemand fühlt sich so schnell eingezwängt in ein Korsett aus Regeln oder auch Gefühlen. Da hilft ihm nur noch eines: RRRAUS!!! Und zwar ohne Rücksicht auf Verluste. Sind Sie nicht schon dagestanden und haben dem Zwilling mit offenem Mund nachgesehen, als er plötzlich mit einer treffenden, pointierten, ja sogar verletzenden Bemerkung verschwunden ist?

Tiefen Gefühlen oder gar heftigen Gefühlsausbrüchen verleiht er in vielen blumigen Worten Ausdruck – leben und erleben will er sie höchstens kurzfristig. Nicht weil er so gefühlskalt ist, wie er Ihnen scheinen mag, sondern weil ihm eigene tiefe Gefühle und die der anderen suspekt sind. Sie verunsichern ihn. Und wenn schon unbedingt emotionaler Tiefgang gezeigt wird – dann doch nicht vor anderen!

Emotionslos sind Zwillinge nicht, sie ändern ihre Befindlichkeiten und Urteile nur ebenso plötzlich wie alles andere in ihrem Leben. Bei den raschen Umschwüngen geben sie auch eigenen Gefühlen gar nicht die Gelegenheit, sich zu vertiefen und in das Innerste vorzudringen.

Dabei fliegen diesen charmanten, ideensprühenden und unterhaltsamen Menschen die Herzen nur so zu! Wer hat ihn nicht schon erlebt, den witzigen Zwilling, der eine ganze Runde unterhält? Im Mittelpunkt er – geistreiche Reden führend, seine Freunde und Tischgenossen lachend lauschend um ihn gruppiert –, so fühlt er sich wohl. Beflügelt von seinen eigenen Pointen gleitet er mühelos von einer launigen Anekdote zur nächsten bunten Geschichte.

Während die eine Zwillings-Hälfte lebhaft brilliert, agiert die andere sehr selbstkritisch. Nur allzu genau weiß der Zwilling, wie schnell sich Meinungen, Stimmungen und vor allem Gefühle ändern können! Hin und her pendeln seine Argumentationen. »Ja schon, ABER …«, beginnen seine Überlegungen oft. Ständig stellt er seine einmal gefällten Entscheidungen in Frage.

Einen einzigen Beruf ein ganzes Leben ausüben? Höchstens dann, wenn er bereits andere ausprobiert hat oder in verschiedenen Positionen tätig war. Oder wenn er in einem Beruf von Front zu Front wandern kann. Er ist der geborene Sonderberichterstatter. Nicht, weil er Gräueltaten mag, sondern weil das Aufregung im höchsten Grad ist – wer braucht da noch Kino?

Nur einen einzigen Partner ein Leben lang an seiner Seite? Schon möglich, aber der Zwilling braucht immer die Anerkennung einer ganzen Schar von Verehrern. Alles, was sein Freiheitsbedürfnis beschneiden könnte, lehnt er kategorisch ab oder er macht sich so rasch wie möglich aus dem Staube. Vielleicht flüchtete er sich ja nur in ein Doppelleben: der verlässliche Partner für zu Hause, eine aufregende Geliebte für die Abwechslung …

Luftikus und Glückspilz sind Begriffe, die im Zusammenhang mit dem flirrenden, flatternden Zwillingswesen häufig gebraucht werden. Dabei verblasst die andere Hälfte des zwiespältigen Wesens, der Zweifler, der unentwegt nach Selbstbestätigung sucht und die Anerkennung durch seine Umgebung braucht, um seine Lebendigkeit zu spüren. Daraus schöpft er sein Selbstbewusstsein und misst sein Selbstwertgefühl, das ohnehin ein etwas labiles Gebilde ist.

Eine interessante Frau ist in der Nähe? Schon wirft sich der Zwilling in Positur und spielt auf der Klaviatur seiner beachtlichen Flirtkünste, dass der Angebeteten möglichst keine Wahl mehr bleibt, als sich beeindruckt vom Esprit und Charme geschlagen zu geben. Frau Zwilling glänzt durch geistvolle, spritzige Reden und versprüht ihre umwerfende Ausstrahlung, wenn sie den Mann im Visier hat, der als besonders schwierig »zu knacken« gilt. Hat sie ihn für sich gewonnen, steckt sie sich seinen Namen wie eine Trophäe an ihren unsichtbaren Skalp-Gürtel, um sich daran in dunklen Stunden aufzubauen.

Wer geistvolle Dialoge, schlagfertige Antworten und Wortspiele zu schätzen weiß, trifft im Zwilling auf einen Meister seines Fachs. Lieber jemanden leicht vor den Kopf stoßen, als auf eine witzige Pointe zu verzichten – das ist

Zwillings-Manier! Redegewandt und schlagfertig weiß er sich ebenso prägnant in anderen Sprachen auszudrücken wie in seiner Muttersprache.

Auf seiner Suche nach Neuem, Faszinierendem reist der Zwilling durchaus wörtlich durch die Lande. Sein Interesse für alles Fremde und seine Abenteuerlust treiben ihn genauso wie sein Kommunikationsbedürfnis in ferne Länder, zu Festen, in die Gesellschaft vieler Menschen. Als sprachgewandter »Botschafter« versteht er es, den Reiz fremder Kulturen bildhaft und verständlich zu vermitteln. Er findet kindliche Freude daran, in Gesellschaftskolumnen und Klatschspalten erwähnt zu werden, lässt keine Gelegenheit aus, sich im Rampenlicht zu sonnen.

Wer mit Zwillings Naturell und seinem Intellekt nicht mithalten kann, bleibt auf der Strecke, eventuell versehen mit einer abschätzigen Bemerkung. Auf ein solches Verhalten angesprochen, wird er wahrscheinlich kurz irritiert sein und mit Schuldbewusstsein auftreten.

Es kommt schon vor, dass er in einem verbalen Rundumschlag eines scharfen Wortgefechts gleich einige Freunde »niedermäht« und sich dadurch die Reihen etwas lichten. Aber für Nachschub ist beim kommunikativen Zwilling stets gesorgt. Sein Freundeskreis kann eine bunte Truppe sein: Angezogen fühlt er sich von den verschiedensten Menschen und Persönlichkeiten – Hauptsache, sie sind nicht durchschnittlich! Er ist nicht der Mensch, der lieber einige wenige »Herzensfreunde« um sich hat, sondern sammelt »bunte Vögel«. Der Austausch mit ihnen bereichert und befriedigt ihn und sein Streben nach Faszinierendem, Außergewöhnlichem. Toleranz schreibt er in großen Lettern über sein gesamtes Leben. Sosehr er sie für sich braucht, sosehr vermag er sie selbst zu üben.

Wenn es nach dem alten Wort »Pünktlichkeit ist die Höflichkeit der Könige« geht, wird der Zwilling wohl kein Monarch werden – zumindest nicht im Privatleben. Er kommt – mit einer entwaffnenden Ausrede auf den Lippen – zu spät. Aber bloß keine Kritik! Schon allein deswegen, weil sich die Spitze Ihrer Bemerkung in Blitzesschnelle umdrehen und gegen Sie verwendet werden kann ...

Am besten, man vergleicht einen Zwilling mit einem Sprinter: Auf kurzen Strecken ist er oft unschlagbar, für längere Distanzen fehlt ihm die Ausdauer. Neues fesselt ihn so lange, als er sich und seine Fähigkeiten herausgefordert sieht. Wenn Sie also einen Zwilling treffen, ihm nicht widerstehen können und wollen, dann geben Sie von sich nur wenig, und das in kleinen Appetithäppchen für seine Fantasie preis! Aber Vorsicht: Er muss es als

Spiel erkennen können, nicht als ernsthaftes Forschen nach Ihrem Wesen! Kompliziert und tief schürfend darf es nicht werden.

Zeit seines Lebens bleibt der Mensch im Sternzeichen Zwilling ein Zerrissener: Beide Zwillinge zerren an ihm in gegensätzliche Richtungen. Der eine sehnt sich nach Geborgenheit, einem Ankerplatz nach und vor seinen Kreuzfahrten, einer Ladestation zum Energietanken. Der andere, stärkere, kann sich nicht entscheiden, in welches Abenteuer er sich zuerst stürzen soll, welche Herausforderung – egal ob auf zwei Beinen oder als Projekt – er als Nächstes annehmen soll. Und natürlich, wo sein nächstes Reiseziel liegt. Tief im Inneren des Seelenbergwerks schlummert dennoch ein kleines Zwerglein, das davon träumt, eines fernen Tages einen interessanten Heimathafen zu finden. Bis dahin lässt der Zwilling kaum zu, dass ein Gefühl, ein Ereignis so tief geht.

HERR ZWILLING – ein redegewandter Flüchtling!

»Der Weg ist das Ziel« – am Ziel angelangt muss es aber schon eine besondere Attraktion geben, damit Herr Zwilling verweilt und nicht nach dem nächsten, lockenden Abenteuer Ausschau hält!

Damit ist nicht unbedingt eine erotische Versuchung gemeint. Er ist Hansdampf in allen Gassen und kann problemlos mehrere Frauen lieben. Die eine entzückt ihn durch ihren nie versiegenden Ideenstrom, die zweite besticht durch ihre schlagfertige Diskussionsführung, die dritte ist die ideale Begleiterin für seine hyperspontanen Reisen, die vierte sein Ankerplatz und Nummer fünf die Geliebte, deren spielerischer Umgang mit Sex ihn immer wieder anzieht und lockt. Ohne schlechtes Gewissen liebt er alle – in seinen Augen nimmt er ja keiner etwas weg …

Unverbindlich müssen seine Beziehungen bleiben, dürfen keine Belastung sein, nur Bereicherung und Anreicherung seines Lebens.

Herr Zwilling hört sich selbst für sein Leben gern reden. Über seinen eigenen Wortschwall kann er in geradezu erotische Verzückung geraten. Wollen Sie seine Aufmerksamkeit erregen, sein Interesse wecken – dann am besten durch witzige Formulierungen, die Sie auf seine Scherze erwidern. Er schätzt Frauen, die klug diskutieren oder witzig »blödeln« können. Sein Geist ist der Schlüssel zu seinem Eros! Mit vordergründigem sexy Outfit können Sie bei ihm auf Dauer schwer punkten.

Ist Herr Zwilling tatsächlich ein Ehemann geworden, wartet auf seine

Partnerin eine Herkulesaufgabe: Immer lustig, immer witzig-spritzig, immer interessant zu bleiben, was auch passiert. Vor allem eines: Ihn kann man bestenfalls an die längste denkbare Leine legen – und am besten so, dass er's gar nicht merkt!

Mit seiner Traumfrau will er eine Vertrautheit erreichen, in der lachen und gescheite Reden führen ebenso Platz finden wie das gemeinsame Lachen beim Sex. Natürlich muss sie unabhängig und selbstständig sein. Gibt es Konflikte, packt er sie nicht an, sondern flieht vor ihnen – ob in die nächste Bar, wo er mit fünf wildfremden Menschen über Gott und die Welt diskutiert, oder zu einer Ausstellungseröffnung. Kann er den Konflikten nicht entwischen, ignoriert er sie schlichtweg.

Sein Verhältnis zu finanziellen Angelegenheiten und Geld gestaltet sich schwierig. Natürlich nicht im Ausgeben, darin ist er Meister. Schließlich gibt er sich gerne elegant, sogar mondän oder exzentrisch – das soll man auch auf den ersten Blick sehen können! Und dann sind da ja noch seine vielfältigen Aktivitäten. Geld zerrinnt ihm unter den Fingern. Vorsorge, Pension – das sind Fremdworte für den Zwilling.

Herr Zwilling wird nie erwachsen, scheint ewig jung zu bleiben. Wissbegierde, Vergnügungssucht und die Freude an Zerstreuungen halten ihn in Bewegung – geistig und körperlich. Sein umwerfender Charme, seine Unbeschwertheit, seine bewegte Art zu leben machen ihn zu einem sympathischen, erfreulichen Zeitgenossen. Wenn man die nötige Toleranz und eine gehörige Portion Verständnis aufbringt ...

FRAU ZWILLING – eine wandlungsfähige Abenteurerin!

Nur zwei Persönlichkeiten? Oh nein – in ihr stecken unzählige Überraschungen! Erschien sie Ihnen gestern noch als die umwerfende Society-Lady, taucht sie heute in ausgebleichten Jeans, Sweatshirt und Turnschuhen auf.

Ihre Lebendigkeit, ihr Redefluss und ihre geistige Wendigkeit zeichnen sie aus. Böse Zungen behaupten da schon manchmal, sie sei eine Klatschbase, die alles besser wisse. Sie interessiert sich für alles, kann und will überall mitreden. Langweilig wird in ihrer Umgebung sicher niemandem.

Ihr Herz trägt sie in der Hand, doch wer danach greift, wird sein blaues Wunder erleben: Sie hält es fest. Für einen erfrischenden Flirt, eine aufregende Affäre ist sie zu gewinnen. Eine feste Bindung scheint ihr wenig erstrebenswert. Frau Zwilling ist durch Worte, spritzige Dialoge und interesssante

Erzählungen zu begeistern. Wer sie auch noch zum Tanzen ausführt, sie vielleicht bekocht oder ihr ein neues, exotisches Restaurant zeigt, ist in ihrer Gunst weit gestiegen! Als Frau mit Erfahrung fällt sie aber nicht auf den nächsten besten Blender herein! Ein Playboy wird sofort durchschaut und bezahlt Lehrgeld ...

Spielerisch flatterhaft verliebt sie sich ständig neu. Eine bezaubernde, einfallsreiche Geliebte ist Frau Zwilling! Ihre unerschöpfliche Neugier macht sie aufgeschlossen für manchmal kühne Aktionen. Der Beginn einer erotischen Beziehung findet dennoch – oder besser: deshalb – über die geistige Annäherung statt.

Auch wenn sie sehr kontaktfreudig ist, mit jedem gerne plaudert und auch Anteil nehmen kann – tiefe, lang anhaltende Freundschaften zu pflegen erfordert zu viel Ausdauer. Dabei wird sie trotzdem gut zuhören, häufig anrufen und mit einem kleinen Präsent vor Ihrer Türe stehen, ihren Freunden auch in privaten Krisenzeiten ihr Ohr leihen. Aber ein falsches Wort und sie lässt auch vor anderen kein gutes Haar mehr an Ihnen!

Überfällt sie nach einer ausgelassenen Phase eine dunkle Stimmung, dann sehnt sie sich nach der Schulter zum Anlehnen. Aber sicher nicht für lange ...

Hat sie nach langer Suche einen Mann gefunden, mit dem sie eine Familie gründen will, gibt sie keine einzige ihrer vielen Beschäftigungen und Nebenbeschäftigungen auf. Das kann ganz schön anstrengend für ihre Lieben werden! Dafür ist sie bei jedem Anlass mit dabei. Ihre Kinder schätzen ihren Unternehmungsgeist und können sich mit ihrer alles andere als konservativen Mutter sogar in der Disco blicken lassen.

Ach ja: Wundern Sie sich nicht, wenn Sie nach Hause kommen, verwirrt in der Tür stehen bleiben, nach dem Türschild sehen und sich fragen: »Bin ich heute Früh HIER weggegangen? Oder hab ich mich an der Tür geirrt?« Sie liebt es, ihre Umgebung, ihre Möbel ständig umzustellen und zu verändern. Wie könnte es auch anders sein?

Frau Zwilling macht gute Figur im großen Abendkleid und im Sportdress. Transparentes verleiht ihrem Sex-Appeal am besten Ausdruck: nicht vordergründig sexy, sondern Durch- und Einblick gewähren – zumindest in der Kleidung. Sie ist nicht der Typ Frau, der gerne in die überquellende Schmuckschatulle greift: Abends ein schöner, großer, schlicht gefasster Edelstein genügt ihr. Glitzern kann sie selbst in ausreichendem Maße!

Liebe, Partnerschaft, Erotik

Die Liebe ist ein wunderbares Spiel, das sich keinen Regeln unterwirft, jedesmal neu und andersartig ist und immer reizvoll. Spielerisch geht der Zwilling mit Herzensangelegenheiten um – trotzdem verliebt er sich leidenschaftlich, im postitivsten, hellsten Sinne.

Freitagabend hat er sich verliebt, hat in diesem aufregenden Hochgefühl gebadet, sich zu Höhenflügen geistiger und erotischer Art inspirieren lassen. Montag bei der Eröffnung eines neuen Lokals hat er seinen Charme und seinen Geist bei der nächsten attraktiven Dame versprüht und kann sich an »Freitag« nicht mehr erinnern. Verliebt soll er gewesen sein? Ja, sie war schon unterhaltsam, aber verliebt ... Und die Dame jetzt, so eine tolle Frau! Er meint es nicht böse, er ist nur blitzschnell – in seiner Begeisterungsfähigkeit und im Hinwenden zu neuen Ufern. Dort gibt es ja so viel zu entdecken!

Sein Tiefgang hat nichts Leidenschaftliches, nichts, das Leiden schafft. Wie könnte tiefe Leidenschaft zu einem luftigen Charakter passen? Seine Emotionen sind im Moment absolut wahr, vielleicht ein bisschen theatralisch. Nur eben nicht ausschließlich. Ein Zwilling hat in sich ja mindestens zwei Herzen zur Verfügung, die jemanden lieben können – also braucht er auch mehrere Objekte – ist doch ganz klar, oder?

Wenn Sie auf der Suche nach der großen, dauerhaften Liebe sind, die ein Leben lang hält, Ihnen Ruhe und Geborgenheit schenkt, dann holen Sie Ihre Siebenmeilenstiefel hervor und nehmen die Beine in die Hand! Ein Bruder Leichtfuß wie der Zwilling – ob männlich oder weiblich – kann Ihnen diesen Wunsch nicht erfüllen. Für abenteuerlustige Menschen ist der Zwilling nicht nur ein anspornender, charmanter Begleiter auf Reisen, durchs Nachtleben oder die künstlerische Szene, er ist auch ein geschätzter Stimmungsmacher auf allen Partys. Langeweile neben ihm – das erleben Sie nicht!

Sex ist für ihn nicht DAS Thema, er diskutiert mindestens ebenso gern und gut über des Kaisers Bart. Seine erotische Frequenz ist die des neugierigen, experimentierfreudigen Spielers. Wenn er im Bett nicht in Vertrautheit lachen kann mit Ihnen, wird das Erlebnis unter Umständen zum Weinen ... Für ihn sind Sex und Erotik absolut keine todernste Sache, kein wilder Kampf, sondern amüsantes, abwechslungsreiches Treiben auf einer Abenteuerspielwiese. Mit Vorliebe sucht er sich exotische Orte für seine lustvollen Erlebnisse. Er ist der geborene Freiluft-Lover. Wundern Sie sich also nicht, wenn er auf einer romantischen Bootsfahrt angesichts des Ufers in

Stimmung kommt oder Ihnen in einer hellen Vollmondnacht am Strand die Sinne schwinden lässt ... Die Möglichkeit, entdeckt zu werden, versetzt ihm einen zusätzlichen Kick, der seinem Hang zum Voyeurismus entspringt. Am liebsten ist er Akteur und Zuschauer zugleich – er bewahrt die Distanz zu sich selbst sogar in der größten Hitze des Gefechtes, um sich zu beobachten. Gerne greift er zu allerlei Spielzeug. Zwiespältig wie sein ganzes Wesen ist auch seine Sexualität. Viele Zwillinge sind bisexuell veranlagt und leben das auch aus. Auch Sex zu dritt ist eine für Zwillinge besonders reizvolle Vorstellung.

Wenn Sie einen flirrenden, flattrigen und faszinierend vielseitigen Zwilling an Ihrer Seite haben, binden Sie ihn durch Loslassen! Er schätzt selbstständige Partner, die ihr eigenes, unabhängiges Leben führen. Für Gesprächsstoff ist so immer gesorgt. Animieren Sie ihn zu neuen Ideen, inspirieren Sie ihn und folgen Sie ihm in ein Abenteuer, geizen Sie nicht mit verheißungsvollen, ungewöhnlichen Lockungen jeder Art! Es sei denn, Sie wollen einen Zwilling loswerden. Das ist einfach: Bestehen Sie darauf, einen oder zwei Abende lieber daheim vor dem Fernseher verbringen zu wollen, oder machen Sie Szenen wegen seines Zuspätkommens zum Essen – und schwupps! – ist er weg.

Eifersucht ist dem Zwilling fremd. Und ihm gegenüber empfunden oder ausgelebt ein rotes Tuch, oder besser: der Turbo fürs Weiterziehen!

Hat sich ein Zwilling zur Ehe oder Beziehung entschlossen, gilt es, den Ruhelosen zu beschäftigen. Dann machen seine Anpassungsfähigkeit, seine diplomatische Ader und seine vermittelnde Art das Zusammenleben manchmal leichter. Häuslichkeit wird dennoch nicht allzu groß geschrieben im Hause Zwilling. Lieber sind sie auf Reisen – und wenn es von einem Wohnsitz zum anderen ist. »Liebling, ich muss für zwei Wochen auf Geschäftsreise.« Das mag stimmen, heißt aber noch lange nicht, dass dazwischen nicht ein Kurztrip nach New York liegt! Auch das kann Zwilling sein ...

Seine extremen Schwankungen stellen an seinen Partner hohe Anforderungen. Euphorisch glücklich will er mit Ihnen auf den Hügel eilen, um den wunderschönen Sonnenuntergang zu sehen. Kaum angekommen, mit Ihnen im Arm, klingelt sein Handy, er springt auf und saust mit Ihnen zurück: Er will mit einem Freund das Länderspiel im Fernsehen verfolgen. Während das Spiel läuft, telefoniert er bereits mit anderen Freunden, um anschließend mit ihnen noch ein Bier trinken zu gehen. Dabei wollten sie beide doch gemeinsam einen romantischen Sonnenuntergang genießen ...

Mit launischen Eskapaden sollten Sie an der Seite eines Zwillings leben lernen!

Um Ihren Zwilling nicht nur geistig, sondern auch körperlich auf Touren zu bringen, wenden Sie Ihre Aufmerksamkeit seinen Armen, seinen Fingern und Händen zu. Ein zartes Streicheln über den Arm, neckisches Saugen an den Fingern jagt dem Zwilling wonnige Schauer über den Rücken. Berührungen an der Innenseite der Arme rauben ihm – zumindest kurzfristig – den Verstand!

Die Zwillinge und die anderen

Widder – Zwillinge

Ein Dream-Team?

Der Zwilling liefert unermüdlich neue Ideen, die der tatkräftige Widder voll Elan in die Tat umsetzt. Spontanität und Lebensfreude stehen an oberster Stelle in der Werteskala des Paares. Der Widder bringt den Eskapaden seines Zwillings ein gewisses Maß an Toleranz entgegen.

Die wechselseitigen erotischen Einfälle garantieren eine Funken sprühende, leidenschaftliche Beziehung, die kaum abzukühlen ist. Der Zwilling findet im Widder den richtigen Partner für die Realisierung seiner Ideen – in jeder Hinsicht!

Stier – Zwillinge

Tradition trifft Innovation

Ein behäbiger Stier kann dem flexiblen Zwilling, der ununterbrochen seine Entscheidungen ändert, kaum folgen. Immer neue, immer bessere Ideen findet der flippige Zwilling. Veränderung ist die treibende Kraft in seinem Leben. Dass der sicherheitsbewusste, beständige Stier seinen ungebremsten Enthusiasmus nicht ohne weiteres teilt, erstaunt ihn.

Wenn der Stier von ihm Treue einfordert, macht sich der Lebenslustige lieber wieder auf – zu neuen Ufern ...

Zwillinge – Zwillinge

Abwechslungsreich!

An Spaß und Freude, Lustbarkeiten und Unterhaltung wird es nicht mangeln, wenn es zwischen ihnen gefunkt hat! Unentwegt auf der Suche nach aufregenden Ideen hält sich das Zwillingspaar wenig zu Hause auf. Bei der Wohnung könnte also gespart werden! Für den Freiraum und die Selbstständigkeit des anderen hat jeder von beiden nicht nur Verständnis, sondern ist geradezu dankbar dafür! In erotischen Ideen und deren Umsetzung sind sie sich einig: Langeweile und Routine-Abläufe sind verpönt. Wenn die beiden sich nicht bald trennen, könnten sie ein äußerst interessantes Paar abgeben – für ihre Umwelt jedenfalls!

Krebs – Zwillinge
Ein steiniger Weg …

Die sorgende Kontrolle des gefühlvollen Krebses ist für den freiheitsliebenden Zwilling schwer erträglich. Gemeinsam lachen, die Launen und Stimmungsumschwünge des anderen ertragen und verstehen – das ja. Aber wo der sensible Krebs dringend die liebevollen Streicheleinheiten, die treue Liebe braucht, ist der leichtfüßige Zwilling mit einem flirrenden Flirt völlig zufrieden und einer ernsten Bindung in fester Liebe entflohen.

Löwe – Zwillinge
Die Chemie stimmt!

Der großzügige Löwe bewundert den charmanten, Ideen sprühenden, wandelbaren Zwilling, der ihm Aufregendes verspricht.

Mit viel Verständnis für das Freiheitsbedürfnis bietet er dem manchmal schwankenden Zwilling Halt an seiner starken Seite. Klugheit gepaart mit der geistigen Wendigkeit kann im geschäftlichen Bereich Berge versetzen – aber Vorsicht in den Finanzen!

Langeweile im Bett kommt sicher nicht auf, das Feuer des Löwen wird durch den Einfallsreichtum des Zwillings immer aufs Neue geschürt. Nur die Eifersucht des Herrschers kann zu Problemen führen …

Jungfrau – Zwillinge
Die intellektuelle Begegnung

Als Forscherteam oder Wissenschafterpaar sind sie wahrscheinlich sehr erfolgreich. Mit einem viel versprechenden Gespräch hat es begonnen, aber während die Jungfrau sich in Details ergeht, denkt und formuliert der Zwilling schon das nächste Thema. Die höchst unterschiedliche Wertigkeit von Ordnung und Moral wird Zündstoff für Konflikte geben.

Spielerischer Erotik kann die Jungfrau nichts abgewinnen – wohl aber Treue. Alle diese Gegensätzlichkeiten unter die Haube zu bringen, wird eine wahre Herausforderung an Geduld und Liebe!

Waage – Zwillinge

Ein luftiges Gespann!

Sie lieben das schöne, gute Leben, erleben gemeinsame fantasievolle Höhenflüge und flirten heftig. Ein Grundverständnis zwischen zwei Luft-Genossen erleichtert die Partnerschaft! Die kreative Waage und der kommunikative Zwilling laufen aber Gefahr, sich in Luftschlössern zu verirren. In finanziellen Dingen übernimmt besser die Waage das Ruder ... Woher die beiden die nötige Bodenhaftung für den Alltag nehmen, bleibt ihr Geheimnis!

Im Liebesspiel herrscht Funkenflug, die einfallsreichen Partner tänzeln von Spiel zu Spiel ...

Skorpion – Zwillinge

Die geistige Verbindung

Ein schwirrender, spielerischer Zwilling, der rastlos von einer Idee zur nächsten jagt, gibt dem Skorpion keine Gelegenheit in die Tiefe zu schürfen. Geistreiche, interessante Gespräche ziehen die Vertreter dieser beiden Sternzeichen an und verbinden sie zu geistigen Höhenflügen.

Wie soll der unbeständige, eher kühle Zwilling aber mit dem Ausschließlichkeitsanspruch und der Leidenschaft des Skorpions in einer Beziehung zu Rande kommen? Eine sehr schwierige Aufgabe, das quecksilbrige Blut des Merkurgeborenen in den Griff zu bekommen!

Schütze – Zwillinge

Das Flüchtlingspaar

Von Beziehungen im klassischen Sinn halten sie ja beide nicht besonders viel. Ständig auf der Suche nach Neuem sind sie sich wahrscheinlich an einem Ort begegnet, der gerade besondere Extravaganz verspricht. Freiheit, das pralle Leben, verrückte Ideen sind ihnen gemeinsam. Alles, was Ausdauer verlangt, ist bei beiden zum Scheitern verurteilt. Der geistreich-witzige Schlagabtausch macht ihnen Freude. Was das Materielle angeht – Engpässe auf dem Konto sind vorprogrammiert!

Spielerische, amüsante Erotik, die in manchmal skurrilen Ideen ausgelebt wird, genießen sie. Und falls es nicht klappt – Freunde zu bleiben ist kein Problem!

Steinbock – Zwillinge

Ein seltenes Paar!

Konservativ, nüchtern und eifersüchtig ist der Steinbock ziemlich genau das Gegenteil vom flattrigen, flippigen und freiheitsliebenden Zwilling. Sie finden sich zwar anziehend, weil jeder im anderen sieht, was er selbst nicht hat, aber als Basis für eine dauerhafte Beziehung scheint das doch zu wenig. Steinbocks Interesse kreist eher um seine berufliche Laufbahn als um die neuesten Gedankenspielereien des Zwillings!

Im Schlafzimmer wird die Decke eher von einer Wärmflasche als von Leidenschaft gewärmt ... Eine Paarung, bei der wieder sehr die anderen Planeten, wie die Aszendenten, ausschlaggebend sind!

Wassermann – Zwillinge

Liebe im Luftschloss

Das luftige Paar genießt Spaß, Freiheit und umwerfende Gespräche. Ihr Intellekt, ihre Fantasie lassen die Beziehung lebendig bleiben, bunte Blüten treiben. Da wird gescherzt und gelacht, Seelenverwandtschaft zu spüren genügt – darüber muss nicht viel gesprochen werden. Die langweiligen Niedrigkeiten des täglichen Lebens wie Haushalt kümmern sie nicht: Chaos ist vorprogrammiert.

Erotik zwischen Wassermann und Zwilling entsteht im Kopf, ausgelebt wird sie in anregend-aufregenden Begegnungen allerorten ...

Fische – Zwillinge

Zu Hause bleiben oder reisen?

Gemeinsame Träume einen und trennen das Wasser- und das Luftzeichen. Wenn der Fisch endlich in Ruhe lesen und der Zwilling aber eine Performance besuchen will, gibt es Verständnisprobleme. So viel Action wie für den Zwilling lebensnotwendig ist, verträgt der Fisch auf Dauer nicht.

Ihre grundsätzliche Einstellung zu Sex und Erotik unterscheidet sich wesentlich: immer neues Spiel für den Zwilling – Verschmelzung zweier Seelen und Körper für den Fisch.

Ob das gut geht? Viel Liebe und Toleranz sind gefragt.

Beruf

Oberstes Gebot: Keine Routinearbeit für einen Zwilling! Wenn er sich endlich für einen Beruf entschieden hat, muss es erstens nicht der letzte gewesen sein und zweitens muss für Abwechslung viel Raum bleiben. Sobald der erste Eifer, die anfängliche Begeisterung für seine Tätigkeit vorübergegangen sind, verliert der Zwilling schnell das Interesse und vor allem die Motivation. Allein mit Geld kann man ihn nicht ködern und zu beruflichen Höchstleistungen anspornen! Er braucht Freiraum für seine Entwicklung, Platz und Verständnis für seine innovativen Ideen und vor allem Anerkennung von Chef und Kollegen. Abwechslung in der Tätigkeit, die Möglichkeit zu reisen, seine Redegewandtheit unter Beweis zu stellen – das sind günstige Arbeitsbedingungen für einen Zwilling.

Solange die Aufgabe, das Projekt neu ist oder in der Planungsphase steckt, ist der Zwilling begeistert dabei, bringt kreative Ideen ein und versteht es glänzend, ein Tempo vorzugeben, das Bewunderung hervorruft. In der Phase der Detailarbeit, des genauen und exakten Umsetzens wird er sich lieber zurückziehen und die Knochenarbeit anderen überlassen, während er selbst sich bereits mit Begeisterung in die nächste berufliche Herausforderung gestürzt hat.

Im Berufsleben ist Pünktlichkeit für Zwillinge kein Problem. Schließlich wird damit wieder eine Beschleunigung erreicht und das Ende oder der Neuanfang eines Projekts rückt in greifbare Nähe!

Ein Zwilling als Chef ist ein Meister der Motivation. Mühelos reißt er seine Mitarbeiter zu noch besseren Leistungen mit. Allerdings hat er gerne einen Partner, der ihm lästige Pflichten abnimmt. Vor allem im administrativen Bereich eines Unternehmens überlässt der Zwillings-Chef die entsprechende Funktion gerne und besser einem anderen – vielleicht setzt er einen Prokuristen ein. Niederlagen und Fehlschläge führen ihn manchmal in Versuchung, seinen Beruf hinzuwerfen und sich doch lieber dem aufregenden Leben zu widmen.

Als Mitarbeiter bringt der Zwilling frischen Wind ins Unternehmen. Sein wacher Verstand kann der Firma neuen Geist einhauchen. Ein wahrer Segen ist ein Zwilling fürs Betriebsklima. Wer ließe sich nicht gerne von ihm mitreißen?

Ideale Berufe für den redegewandten und kreativen Zwilling bietet der Bereich Kommunikation und Medien. Sprachbegabt und redegewandt finden sich in der Riege der Journalisten oder der trendigen Werbeleute besonders viele Zwillinge. Ihre Unrast wird hier zur Tugend, alles muss schnell, witzig und noch nie da gewesen sein. Hervorragend! Als Verkäufer, Kaufleute oder in der Reisebranche kommt ihre Kontaktfreude optimal zum Einsatz. Die damit oft verbundene Reisetätigkeit tut ein Übriges als Anreiz für den Zwilling. Gedankliche Geschicklichkeit, mitunter gepaart mit einer praktischen erfordern Berufe im Elektronikbereich. Ob Software-Entwickler oder Service-Mann/Frau, Hauptsache, die Herausforderungen wechseln! Auf der Bühne und im Showbusiness finden sich ebenfalls viele berühmte Zwillinge.

Gesundheit

Menschen, die von ihrer eigenen Rast- und Ruhelosigkeit durchs Leben getrieben werden, führen kein geregeltes Leben mit festgelegten Mahlzeiten, genügend Schlaf und Entspannung. Wen wundert es, wenn Zwillinge vor allem an Magenstörungen und Kreislaufbeschwerden leiden. Zeit für Arztbesuche nehmen sie sich bestimmt nicht – was könnte man in dieser Zeit nicht alles anderes, viel Spannenderes erleben und tun! Schlafen – das ist Lebenszeitverschwendung für einen Zwilling.

Sport

Sport ist für den Zwilling nicht Mord, sondern Lebensspender! Kraft aus der Bewegung – wie sollte es anders sein, bei diesem Ruhelosen?

Am liebsten mag er natürlich Sportarten, bei denen er zwei oder mehr Aspekte unter einen Hut bringen kann. Ein interessantes Geschäft bei einer Runde Golf zu besprechen, das Treffen mit Freunden bei einem Tennismatch oder einer Partie Squash ist das Richtige für den kommunikativen Zwilling. Auch Motorsport übt eine Faszination aus. Der Zwilling gondelt gerne auf einer legendären Harley durch die Landschaft. Seinem Element wird er gerecht, wenn er sich in die Luft begibt und Segelfliegen oder Paragleiten zu seinen bevorzugten Sportarten zählt.

Umgang mit Zwillings-Kindern

Was lernen Kinder in diesem Sternzeichen schneller als andere? Richtig – das Reden, oder anfangs wohl eher »Babyplaudern«. Unternehmungslustig schon im zarten Babyalter, sind sie eine ständige Herausforderung an ihre Eltern. Immer in Bewegung, alles ausprobieren und Unterhaltung fordern – damit beschäftigt das Kleinkind Sie und sich den lieben langen Tag. Je mehr Platz, desto besser! Wenn sich Ihr kleiner Unruh-Geist austoben kann, mit anderen herumtollen, fühlt er sich wohl. Sicher haben Sie immer Heftpflaster und Wundtinktur bei der Hand ... Eine Qual bedeutet für ihn still sitzen.

Sehr bald schon findet der kleine Zwilling Freunde und schart Kinder um sich. Schon früh zeigt sich, wie gut sich ein Zwilling an Situationen anpassen kann. Seine Fantasie äußert sich manchmal in wüsten Ausreden und Lügengespinsten.

Regen Sie sich nicht unnötig auf, wenn Sie zum wiederholten Mal zum Aufräumen auffordern müssen! Ordnung ist für einen jungen Zwilling noch schwerer zu begreifen als für andere Kinder.

Pubertierende Zwillinge offenbaren ihre zwei Seelen besonders deutlich. Unentschlossen und zerrissen von den vielen Ideen für die Zukunft, ihren vielseitigen Anlagen und Interessen fällt es schwer, einen Ausbildungsweg zu fixieren. Zum Leidwesen der Eltern wird die Lehre gewechselt, im Nachhinein ein ganz anderer Schulzweig gewählt – und alles, um schlussendlich vielleicht doch zu studieren. Aber auch die Studienrichtung kann man ja noch wechseln ...

Prominente Vertreter

John F. Kennedy, amerikanischer Präsident
Konstantin Wecker, deutscher Chansonnier
Paul McCartney, britischer Sänger und Songwriter der »Beatles«
Jean-Paul Sartre, französischer Philosoph

Klaus Maria Brandauer, österreichischer Schauspieler
Michael J. Fox, amerikanischer Filmschauspieler
Roberto Blanco, deutscher Sänger
Marcel Reich-Ranicki, deutscher Schriftsteller und Literaturpapst
Goldie Hawn, amerikanische Filmschauspielerin
Naomi Campbell, amerikanisches Topmodel
Isabella Rosselini, Schauspielerin und Unternehmerin
Steffi Graf, deutscher Tennisstar
Marilyn Monroe, Filmlegende
Nicole Kidman, australische Filmschauspielerin
Gianna Nannini, italienische Rocksängerin

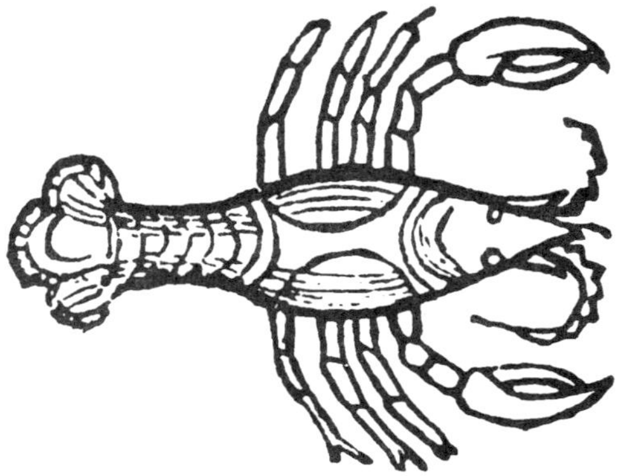

DER KREBS

22. Juni bis 22. Juli

Persönlichkeit

Wenn Sie sich nach kuscheliger Nestwärme, liebevoller Fürsorge und gefühlvoller Nähe sehnen – dieses Sternzeichen bietet Ihnen, wonach Sie suchen! Zärtliche Stunden sind für Sie das Höchste? Öffnen Sie Ihre Arme für den herzenswarmen, Nähe suchenden Krebs!

Einfach oder klar strukturiert ist die Psyche eines Krebses nicht. Durch sein Seelenleben führen verschlungene Pfade, denen zu folgen nicht immer ganz einfach ist. Wenn Sie sich sich auf diese wundersame Reise machen wollen, brauchen Sie keinen Kompass als Begleiter, sondern Geduld, Verständnis und Toleranz.

Der Krebs ist im Zeichen des Mondes geboren, der für Gefühl und Seelentiefe steht, in seiner Gestalt zu- und abnimmt und die Gezeiten bestimmt. Wandelbar ist auch der Krebs: Seine Stimmung kann unvermutet von »himmelhoch jauchzend« in »zu Tode betrübt« wechseln. Intuition und Gefühle regieren sein Leben. Sie werden nie einem nüchternen, kühlen Rechner begegnen, der strategisch vorgeht und als Sternzeichen Krebs angibt! Berechnung und Kalkül sind ihm fremd, stoßen ihn geradezu ab. Allerdings kann er in der negativen Ausformung durchaus lauernd tückisch sein, vom Gefühl gesteuert, nicht vom Kopf.

Auch wenn Emotionen das Sein eines Krebses dominieren, heißt das nicht, dass er damit auch umgehen kann. Innere Strömungen zu spüren oder aber sie zu lenken, zu kanalisieren und zu beherrschen sind unterschiedliche Vorgänge. Er schwimmt darin, nimmt emotionale Vollbäder – im positiven wie allerdings auch im negativen Sinne. Nicht immer ist es für seine Umwelt einfach, das nachzuvollziehen und zu verstehen. Dabei braucht der Krebs dieses Verständnis so sehr!

Seine Feinfühligkeit erklärt die manchmal auftretende Furchtsamkeit, die den Krebs in seinen Panzer flüchten lässt. In diesen Momenten ist er wie gelähmt, völlig handlungsunfähig und lässt alles mit sich geschehen – ohne Gegenwehr. Seine Befürchtungen äußern sich auch in kleinen Dingen. Leidet er an Bauchschmerzen, richtet sich sein Verdacht gleich auf das Essen gestern Abend: »Da muss etwas im Essen gewesen sein, das nicht in Ordnung war!« Zugleich ringt er damit um Ihre Aufmerksamkeit und Anteilnahme. Er will jetzt von Ihnen betreut werden.

In der Krebs-Seele wurde das Helfersyndrom geboren! Er hilft gerne jedem, der ihm glaubhaft machen kann, dass er Unterstützung braucht. Das ist einem Krebs gegenüber gar nicht schwer. Seine Menschenkenntnis lässt zu seinem eigenen Leidwesen nämlich oft zu wünschen übrig. Getrieben vom Wunsch nach Anerkennung und Bestätigung nimmt er sich manchmal auch jener an, die seine Hilfsbereitschaft und Güte schamlos ausnützen. Nicht selten hilft er einem Kollegen und muss mit ansehen, wie der das Krebs-Wissen als das eigene verkauft und die Lorbeeren dafür erntet. Bitter enttäuscht wendet er sich an seine Freunde und erzählt ihnen von dieser Ungerechtigkeit. Von ihnen erwartet er jetzt Trost und Wärme, liebevolle Herzlichkeit und die Würdigung seiner Verdienste als »guter Mensch«, der er zweifellos ist.

In seinem »Gutsein« schlägt er manchmal etwas über die Stränge: Wie eine Glucke über ihre Küken, wacht er besorgt über seine Lieben. Wenn Sie Freiheit und Unabhängigkeit brauchen wie die Luft zum Atmen, kann es sein, dass Sie an der Seite eines Krebses an seiner gut gemeinten, kontrollierenden mütterlichen oder väterlichen Fürsorge ersticken. Geradezu aufopfernd kümmert er sich um all Ihre Bedürfnisse, versucht alles unter seiner sorgenden Kontrolle zu haben, damit es Ihnen wohl ergeht. Als Gegenleistung erwartet er Dank und Anerkennung und ungebrochene Zuwendung. Leicht beleidigt kann er reagieren, wenn sie ausbleiben. Die Tränen der Kränkung, des Missverstandenen und Märtyrers beginnen bei ihm leicht zu fließen ... Vor allem fürchtet er, es würden ihm Einsamkeit und Isolation drohen, wenn seine Aufopferungsbereitschaft nicht verstanden oder gar ausgenützt wird. Dann sieht er angstvoll im Geist, wie sich alle seine Freunde von ihm abwenden ...

Sicher haben Sie schon bemerkt, dass Ihr Krebs nicht der Gesellschaftsmensch ist, der für jeden Abend ein anderes Programm, eine Einladung hat. Will er nicht aus dem Haus gehen, zeigen sich oft psychosomatische Symptome. Nein, nicht Kopfschmerzen oder die berühmte Migräne – er hat sichtbare, greifbare Auswirkungen vorzuzeigen: Ausschlag oder Fieber verlangen natürlich auch nach entsprechender Aufmerksamkeit und Bemutterung!

Er liebt sein Zuhause, verbringt seine Abende gerne mit einem guten Buch oder in Ihrer Gesellschaft auf dem Sofa oder in der Badewanne. Hin und wieder schätzt er es sehr, seine Freunde bei sich zu sehen und bei einem Glas guten Weins einen Plausch zu halten. Aber nicht ausschließlich. Manchmal zieht es ihn in die Ferne, es packt ihn die Reiselust. Dann nimmt er seinen Koffer oder mietet ein Hausboot – natürlich unter Mitnahme des eigenen Kopfkissens – und kehrt nach getaner Reise glücklich an seinen heimischen Herd zurück. Ein richtiger Weltenbummler ist er trotzdem nicht. Seine Reisen haben auch nichts von einem Aufbruch zu neuen Ufern. Er will unbedingt zurück in seine gewohnte Umgebung, sein bekanntes Umfeld. Experimente sind nicht seine Sache. Und heimelige Geborgenheit, sichere Gemütlichkeit aufs Spiel setzen, nur um Neues zu probieren – das macht der Krebs nicht!

Viel lieber als Neues, Unbekanntes zu erforschen, das ihn wohl zuweilen locken mag, kramt er in der Vergangenheit. »Auf der Suche nach der verlorenen Zeit« zeigt sich auch die romantische Seite des Krebses. Alles, was an seine Gefühle rührt, macht ihn geradezu sentimental. Ob ausgelöst durch den Gedanken an vergangene Freuden und Leiden, den Weihnachtsabend im Kreise seiner Lieben oder durch das Ansehen alter Fotos aus den letzten fünfzehn Jahren. Gefühlsausbrüche sind bei einem Krebs keine Seltenheit! In Tränen schwimmende Augen vor Rührung sieht man auch bei Krebs-Männern nicht selten. Sie spielen aber mit einem Scherz darüber hinweg.

Dass Krebse oft etwas »zu nah am Wasser gebaut« haben, wird von robusteren Naturen meist mit Unverständnis quittiert und als Druck machen mittels Heulorgien verstanden.

Ein so seelenvolles, gefühlstiefes und weiches Wesen bietet viel Angriffsfläche für Verletzungen. Selbst gut gemeinte Kritik stürzt den Sensiblen in tiefe Krisen – um sein Selbstwertgefühl steht es selten zum Besten! Er braucht Bestätigung, unbedingt und ständig und um jeden Preis, notfalls wird mit tränenumflorter Stimme und Märtyrermiene nachgeholfen.

Obwohl Ihr bescheidener Krebs nach außen nicht so wirkt, als suche er das Auge der Kamera oder das Scheinwerferlicht, freut es ihn riesig, die allgemeine Bewunderung auf sich zu ziehen. Diese Freude verpackt er fein säuberlich in ein Schächtelchen und verwahrt es gut in seiner Seele, um sich hin und wieder daran zu erfreuen.

So wie es den Flusskrebs und den Salzwasserkrebs gibt, lassen sich auch astrologisch zwei unterschiedliche Krebs-Typen unterscheiden: der Introvertierte und der Extravertierte.

Während der in sich gekehrte Vertreter des Mondzeichens seine starken Emotionen für sich behält, neigt der Extravertierte manchmal sogar zur Hysterie. Er ist dafür aber derjenige, der ihm sympathische Menschen am Arm fasst und sein Umfeld durch seine Herzlichkeit und warme Ausstrahlung gewinnt.

Der Introvertierte erstaunt sogar Nahestehende mit unvermuteten Gefühlsausbrüchen, weil er annimmt, dass jeder wissen müsse, wie es um seine Gefühlswelt bestellt ist. Wozu dann lange darüber reden? Lieber nach außen die Fassade wahren ... Mit Aggression kann er überhaupt nicht umgehen. Entweder er zieht sich im Konflikt- oder Streitfall zurück, oder er platzt plötzlich mit einer emotionalen Explosion heraus. Fliegende Teller, zerschnittene Kleider, aufgebrochene Türen, gezauste Frisuren kommen da schon vor ... Die scheinbar unerschütterliche Ruhe kann in manchem Fall auch in abwartende Trägheit ausarten.

Eigentlich hat er zu Geld und sicheren materiellen Werten ein sehr vernünftiges und praktisches Verhältnis. Er riskiert nichts und hat eine gute Hand für Finanzielles.

Hektik, unter Druck arbeiten – das ist nichts für Krebse! Sie wollen alles in Ruhe und mit Überlegung angehen. Langsamkeit kennzeichnet ihr äußeres Verhalten, nicht das Tempo ihrer Gedanken. »In der Ruhe liegt die Kraft«, ist ein stehender Krebs-Satz. Durch ihre Intuition spüren sie mancherlei voraus.

Wenn Sie in die Wohnung eines Krebses kommen, wird Sie sicher gleich Nestwärme umfangen. Der Ort, wohin er sich zurückzieht, muss Ruhe, Wärme und Geborgenheit ausstrahlen.

Die Farben, die ein Krebs für sich und seine Umgebung wählt, sind das ruhige, konservative Smaragdgrün, Weiß und Silber.

HERR KREBS – ein gefühlvoller Mann!

Trotz allen Gefühls sollten Sie sich nicht täuschen lassen: Herr Krebs steht mit beiden Beinen im Leben!

Fremden gegenüber gibt er sich bedeckt, trägt sein Inneres, seine wahren Gedanken nicht wie ein offenes Buch vor sich her. Nicht einmal seine engsten Freunde wissen, wie es wirklich in ihm, im Allerheiligsten des Krebses, seiner Seele, wirklich aussieht.

Seine Stimmungen sind ein bisschen wechselhaft. Begegnet er Ihnen zumeist als Charmeur und höflicher Kavalier der alten Schule, sollten Sie es sich nicht zu Herzen nehmen, wenn er manchmal unwirsch und unfreundlich, ja sogar zornig sein kann.

Herr Krebs hat eine Vorliebe für Frauentypen, die das Urweibchen verkörpern. Seine Wirkung auf attraktive Frauen ist nicht zu übersehen. Wenn sie Ihre typisch »weiblichen« Qualitäten ausspielen, beginnt er sich ins Zeug zu legen. Überzeugen und mitreißen kann er! Und im Plaudern ist er ein wahrer Meister. Hat er seinen Standpunkt gefunden, vertritt er ihn wortreich und emotionsgeladen – so lange, bis Sie ihm Recht geben – vielleicht um des lieben Friedens willen!

Dabei lässt er sich doch gerne dominieren. Nicht, dass er das zugeben würde, meistens durchschaut er es gar nicht – oder will es nicht verstehen.

Herr Krebs kann Sie auch in die wunderbare Welt der Fantasie und Träume entführen. Er ist ein poetischer Romantiker, der Sie zart fühlend und zärtlich umwirbt, aber trotzdem den ritterlichen Beschützer nach außen kehrt. Mitunter fällt sein Feuer, seine Fähigkeit zur Leidenschaft nicht so besonders auf ... Sie werden es aber nicht vermissen! Obwohl Herr Krebs keineswegs zu den »wilden« Liebhabern gehört.

Sucht der eine Krebs eine Frau, die Mutter seiner Kinder werden soll, ist der andere Krebs-Typ weitaus unbeständiger. Er nimmt es mit der Treue nicht so genau, ist ein Mann, auf den Frauen »fliegen«, weil er Verständnis für die weibliche Gefühlswelt zeigt. Dabei äußert er keine besondere Neigung, sich an Frau, Familie und Heim zu binden. Er ist jener Herr Krebs, der eine ausgesprochene Reiselust entwickeln kann, dabei aber als Vision ein gemütliches Zuhause vor sich hat. Der andere Krebs-Typ lebt seine Sehnsüchte im Traum aus – in warmen Pantoffeln, auf dem Sofa im Eigenheim.

Egal welcher Typ Ihr Krebs-Mann ist, er kann nicht oft genug hören, wie sehr Sie ihn lieben!

Herr Krebs hält seine Finanzen bestens in Ordnung. Sogar sparsam ist er mitunter, allerdings um sich und seinen Lieben bald darauf großzügig jeden Wunsch von den Lippen zu lesen und zu erfüllen. Mit ihm brauchen Sie sich keine Sorgen zu machen, dass Sie eines Tages unversorgt ohne Lebensversicherung oder Rente dastehen!

Ein so gefühlsbetonter Mensch wie der Krebs hat ein besonderes Talent für alles Musische: Ob er als Hobbymaler farbenprächtige Hinterglasbilder malt, Hausmusik betreibt oder sich von Berufs wegen künstlerisch austobt – ein Krebs birgt in seiner Sensibilität den Sinn für die schönen Künste und Schönheit.

FRAU KREBS – eine großherziges Gefühlsbündel!

Ihr Wesen entspricht der Vorstellung vom zarten Mädchen im weißen Kleid auf einer Wiese. Um sie zu gewinnen, muss der Weg über die Romantik und das Gefühl eingeschlagen werden. Sie gehört nicht zu den eiligen, sie will langsam, nach allen Regeln der Kavalierstradition umworben und erobert werden. Ein Candlelight-Dinner, Rosen oder ein besonderes Liebesgedicht ebnen den Weg zu ihrem Herzen.

Ohne Herz, ohne Liebe bleibt ihre Schlafzimmertür jedenfalls verschlossen. Liebe und Geborgenheit sind für sie unverzichtbar – sie ist nicht die Frau für eine kurze, heftige Affäre! Frau Krebs braucht die Sicherheit der dauerhaften Beziehung und die wiederholte Bestätigung ihrere eigenen Gefühle, um sich in Leidenschaft fallen zu lassen. Hat sie den idealen Mann gefunden, bleibt sie ihm auch treu.

Ihre Treue ist ein Kapitel für sich. Selbstverständlich wird jeder Mann schätzen, der Einzige in ihrem Leben zu sein. Aber in der übersteigerten Form kann sich das als recht klettenhaft entpuppen ... Gepaart mit ihrer so gut und liebevoll gemeinten Fürsorge, ihrem Kümmern und Anteilnehmen ist das freiheitsliebenden Charaktern wohl zu viel des Guten und wirkt beengend. Wenn sie ihre Gefühle mit Füßen getreten und betrogen fühlen, ist ihre Eifersucht legendär und sie entwickelt ein besonderes Talent zum Kontrollzwang. Da wird dann auch ein Detektiv engagiert und vom Haushaltsgeld bezahlt.

Aufopfernd steht sie auch dann noch zum Mann an ihrer Seite, wenn andere schon längst die Flucht ergriffen hätten und ihre Freunde kopfschüttelnd mit ansehen müssen, wie sie sich schlecht behandeln lässt.

Wenn Sie ihr sagen möchten, dass Sie lieber etwas weniger Bemutterung hätten, seien Sie bitte sehr behutsam! Selbst vorsichtig angebrachte Kritik bringt sie rasch aus der Fassung. Dann sollte eine Großpackung Kleenex in Reichweite sein und möglicherweise fliegen die Tassen tief ...

Unerklärlich, warum es ihr an Selbstwertgefühl mangelt! Eine Krebs-Frau gehört zu den reizvollsten, charmantesten, zart fühlendsten und femininsten Vertreterinnen ihres Geschlechts! Wie kaum eine andere kann sie wunderbar erzählen, versteht es, sich in Bildern auszudrücken und die Zuhörer in ihren Bann zu ziehen. Ihr Gedächtnis ist kaum zu übertreffen, ihre Aufrichtigkeit und Freundschaft werden allseits geschätzt. Was sie von ihrer Umgebung braucht wie eine Pflanze das Wasser, sind jede Menge Liebesbeweise. Sie will nicht nur am Hochzeitstag oder Jahrestag auf Anfrage hören, dass Sie sie lieben. Am liebsten dreimal täglich! Beweisen Sie ihr so oft wie möglich, wie wertvoll sie Ihnen ist, sparen Sie nicht mit Lob, Dank und Anerkennung. Je zufriedener sie mit sich ist, desto unkomplizierter ist der Umgang mit ihr.

Als Ehefrau und Mutter kann sie ihre Grundeigenschaft des Sorgens ausleben und sich liebevoll ihrer Familie annehmen. Ihre Lieben erfreuen sich ebenso ihrer Kochkunst wie Gäste, die sie gerne bei sich sieht. Ihre Küche und ihre Vorratskammer sind immer wohlbestellt, schon allein, um nicht in eine verunsichernde, Panik machende Lebensmittelkrise zu geraten.

Wollen Sie endlich eine Last loswerden und Ihren Kummer von der Seele sprechen – wenden Sie sich an die Krebs-Frau in Ihrem Freundeskreis. Sie leiht ihnen nicht nur verständnisvoll ihr Ohr, sondern sie kann auch schweigen wie ein Grab. Selbst die spektakulärsten und heikelsten Mitteilungen finden bei ihr wohl Eingang, aber keinen Ausgang mehr, solange ihre Freundschaft nicht aufs Spiel gesetzt wird oder ihre Gefühle verletzt werden.

Liebe, Partnerschaft und Erotik

Wahrscheinlich haben Sie Ihren Krebs nicht heftig flirtend an der Bar kennen gelernt, sondern in kleiner, vertrauter und fröhlicher Freundesrunde. Aufgefallen ist er Ihnen durch seine unvergleichliche Art, wie er erzählt hat. Zum Greifen schienen die Situationen, die er durch seine Wortbilder plastisch gemacht hat! Krebse können sehr sinnlich sein.

Wer nach einer Beziehung strebt, die Gefühlstiefe, Zärtlichkeit, wohlwollende Obsorge und Sicherheit bietet, findet im Krebs den richtigen Partner dafür. Verständnis für plötzlich auftretende Stimmungsschwankungen, eine Vorliebe für traute Häuslichkeit und besonders ausgeprägte Nähe sollten Sie aber doch im Seelengepäck haben. Und Taschentücher …

Bevor er sich auf eine Beziehung einlässt, will er es als zumindest denkmöglich ansehen, dass eine Treuegarantie inkludiert ist. Und natürlich muss die Aussicht auf Langfristigkeit bestehen. Flirten für einen Abend kann zwar wohl als Frischzellenkur fürs Selbstbewusstsein dienen, ist aber nicht das, was der Krebs sucht. Er mag keine wilden, flüchtigen Abenteuer! Auch wenn es manchmal den Anschein hat. Zum Beispiel, wenn Frau Krebs den Hausbesuch des Arztes im neckischen, kessen Negligé erwartet …

Idealist, der er ist, kann er dazu neigen, sich ein Traumbild vom Wunschpartner zu schaffen. Das kann geprägt sein durch das Vorbild der Mutter oder – im Fall der Krebs-Frau – vom Vater. Hat der Krebs jemanden gefunden, dem er sein Herz schenken will, glorifiziert er die Person seiner Wahl und trägt eine rosarote Brille. Zumindest so lange, bis das Kratzen an der Glasur seines idealisierten Partners eine kleine Unzulänglichkeit ans Tageslicht befördert hat. Dann wird versucht, den Partner dem Traumbild anzupassen und ihn umzumodeln.

Es darf nichts schnell gehen. Sich zu hetzen, durch die Lüste eilen, das ist nicht Krebs-Manier. Je langsamer, desto schöner, besser und genüsslicher! Wie sollte er sonst seine Fantasie entfalten können, seine Zärtlichkeit einsetzen und sein Einfühlungsvermögen spielen lassen? Das ist es, was der Krebs in der Erotik schätzt und Ihnen bieten kann! Kaum ein anderes Tierkreiszeichen bringt so viel Gefühl und Sensibilität mit ins Liebesspiel. Die Spannung muss sich langsam aufbauen. Beim ersten Date wird er kaum zur Sache kommen, sondern Sie mit Romantik zart schmelzen lassen. Er stellt sich auf Sie ein und genießt das Knistern, das dabei entsteht. Die unwiderstehlichen Verführer für Ihren Krebs sind leise Musik, stimmungsvolles Kerzenlicht, berauschend duftende Rosen und ein gutes Tröpfchen edlen Weines. Träufeln Sie betörende Worte, süß wie Honig, in sein Ohr ... Worte spielen eine große Rolle für den Krebs. Nicht wilde erotische Wortgefechte, sondern Liebesgedichte, gefühlvolle Lieder und zärtliches Geflüster stimmen ihn auf die kommenden Genüsse ein. Die Ouvertüre, das Vorspiel ist für den Krebs keine Nebensache, im Gegenteil ...

Ist die Leidenschaft entfacht, hält Ihren Krebs kaum noch etwas. Im Dunkel der Nacht oder höchstens bei mildem Kerzen- oder Mondschein fallen Zurückhaltung und Hemmung wie ein Stück Seide von ihm ab und hinterlassen einen leidenschaftlichen, sensiblen Liebhaber, eine sinnliche, aufregende Geliebte.

Um Ihren Krebs für Neuerungen zu begeistern, sollten Sie lieber behutsam vorgehen und ihn Stück für Stück an Ihren Wunsch heranführen. Er ist Spielereien nicht abgeneigt, aber kein großer Freund von extravaganten Experimenten. Zu direkt geäußerte Vorschläge verschrecken den Krebs und lassen seine Lust schnell gefrieren.

In einer Partnerschaft sollten Sie bedenken, dass das Wichtigste für das seelische Wohlbefinden Ihres Krebses, für seine seelische Ausgeglichenheit die Gefühlsbestätigung ist. Er will sich Ihrer Gefühle sicher sein, will von

Ihnen möglichst ununterbrochen hören, dass Sie ihn, Ihren Krebs, lieben. Auf immer und ewig, ohne Zweifel. Sollten diese ständigen Beteuerungen ausbleiben, kann er auch zu emotionaler Erpressung neigen und durch eine Krankheit Aufmerksamkeit erzwingen. Dann entwickelt Ihr gefühlvoller, lieber Krebs tyrannische Züge.

Jedes noch so kleine Geheimnis vor ihm empfindet er als persönliche Beleidigung. Es gibt wahrscheinlich wenige Menschen, die so sehr das Bedürfnis haben, vom anderen alles zu wissen und sein Leben unter Kontrolle zu haben. Für ihn ist es nicht unwichtig zu wissen, warum Sie in der Nacht aufstehen, um sich ein Glas Wasser zu holen! Es ist aber nicht nötig, gleich den Medikamentenschrank zu öffnen und nach dem passenden Mittelchen zu suchen! Das kann einen Partner ganz schön Nerven kosten ...

Krebse gehen ungern aus, um sich mit ihren Freunden zu treffen. Viel lieber ist es ihnen, wenn sie besucht werden. Im Hause Krebs gibt es sicher guten Wein und bestes Essen.

Als Familienmenschen tun sie sehr viel für ihre Familie. Nicht nur die gluckenhafte Obsorge für alle im Familienverband, sondern auch das Abnehmen lästiger Verpflichtungen übernehmen Krebse. Auch lästigen Kleinkram erledigen sie für ihre Lieben. Aber nicht schnell und alleine, sondern vor den Augen aller, um zu demonstrieren, dass sie tatsächlich alles tun für ihre Familie!

Für einen romantischen Abend zu zweit wählen Sie doch unter Ihren Dessous! Innige Küsse von ganz zart bis sehr wild tun das ihre für den sinnlich-reizvollen Verlauf des Abends.

Der Krebs und die anderen

Widder – Krebs

Gegensätze

»Warum denn so schnell? Warum so stürmisch und heftig?«, fragt sich der Krebs angesichts des draufgängerischen Widders. Wo er Vorsicht walten lässt, Feinfühligkeit seine Empfindungen prägt und Sanftheit die Devise ist, stürmt der Widder drauflos. Die empfindliche Seele des Krebses dürstet nach Streicheleinheiten – dafür hat der Starke wenig Verständnis. Die liebevolle Fürsorge des Krebses kann den ungeduldigen Widder in die Flucht schlagen. Aber vielleicht mildern die Aszendenten und andere Planetenkonstellationen die Gegensätze, so dass eine Partnerschaft möglich wird.

Stier – Krebs
Ein ruhiges Paar

Sie bauen ihre Beziehung auf einem soliden Fundament. Sicherheit, Geborgenheit und überlieferte Werte haben für beide einen hohen Stellenwert. An der starken Schulter eines Stieres kann sich der zart fühlende Krebs anlehnen und beschützt fühlen. Große Aufregungen schätzen weder Stier noch Krebs. An Sinnlichkeit wird es dem Paar nicht mangeln, dennoch besteht die Gefahr der Langeweile.

Zwillinge – Krebs
Freiheitsliebe gegen Fürsorge

Der freiheitsliebende Zwilling versucht sich der liebvollen Fürsorge des Krebses zu entziehen. Für die Stimmungsumschwünge seines Zwillings hat der Krebs Verständnis, er weiß mit den Launen seines Partners umzugehen und kann mit ihm lachen. Wendet sich der Krebs Halt suchend an seinen Zwilling, möchte Sicherheit, Festigkeit und Beständigkeit finden, wird er enttäuscht. Eine fixe Bindung scheut der Zwilling und ergreift die Flucht.

Krebs – Krebs
Eine sensible Beziehung

Achterbahnfahrten werden die beiden miteinander nicht erleben. Vor lauter Glück über die traute Zweierbeziehung, die dahinfließt wie ein langsamer ruhiger Fluss, kann sich sogar eine Fixierung entwickeln. An Geborgenheit mangelt es bestimmt nicht, schon eher an Feuer und Kompromissbereitschaft.

Ob das auf Dauer gut gehen kann, werden andere Faktoren wie Erfahrungen, Erziehung und natürlich Planetenkonstellationen mit entscheiden.

Löwe – Krebs
Gar nicht so gegensätzlich

Das Selbstbewusstsein des Löwen färbt ab und gibt dem Krebs innere Festigkeit. Im Gegenzug erhält er die überlebensnotwendige Extraportion

Bewunderung vom Krebs, dem das Mittelpunktstreben des Königlichen aber auch ganz schön auf die Nerven gehen kann.

Die Gefühlswärme des Krebses und die Leidenschaft des Löwen lassen eine erotische Anziehungskraft entstehen, die ihre Intensität nicht leugnen kann …

Jungfrau – Krebs
Keine spontane Liebe

Wie lange kannten sie sich schon, bevor es funkte? Nach einer jahrelangen Freundschaft bemerken sie, dass da noch etwas ist … Logik und Intuition prallen aufeinander – entweder ideal ergänzend oder in Ablehnung mündend. Eine Beziehung, in der es selten heiße Nächte geben wird, dafür aber viele gemütliche Abende, freundschaftliche Plauderstunden und ein heimeliges Zuhause.

Waage – Krebs
Alles schwankt!

Das Luftzeichen in seinem umgänglichen Charme und der tief fühlende Krebs in seiner emotionalen Tiefe bescheren einander erlesene erotische Stunden. Was sonst noch möglich ist, hängt vom Bemühen der beiden Partner ab. Halt und Festigkeiten in den Stürmen kann keiner dem anderen so recht bieten. Dafür findet der Krebs im luftigen Wesen der Waage immer wieder Grund zur Eifersucht.

Ob dieses labile Beziehungsgebilde dem Alltag standhält?

Skorpion – Krebs
Zwei von einer Art

Wasserzeichen unter sich – keine schlechte Ausgangsbasis für eine Beziehung! Gefühlsbetont sind sie alle beide, wollen in eine Liebesbeziehung investieren. Gerne lehnt sich der Krebs an den selbstständigen Skorpion an, verwöhnt ihn im Gegenzug mit kuscheliger Häuslichkeit. Vielleicht wird dem schillernden Skorpion aber die erzieherische Neigung des Krebses sehr missfallen …

Auf erotischem Gebiet treffen sie sich zur Freude beider!

Schütze – Krebs
Fliehen – aber wohin?

Als rechter Strolch und Stromer ist ein Schütze sehr konträr zum liebesbedürftigen, häuslichen Krebs. Beide flüchten – aber in entgegengesetzte Richtungen: der Schütze hinaus in die Freiheit, der Krebs hinein in sein gemütliches Heim. Verlangt das Feuer in ihm nach neuer Nahrung, muss der Schütze sich umtun und neue Herausforderungen, neue Reize suchen. Der feinfühlige Krebs bleibt dann verletzt und unverstanden zurück.

Unter großer beidseitiger Anstrengung und Kompromissbereitschaft gibt es immer eine Chance – zumindest eine kleine!

Steinbock – Krebs
Ratio trifft Emotion

Auch Kämpfer wie der Steinbock brauchen hin und wieder einen Ort des Friedens, der Ruhe. Was gibt es Schöneres für den Krebs, als für den gefundenen Fels in der Brandung die wärmende Sonne zu sein? Die Freizeit verbringen sie manchmal getrennt: Klettert der Steinbock auf die steilsten Berge oder bezwingt mit seinem Mountainbike abenteuerliche Steigungen, aalt sich der Krebs genüsslich mit einem Buch in der Sonne.

In Sachen Erotik kann der emotionale Krebs den Kühlen auftauen.

Wassermann – Krebs
Konträre Lebenssicht

»Freiheit/Verstand!«, ruft der Wassermann, »Liebe/Gefühl!«, fordert der Krebs. Haben sie ihrer unbestreitbaren gegenseitigen Anziehung nachgegeben, wird dem Wassermann die ganze Sache zu romantisch – er verlangt nach ausgefalleneren erotischen Spielchen, die den Krebs zutiefst verunsichern können.

Die geistige Übereinstimmung zwischen diesen beiden Sternzeichen lässt ein berufliches Miteinander wahrscheinlicher und fruchtbringender erscheinen als ein partnerschaftliches Zusammenleben.

Fische – Krebs
Gemeinsames Bad in Gefühlen

Wenn ein Fisch sich in seine Arme sinken lässt, wird auch der Krebs zum starken Helden! Liebevoll und einfühlsam gehen beide aufeinander zu und baden in Gefühlen. Den Alltag organisiert der Krebs, er schreitet auch eher zur Umsetzung von Ideen in Taten. Der Fisch liefert die Fantasie, die gedankliche Anregung. Die finanzielle Seite der Beziehung sollte doch besser der Krebs in die Hand nehmen.

Wenn der Fisch nicht ausgerechnet im Liebesleben zur Realisierung seiner Fantasien schreiten will und den Krebs damit verschreckt, verstehen sich die beiden auch hinter der Schlafzimmertür.

Beruf

Um seinen Job wirklich gut zu machen, braucht der Krebs vor allem ein gutes, angenehmes Betriebsklima. Anfeindungen und Mobbing können ihn ernsthaft krank machen. Vor allem sein Magen reagiert dann prompt und erbost. Außerdem steckt der Krebs negative Stimmungen nicht einfach weg, sondern handelt nach dem Motto: »Wie du mir, so ich dir.« In blanker Notwehr schlägt er zurück und schenkt dem Angreifer nichts.

Unabhängigkeit und Selbstständigkeit sind die Grundvoraussetzungen der individuellen beruflichen Entwicklung des Krebses. Seinen Aufstieg schafft er durch diplomatisches Geschick.

Kollegen und Chefs mögen seine zurückhaltende, freundliche Art. Nur: So zuvorkommend, weich und fügsam, wie er scheint, ist er gar nicht! Ehrgeiz und Freiheitswille gehören genauso zu seinem Persönlichkeitsbild wie seine Freundlichkeit. Dass er auch im Beruf viel Lob und Anerkennung braucht, scheint selbstverständlich. Sachliche Zusammenarbeit ist ihm am liebsten. Brüllt ihn sein Chef an – womöglich noch vor anderen und stellt ihn damit bloß –, vergisst er ihm das sicher nie. Ein Infragestellen des Wertes seiner Person ist für ihn unverzeihlich.

Er versucht, sein Privatleben strikt vom Beruf zu trennen. Nur große private Probleme werden ihn von seiner Arbeit ablenken.

Bei der Berufswahl entscheidet er sich im Zweifel für einen Job, der Sicherheit bietet.

Der Chef aus dem Sternzeichen Krebs ist voller Ernst bei der Arbeit. Lassen Sie sich nicht täuschen, er verbirgt seinen Sinn für Humor nur sehr gut und trennt klar zwischen Amüsement und Arbeit. Durch ihr Einfühlungsvermögen spüren Krebse gut, was der Markt verlangt.

Sehr gerecht ist ein Krebs zu seinen Mitarbeitern oder Untergebenen.

Verfallen Sie nicht dem irrigen Schluss, dass wer ein weiches Herz hat, auch ein weiches Hirn hat!

Erfolg macht den Krebs selbstsicher. Er arbeitet nicht nur für Gehalt und Sicherheit, sondern natürlich mindestens genauso für Lob und Anerkennung!

Künstlerische Berufe im Bereich der Musik oder Jobs, die seinem Hang zu Vergangenem gerecht werden, erfüllen den Krebs. Als Archäologe, Kunsthistoriker oder Historiker fühlt er sich wohl. Auch Kunstgewerbe zieht ihn an.

Als Pädagogen sind Krebse sehr geeignet und können ihr Talent für Psychologie anwenden. Als Arzt kann er seine soziale Kompetenz ausleben. Etliche sehr gute Köche und andere Gastronomen finden sich ebenfalls in diesem Zeichen.

Gesundheit

Krebse neigen dazu, emotional viel in sich hineinzufressen. Es fällt ihnen schwer loszulassen.

Was liegt näher, als dass sie deshalb immer wieder Probleme im Verdauungsbereich haben? Magen- und Darmerkrankungen stehen auf ihrer Krankheitsliste unangefochten ganz oben.

Das ist auch der Körperbereich, der dem Krebs astrologisch zugeordnet wird.

Sport

Prinzipiell liebt der Krebs keine Sportarten, die Schnelligkeit verlangen oder bieten. Auch die, bei denen eine andere Kraft, zum Beispiel der Wind, stärker sein könnte als ihre eigene, finden keinen Gefallen. Wo sie die Kontrolle verlieren könnten, sind sie verunsichert und fühlen sich nicht wohl – auch im Sport.

Es ist ja doch nicht das höchste Ziel eines Krebses, sportliche Ehren zu erringen! Wassersportarten wie schwimmen liebt er aber sehr. Das Fischen kommt seinem Temperament sehr entgegen. Der Blick aufs Wasser tut ihm gut!

Trotzdem: Lieber als körperliche Betätigung ist es ihm, in der Sonne zu braten und auf ein Gewässer zu schauen.

Umgang mit Krebs-Kindern

Schon als Kleinkind verlangt der Krebs nach besonders viel Liebe und Aufmerksamkeit, nach Geborgenheit von Eltern und Familie. Er liebt es zu schmusen und zu kuscheln.

Eine strenge Erziehung mit harter Kritik und Auseinandersetzungen tut Ihrem kleinen Krebs nicht gut! Für ihn ist es essentiell, dass er durch Lob und Anerkennung das Gefühl hat, richtig zu handeln und tüchtig zu sein. So werden Sie ihn am besten zur Selbstständigkeit erziehen können.

Zum Spielen braucht der kleine Krebs alles, was seine Fantasie anregt. Nicht nur Mädchen spielen mit Puppen, auch Krebs-Jungen widmen sich ausgiebig dem Puppenspiel oder haben eine Lieblingspuppe, an der ihr Herz hängt. Zeichnen und Malen lieben Krebs-Kinder ganz besonders. Weniger das Ausmalen als das eigene, fantasievolle Bildermalen beschäftigt sie ausdauernd. Verkleiden gehört zu den Lieblingsspielen der Kleinen.

Als nicht übermäßig lebhaftes Kind kann es sich lange an einem Platz sitzend beschäftigen. Ein Segen! Vielleicht singt oder summt es vor sich hin. Eine seiner Lieblingsbeschäftigungen ist das Beobachten. Spaziergänge im Buggy liebt das Kleine!

Krebs-Kinder sind selten die großen Plaudertaschen, lernen aber relativ früh das Reden.

Auch beim Krabbeln und Laufen sind sie keine Spätzünder.

Seine blühende Fantasie zeigt sich schon bald auch in unglaublichen Ausreden. Da werden manchmal Geschichten aufgetischt, die ihresgleichen suchen! Nur, um nicht in den Turnunterricht gehen zu müssen oder sich vor dem Zahnarztbesuch zu drücken.

Der kleine Krebs ist verrückt nach Tieren. Er quält Sie sicher nach allen Regeln der Kunst, ihm doch ein Haustier zu bewilligen. Der Kontakt mit Gleichaltrigen sollte gefördert werden, damit das Kind Anschluss an Gruppen finden kann.

Die Lernerfolge in der Schule sind insgesamt durchschnittlich, nur in den Lieblingsfächern ragen die Leistungen etwas heraus. Damit Ihr Kind lernt und seine Aufgaben macht, müssen Sie manchmal leichten Druck ausüben.

Kommt der Krebs in die Pubertät, wandelt er sich vom kleinen Schmusekätzchen zum wilden Energiebündel. In der Anfangsphase ist er noch anhänglich, später vermeidet er jeden Körperkontakt. Er hat einen dicken Freund, mit dem er immer zusammensteckt, der bei ihm die Wochenenden verbringt und mit ihm lernt. Hat der junge Krebs irgendwann genug, wird der Freund ziemlich unvermittelt abserviert.

Wer immer sich zu seinen Freunden zählen darf, erlebt ihn als hilfsbereit und freigebig.

Als Eltern brauchen Sie gute Nerven, weil nichts Verbotenes vor ihm sicher ist!

Prominente Persönlichkeiten

Klaus Maria Brandauer, österreichischer Schauspieler
George Michael, britischer Sänger
Peter Alexander, Schlagerstar und Schauspieler
Tom Cruise, amerikanischer Filmschauspieler
Dalai-Lama, geistiges Oberhaupt von Tibet
Giorgio Armani, italienischer Modezar
Harrison Ford, amerikanischer Filmschauspieler
Nelson Mandela, südafrikanischer Anti-Apartheids-Kämpfer und Präsident
Otto Waalkes, deutscher Komiker
Isabella Rosselini, italienische Schauspielerin und Unternehmerin
Isabel Adjani, französische Schauspielerin
Anne-Sophie Mutter, deutsche Violinvirtuosin
Lady Diana, die verstorbene Prinzessin von Wales
Linda de Mol, deutsche TV-Moderatorin
Chris Lohner, österreichische Moderatorin und Autorin

Der Löwe

23. Juli bis 23. August

Persönlichkeit

Groß, stark und mächtig repräsentiert er auch ungekrönt Erfolg, Liebe, Reichtum, Prunk – ihm steht im höchsten Ausmaß alles zu – von Natur aus, zweifellos und unübersehbar!

Er wünscht auf keinen Fall, dass sein Herrschaftsanspruch, seine Macht und seine Stellung übersehen werden. Das Universum dreht sich um ihn ...

Im Mittelpunkt der Löwe, sein Hofstaat schart sich um ihn, huldigt ihm. Das ist auch gut so! Einem Löwen nicht die gebotene Aufmerksamkeit, Beachtung und vor allem uneingeschränkte Bewunderung zu zollen, kann als Majestätsbeleidigung angesehen und geahndet werden! Es wird Ihnen aber nicht schwer fallen, ihm diesen Tribut zu zollen. Eine großmütige, strahlende und selbstbewusste Persönlichkeit wie der Löwe erhält mühelos die Streicheleinheiten, die auch das größte Raubtier braucht.

Er strahlt die würdevolle Ruhe aus, die nichts in Hektik versetzen kann, ihn kann man um Rat und Hilfe bitten, er kann Schwierigkeiten mit einem einzigen Prankenhieb beiseite fegen.

Gerne ist er der, der Verantwortung übernimmt. Sein Können, sein Wille und seine Kraft prädestinieren ihn zur Führungspersönlichkeit. Ob in Beruf, Familie oder unter Freunden ist er der unangefochtene, bewunderte »Capo«, an den sich aber jeder vertrauensvoll wenden kann, wenn er ein Problem hat, das einer Lösung bedarf. Zuhören allein ist ihm da zu wenig. Der König leiht Ihnen zwar wohlwollend sein Ohr, aber nicht seine ungeteilte Aufmerksamkeit, wenn er merkt, dass er selbst nicht sehr viel zur effektiven Erledigung beitragen kann. Lieber setzt er Himmel und Hölle in Bewegung, wirft sein Gewicht und Ansehen in die Waagschale, um Bewegung in die Sache zu bringen, als Ihnen tröstend die Hand zu halten und Ihnen Mut nur zuzusprechen. Vor allem, wenn er Unrecht wittert, kehrt er den Beschützer hervor – eine seiner Lieblingsrollen. All sein Einsatz hat immer den Hauch des Gönnerhaften. Ist er doch keinesfalls der völlig selbstlose, aufopfernde Helfer in der Not, sondern setzt seine Macht für andere ein, um sie zu demonstrieren und sich gut zu fühlen.

Für ihn ist es vollkommen selbstverständlich, dass sich alle und alles nach seinem Willen richten! Um eine andere Meinung als die seine durchzusetzen, sollte man die hohe Schule der Diplomatie beherrschen. Er lässt sich nur dann überzeugen, wenn er den Eindruck hat, dass zumindest der Feinschliff der Entscheidung von ihm kommt. Sollten Sie den Mut aufbringen und

Kritik üben wollen: Verbrämen Sie die Anmerkung mit einem Kompliment. »Dass ein so geschmackvoller, stilsicherer Mann wie du zu einer so ausgefallenen Krawatte greifen kann – erstaunlich!«, hört er allemal lieber als: »Hast du aber heute eine scheußliche Krawatte an!« Wenn Sie ihm die Mähne kraulen, können Sie ihm beinahe alles sagen.

Wie es sich für eine Führungspersönlichkeit gehört, ist der Löwe ein Meister des Delegierens. Vor allem, wenn es darum geht, unangenehme Kleinigkeiten zu erledigen und lästige Pflichten auszulagern, wird er sehr erfinderisch und überzeugend. Schließlich übernimmt er ja trotzdem die Gesamtverantwortung – oder lässt Sie das zumindest glauben ...

Ist dem Löwen Ihr Verhalten ein Dorn im Auge, wird er damit nicht hinterm Berg halten, sondern Sie direkt darauf ansprechen. Wahrscheinlich tut er das nicht durch die Blume – Feinfühligkeit ist nicht die größte seiner Tugenden! Aber nehmen Sie es ihm nicht übel, er ist andererseits nicht nachtragend und Ihnen sofort wieder wohl gesonnen! Wie er auch in einem Satz herbe Worte verwenden kann und Sie völlig vor den Kopf stoßen, um Sie fünf Minuten später zu fragen, ob Sie nicht miteinander essen gehen wollen, um alles noch einmal in Ruhe zu besprechen.

Der sinnenfrohe, genießerische und schönheitsliebende Löwe ist dem Prunk verfallen. Im Ambiente der üppigen, mit roter und goldener Seide ausgeschlagenen Salons des ausgehenden 20. Jahrhunderts fand er die richtige Kulisse für seinen Auftritt. Heute umgibt er sich mit offensichtlich teuren, modern-prunkvollen Dingen, die seine Macht demonstrieren. Der Schein ist beinahe wichtiger als das tatsächliche Sein. Der weniger betuchte Vertreter dieses Sternzeichens greift zielsicher zu den auffallend schönen Dingen, die zumindest den Anschein von gut, teuer und pompös erwecken. Ihr Geschmack ist wahrhaft königlich. Wenn der Löwe vorfährt, tut er das im prestigeträchtigen Wagen der Oberklasse – ein Mercedes, BMW oder gar ein Jaguar sind gerade richtig für ihn. Muss er sich mehr nach der Decke strecken, darf es vielleicht ein älteres Baujahr sein, aber kein Mini! Der ist nicht der passende Rahmen für seine Bedeutung, sein Ansehen.

Wie es in Mozarts Zauberflöte heißt: »Die Strahlen der Sonne vertreiben die Nacht!« Ein wohl gelaunter Löwe ist humorvoll, vital und genießt das Leben in vollen Zügen. In Luxus schwelgen, jeden Genuss auskosten, lautet die Devise. Das Schöne daran: Er lässt andere gerne daran teilhaben. Rauschende Feste, glanzvolle Einladungen und exquisite Tafelfreuden bietet der Löwe, wenn es ihm irgendwie möglich ist. Natürlich fällt dabei auch ein bisschen Glanz wieder auf ihn zurück. Als der großzügige, liebenswerte Gesellschaftslöwe wird er von Fest zu Fest gereicht. Er sonnt sich in seinem Erfolg bei anderen Menschen. Es schmeichelt seiner Selbstliebe ungemein, wenn er von allen Seiten Komplimente einheimst und hofiert wird. Wie auch in der Fabel, in der ein großer, mächtiger Löwe aus diesem Grund von der kleinen Maus ausgetrickst wird, ist die Eitelkeit sein wunder Punkt. Er hört eben gar zu gerne Lobpreisungen seiner Person und Fähigkeiten!

Erzürnt so manchen Löwen auch nur eine Kleinigkeit, tritt sein feuriges Temperament in der weniger angenehmen Variante zutage: Fuchsteufelswild, mit Gebrüll und viel Getöse wird getobt, dass jedem im weiten Umkreis Hören und Sehen vergehen. Zum Glück kommt das selten vor und die meisten Löwen treten wesentlich gemäßigter auf ... Aber sollten Sie daran denken, mit ihm eine Partnerschaft einzugehen, wappnen Sie sich! Allzu zart besaitet darf Ihre Seele nicht sein, besser, Sie bieten ihm die Stirn – natürlich im Rahmen des nötigen Respekts vor seiner Majestät ...

Seine Partner sucht er sich nicht unter den Mauerblümchen und zarten Pflänzlein. Und welche sanfte, ruhige Natur will sich schon von einem Raubtier verschlingen lassen? Der König sucht eine Königin, die Herrscherin einen Herrscher. Ebenbürtig muss der gewählte Partner sein, selbst glänzen und trotzdem des Löwen unumstrittene Regentenposition anerkennen und würdigen. Ein Hochseilakt für starke Charaktere!

Geschäftspartner, die als – fast – gleichwertig anerkannt wurden, dürfen sich über einen dynamischen Tatmenschen freuen, der jede Herausforderung annimmt und für den Erfolg kämpft, notfalls wie ein Löwe. Aber lassen Sie ihm auch genug Lorbeeren für das Erreichte!

Mutig stellt er sich allen Herausforderungen und Aufgaben. Mit der Energie und Tatkraft des Feuerzeichens wirft er sich ins Zeug und ruht nicht, bis ihm der Sieg sicher ist. Aufgeben? Ein Löwe? Warum – er wird gewinnen, das liegt in der Natur!

Erzwungene Untätigkeit macht den Löwen rasend. Selbst gewählter Müßiggang hingegen ist ihm genauso lieb wie seinem Königskollegen aus dem Tierreich. Beide genießen das Faulenzen mit großer Hingabe und Konsequenz!

Ängstlichkeit, Humorlosigkeit und Bösartigkeit können die großmütigen Löwen nicht leiden. Alles Kleinliche ist ihnen fremd und zuwider. Jemand, der Engstirnigkeit, Geiz und Neid ausstrahlt, wird nicht einmal in die Nähe eines sonnigen, freundlichen Löwen kommen, geschweige denn, seine

Gunst genießen. Führen Sie auch nicht detailliert Buch über wechselseitige Gunstbeweise! Er erwartet von seiner Umgebung denselben Großmut, den auch er walten lässt.

Keiner braucht so sehr den Applaus, das Rampenlicht wie der »Lion King«. »Selbstdarstellung« ist der Titel seines Dauerbrenners, des Stücks, das er zeitlebens täglich von 0 bis 24 Uhr gibt. Und regnet es zu wenig Vorhänge und Beifall, hilft er nach: »Ich bin doch als Liebhaber unschlagbar, ODER?«, fordert er Tribut. »Eine Freundin hat letztens gesagt, ich hätte eine sagenhafte Figur, da ist doch was dran, ODER?«, werden Ihnen Ovationen abgenötigt.

Dominanz ist DAS Löwen-Wort. In jeder Hinsicht, in jedem Winkel des Lebens will er bestimmen, den Weg und das Ziel vorgeben, Situationen und Menschen im Griff haben. Die natürliche Autorität macht ihm das nicht allzu schwer. Von seiner souveränen und selbstbewussten Ausstrahlung fühlen sich Menschen angezogen.

Aus seiner eigenen Sicht ist er wohlwollend, umgänglich und tolerant.

Es muss ihn ja nicht gleich der wüste Jähzorn packen, aber manchmal überfällt ihn ein (un)heiliger Zorn, wenn es nicht so läuft, wie er sich das vorstellt oder seiner Person nicht die gebotene Aufmerksamkeit zukommt. Der folgenden Auseinandersetzung stellt er sich und macht seinem Ärger Luft. Zähneknirschend mag er nach einer Phase der Abkühlung vielleicht sogar eigene kleine Unzulänglichkeiten oder Fehleinschätzungen zugeben.

Das Sparen und vernünftig Haushalten überlassen Löwen lieber anderen. Wenn es denn sein muss, dann höchstens als Weg zur Erfüllung eines heiß ersehnten Wunsches. Er will sich keine Sorgen machen müssen, das schmälert den Glanz seines Strahlens. Außerdem gehören majestätische Gestalten nicht in die Niederungen des Lebens.

Sie schöpfen aus dem Vollen, sich nichts leisten zu können beschneidet sie im Innersten ihrer Persönlichkeit. Wer jeden Euro zweimal umdreht, kann sich dem Lust- und Genussprinzip nicht hingeben, kann nicht im Mittelpunkt stehen. Für ihn gilt: »Was kostet die Welt?« Völlerei, alles im Überfluss zu haben und auch zu geben – das ist Löwe. Entsagen, ein kärgliches Dasein fristen, asketisches Gedankengut realisieren – für ihn bedeutet das dahinvegetieren, aber nicht LEBEN! Ein Mindestmaß an Luxus drückt auch den Abstand zwischen ihm und dem Rest der Welt aus, egal ob es sich in einer Villa mit Pool oder in einem besonderen Fernsehsessel, einem Thron, manifestiert. Innerhalb seiner Umstände will jeder Löwe der »King« sein dürfen. Er scheint sich an den Spruch Cäsars zu halten: »Lieber im hintersten, kleinen Dorf der Erste als in Rom der Zweite!« Allerdings bleibt ein Löwe dann nicht lange im kleinen Dorf, sondern hat im Nu die nächste Stadt für sich erobert.

Strahlend wie seine Persönlichkeit sind die Farben, die ihm gut tun und gefallen. Allen voran das königliche Gold. Auch ein sonniges Gelb ist eine Löwen-Farbe. Wohltuend und seinem Feuerzeichen entsprechend ist ein warmes Rot. Die Kombination von schimmerndem Gold auf rotem Grund – vielleicht auf Seidenvorhängen oder Kissen – verleiht seiner Umgebung die entsprechende Pracht, die seine Würde unterstreicht.

HERR LÖWE – ein Magnet!

Sie haben sofort bemerkt, dass er dominiert. Wenn Sie sich mit dem Gedanken nicht anfreunden können und wollen, täglich seiner Majestät zuzujubeln und ihn seiner unangefochtenen Regentschaft zu versichern, sollten Sie sich lieber nach einem anderen Herzenskandidaten umschauen!

Auf der Suche nach der Prinzessin, die er zu seiner Königin machen will, wägt er immer wieder gut ab, ob sie auch wirklich die geeignetste, beste Kandidatin ist. Schließlich soll er ja treu sein ... Und das fällt ihm gar nicht so leicht! Die entzückende junge Dame, die er letztens kennen gelernt hat – vielleicht ist doch sie die allerbeste? In der Wahl ihrer »Beute« sind Löwen wählerisch: Entweder soll sie ihm Partnerin sein und sein Wesen spiegeln, also stark, lebensfroh, sinnlich und schön sein, ihm aber trotzdem nicht die Show stehlen. Oder sie soll ihn schmücken – durch Jugend, Herkunft, Geld oder außerordentliche Schönheit. Herr Löwe will eine Frau an seiner Seite, die seinen Glanz durch den ihren verstärkt, ohne ihn streitig zu machen oder gar zu überstrahlen. Ältere Löwen wählen gerne eine junge Gefährtin, die ihnen einerseits die nötige Anbetung entgegenbringt und mit der sie andrerseits Aufsehen erregen können. Eine Heirat aus Prestigegründen kann schon vorkommen ... Einen großen Bogen schlägt der Löwe auf Freiersfüßen um zimperliche Zimtzicken.

Um seine Traumfrau zu gewinnen, spart Herr Löwe an nichts. Die schönsten, ausgefallensten Ideen verwirklicht er, um die Erwählte – möglichst vor Publikum – zu verblüffen. Er lässt von einem Flugzeug seine Liebeserklärung in den Himmel schreiben, natürlich mit seinem und ihrem Namen!

Haben Sie alle seine Kriterien erfüllt und er führt Sie als Gefährtin heim, verfallen Sie nicht dem Irrglauben, dass seine Suche jetzt selbstverständlich beendet sei! Er verteilt seine Gunst gerne und gleichmäßig unter seinen vielen Bewunderern – vor allem unter weiblichen ... Er selbst ist höchst eifersüchtig und duldet nicht die kleinsten Eskapaden!

Als Partner ist Ihr Löwe der Mann, der alles checkt – wenn er das will. Als selbstverständlich ist sein Anpacken im Alltag nicht anzusehen! Er wird Ihnen zwar gerne das Frühstück ans Bett servieren, ein köstliches Essen bereiten, vielleicht sogar einmal den Geschirrspüler ausräumen – aber nur ausnahmsweise, nicht als ihm zugewiesene Aufgabe in der Alltagsroutine. Überhaupt können Sie von ihm alles haben, solange er das Gefühl hat, es sei SEIN Wille! Sonst werden Sie höchstens ein recht arrogantes, teilnahmsloses »Nein!« zu hören bekommen.

Mit charmant-selbstverständlicher Überheblichkeit lebt er den löweschen Geltungsdrang aus, denn ihm steht ALLES zu. Versuchen Sie also ja nicht, seine Mähne zurechtzustutzen – mit einem Kraulen der Mähne erreichen Sie mehr!

Frau Löwe – die geborene Diva!

»Was für ein Glück für die Welt, dass es mich gibt!« Überzeugt von sich ist Frau Löwe jedenfalls. Sie kann man bestimmt nicht übersehen, wo immer sie auch auftaucht, ist sie rasch der Mittelpunkt.

Auf die Männerwelt wirkt sie – wenn sie will – auf den ersten Blick eher wie eine wilde, aber gezähmte Schmusekatze. Katzenhaft und unberechenbar ist ihr Wesen. Versagt »mann« ihr die entsprechende Würdigung und Bewunderung oder verärgert sie gar, fährt sie ihre scharfen Krallen aus und entpuppt sich als reißende Löwin. Ihr Gebrüll kann sich hören lassen!

Von einem Mann will sie erobert und angebetet werden. Bei ihr können Sie sich mit einer Liebeserklärung auf den Knien nicht lächerlich machen! Der Kniefall des Ritters ... Wenn Sie eine Löwin im Visier haben, polieren Sie Ihre galanten Manieren auf Hochglanz und kehren Sie den Kavalier heraus. Die traditionellen Balzrituale wie Rosen, elegante Restaurants, ihr den Sessel zurechtrücken, in den Mantel helfen – darauf legt sie allergrößten Wert. Bei ihr gilt: Klotzen statt kleckern, ein Zuviel gibt es nicht! Halten Sie sich mit Verehrungsbezeugungen nicht zurück, deuten Sie aber auch an, dass Sie ein ebenbürtiger Partner sind. Sie wählt lange aus der Schar ihrer Verehrer, bevor sie beim Bestangebot zuschlägt! Kapriziös wie eine Diva, aber nicht zickig, sondern sich ihres Wertes bewusst, verschenkt sie sich nicht an den erstbesten Mann. Liebeserklärungen, die Plakatwände vor ihrer Haustür füllen und der ganzen Umgebung eindeutig zeigen, dass die Empfängerin nur sie sein kann – so ist's richtig!

Ihre Ansprüche sind beträchtlich: Der Mann an ihrer Seite muss ihr ein interessantes Leben bieten, mit ihr auf allen Festen tanzen und selbst eine Persönlichkeit sein, die neben ihr nicht verblasst. Hat sie den Richtigen gefunden und erhört, ist sie ihm eine treue Partnerin, die sich nicht einengen lässt und selbstbewusst ihren eigenen Weg weitergeht. Frau Löwes Ehrgeiz verhindert eine Beschränkung ihrer Tätigkeit auf den rein häuslichen Bereich.

Wird ihre Familie angegriffen oder eines der Mitglieder ungerecht behandelt, setzt ihr Beschützerinstinkt ein. Sprichwörtlich verteidigt sie ihre Lieben mit ihren Krallen und mit Fauchen wie eine Löwenmutter ihre Jungen.

Was Sie von ihr nicht erwarten können, ist eine sparsame Haushaltsführung. Sie gibt mit vollen Händen, überrascht mit Geschenken und lädt sich gerne Gäste ein, die erstklassig bewirtet werden.

Schon ihre Kleidung verrät den Anspruch auf das Beste: Am liebsten hüllt sie sich in Seide, Kaschmir und andere edle Materialien. So manche Löwen-Frau schreckt auch nicht davor zurück, das Etikett aus dem teuren alten Designer-Mantel in das neue Stück aus dem Kaufhaus einzunähen ...

Ein Modell von Chanel oder Versace nachzuschneidern ist auch eine gute Möglichkeit ... Stilsicher und geschmackvoll wählt sie Kleider und Schmuck – natürlich weder mausgraue Modelle noch unauffällige Farben! Für den Schmuck lautet die Devise: groß – größer – am größten. Unnötig, zu betonen, dass es vor allem der echte Goldschmuck ist, der es ihr angetan hat!

Liebe, Partnerschaft und Erotik

Entweder er IST ein hinreißender, toller Liebhaber – oder er ist zumindest felsenfest davon überzeugt ... Sein Selbstbewusstsein lässt in keiner Hinsicht zu wünschen übrig!

Ein liebender Löwe ist ein großer Romantiker. Die Frau der Stunde, der gegenwärtige Geliebte werden idealisiert, mit einem Glorienschein umgeben, so dass sie dem Traumbild des Wunschpartners möglichst nahe kommen.

Lange und ausgiebig hat er gesucht, sich oft und heftig verliebt und wieder entliebt, hat alle seine Verführungskünste aufgeboten. Vom perfekten, stimmungsvollen Menü für zwei bis zu originellen, ausgefallenen Geschenken hat er alles aufgeboten, was die Wirkung bei Ihnen nicht verfehlen kann. Umso fassungsloser reagiert er, wenn das alles nichts fruchtet und ihm tatsächlich jemand widerstehen kann! Das hätte er nicht für möglich gehalten!

In der festen Partnerschaft entfaltet er seinen Beschützerinstinkt und seine Qualitäten als Rudelführer. Zumindest so lange, als er nicht zu einem missmutigen Tyrannen wird, weil er sich zu wenig beachtet und geschätzt fühlt. Auch wenn er im Job Probleme hat, lässt er seinen Ärger oft an seiner Familie aus. Läuft alles wieder nach seinen Vorstellungen, haben Sie Ihren Schmuselöwen zurück!

Dass wichtige Entscheidungen oder Urlaubsplanungen schlussendlich von ihm getroffen werden, versteht sich von selbst. Häuslichkeit wird bei Löwen nie besonders wichtig genommen. Sie lieben es zwar, ein schönes, möglichst luxuriöses Zuhause ihr Eigen zu nennen, laden gerne Gäste ein und zeigen ihnen ihr Reich, verlassen ihr Heim aber sofort, um an einem Event teilzunehmen oder eine schräge Party zu besuchen. Trubel, Unterhaltung und Gesellschaft, überall, wo sie im Mittelpunkt stehen können, wo sich ihnen eine Bühne bietet, sind die lebenslustigen Löwen zu finden. Wenn Sie es lieber ruhig und beschaulich haben, keine lauten, lärmenden Veranstaltungen mögen, dann fliehen Sie vor einem Löwen!

Warme, gefühlige, menschliche und intensive Persönlichkeiten sind Löwen, aber passen soll es schon ... Anfangs Feuer und Flamme, zweifeln sie rasch, ob es auch die richtige Entscheidung ist. Notfalls suchen sie eben weiter und weiter und weiter ... Nicht wie ein Schmetterling, sondern wie der Genießer auf der Suche nach dem vollendeten Geschmack, dem absoluten Erlebnis, das nicht übertroffen werden kann. Was für ein Anspruch!

Obwohl er Sex liebt, ist er nicht darauf fixiert, sein Lebenselixier ist die Macht. Deshalb haben seine Ausflüge aus der Beziehung auch nicht unbedingt mit einem ungestillten Hunger zu tun. Ein Löwe schätzt seine Freiheit und fühlt sich nicht gern (an)gebunden. Und er ist Jäger ...

Ein Leben an der Seite eines Löwen wird nicht nur aufregend, interessant und spannend sein, Sie werden auch herzliche Gefühle und erregende Liebesnächte in lustvoller Begegnung erleben. Herr und Frau Löwe nehmen auch im Liebesspiel gerne dominierende Rollen ein. Wenn Ihnen die eher subtile Erotik liegt, werden Sie sich vorsehen müssen – hat Ihr Löwe Feuer gefangen, entsteht schnell ein Buschbrand, der nicht zu stoppen ist! Er ist ein Raubtier ... Mit einer einzigen, umfassenden, männlich-fordernden Bewegung reißt Herr Löwe die Beute in seine Arme und schleppt sie auf sein Lager. Diese Aggressivität fehlt Frau Löwe. Sie verführt lasziv-fordernd, aber nicht minder unwiderstehlich!

Ihr Löwe führt Sie nach dem Abendessen im schicken Restaurant mit vorzüglicher Küche, exzellentem Wein und anregenden Gesprächen in einen exklusiven, speziellen »Club«, in der Höhle des Löwen findet dann die Nacht ihre nicht minder aufregende Fortsetzung und plötzlich – unvermutet, mitten im heißesten Gefecht – bricht der Löwe in großes Gähnen aus. Bevor Sie empört die Türe laut knallend ins Schloss werfen, hören Sie noch die Anweisung: »Blas doch die Kerzen aus, bevor du gehst!« Auch das ist Löwe. Schließlich ist ER jetzt müde ...

Zur Verabredung mit einem Löwen wählen Sie Ihre Garderobe sorgfältig aus. Schick und edel, aber ja nicht zu schrill, ein bisschen verführerisch, nicht zu vordergründig sexy. Ein Löwe schätzt keine Begleitung an seiner Seite, die seine Würde, seinen Status nicht unterstreicht! Ihre Dessous brauchen nicht unbedingt in sündigem Schwarz gehalten sein, aber an Raffinesse sollte es ihnen nicht fehlen ...

Der Löwe und die anderen

Widder – Löwe

Eine kraftvolle Verbindung!

Die beiden sind sich in Interessen und Temperament einig. Der Löwe wird darauf achten, dass ihn der Widder nicht in den Schatten stellt. Einer bestärkt den anderen, gemeinsam können sie auch die hochfliegendsten Pläne verwirklichen. Hoffentlich haben sie jemanden, der ihnen Unterstützung in der detaillierten Umsetzung bietet!

Der selbstbewusste Widder gibt dem Löwen Kontra. In der Erotik stehen sie einander weder in Einfallsreichtum noch Feuer nach.

Stier – Löwe

Genießer unter sich

»Genuss und Sinnlichkeit« lautet ihr Motto. Einträchtig pflegen sie einen gehobenen Lebensstil und wissen Wohlstand zu schätzen. Einer der Knackpunkte ihrer Beziehung ist die unterschiedliche Art der Herrschaftsansprüche. Die Freiheitsliebe und Flirtbereitschaft des Löwen fordert die letzten Toleranzreserven des Stiers …

Ob die gemeinsam gelebte Sinnlichkeit als Grundlage für eine Beziehung genügt, bleibt abzuwarten.

Zwillinge – Löwe

Alle Chancen

Der Zwilling genießt die Bewunderung des königlichen Löwen. Mit seinem Charme, seinem Einfallsreichtum und seiner Wandelbarkeit begeistert er den Löwen, der ihm unaufdringlich Halt gibt. Für das Freiheitsbedürfnis des anderen haben beide großes Verständnis. Deshalb besteht kaum Gefahr, dass sie einander in ihrer Beziehung einengen. In geschäftlicher Hinsicht ergänzt der kreative Zwilling den klugen Löwen hervorragend. Aber: Achtung in finanziellen Dingen!

Einer aufregenden erotischen Beziehung steht nichts im Wege! Hoffentlich gelingt es dem Löwen, seine Eifersucht zu zähmen!

Krebs – Löwe

Eine gute Ergänzung

Wenn der Löwe sein Geltungsbedürfnis und Mittelpunktstreben nicht übertreibt, gibt ihm der feinfühlige Krebs gerne die Bewunderung, die er zum Leben braucht. Das unerschütterliche Selbstbewusstsein eines Königs stärkt auch den Partner an seiner Seite.

Die sinnliche Leidenschaft des Löwen und die Gefühlswärme des Krebses lassen eine besonders intensive erotische Anziehungskraft entstehen.

Löwe – Löwe

Das königliche Paar

Gemeinsam herrschen – dann sind Macht und Glanz der Verbindung nach außen kaum zu übertreffen. Untereinander haben sie damit die größte

Hürde überwunden. Luxus, Lachen und Freiheit zu teilen ist viel leichter! Das gegenseitige Verständnis für nötige Bewunderung, das Repräsentieren mit dem anderen und die Auftritte in der Öffentlichkeit vereinen die beiden.

Leidenschaftliche Nächte im königlichen Schlafgemach lassen keine erotischen Wünsche offen, zusätzliche Beheizung ist nicht nötig!

Jungfrau – Löwe

Das Krisenpaar

Entweder der Löwe verschlingt die Jungfrau, oder die Jungfrau ist eine Amazone und erlegt das Raubtier! Die Frage ist nur, wer ist schneller? Zwei so unterschiedliche Charaktere werden es schwer haben. Die Genauigkeit und Vernunft der Jungfrau lässt den Löwen brüllen. Sein Prunkbedürfnis und seine Großzügigkeit verführen sie zum Nörgeln – und nur dazu. Sexuell sind die beiden ebenso gegensätzlich. Wenn nicht die alles überstrahlende, mildernde Liebe im Spiel ist ...

Waage – Löwe

Eine charmante Verbindung

Jeder bringt als Mitgift Eigenschaften, die sich ergänzen und ein harmonisches Gleichgewicht herstellen können. Wenn die Waage des Löwen Gebrüll und Streitlust nicht so sehr aus dem Gleichgewicht brächten, dass sie um ihr Selbstbewusstsein ringen muss. Schönheitssinn, Liebe zum Luxus und Edlen und das Bedürfnis nach Freiheit vereinen die beiden.

Der feurige Löwe animiert die sinnliche Waage gekonnt, mit ihm ins Reich der leidenschaftlichen Erotik zu versinken.

Skorpion – Löwe

Ein starkes Paar!

Jedem von beiden imponiert es, einen so starken, ebenbürtigen Partner zu haben! Auch die höchsten Lebensziele lassen sich in dieser Partnerschaft erreichen. Vorausgesetzt, sie finden Mitstreiter, die »lästige Kleinigkeiten« für sie erledigen! Der wirtschaftliche Erfolg scheint vorprogrammiert.

Das Feuerzeichen Löwe kann die leidenschaftlichen Ansprüche des Skorpions mühelos erfüllen – ob er ihm auch die Treue halten kann?

Schütze – Löwe

Das feurige Traumpaar

Die Liebe sehen sie als gemeinsames Abenteuer, das durch die interessanten Einfälle des Schützen immer wieder neue Reize bietet. Schnell entflammt, muss der verliebte Löwe den freiheitsliebenden Schützen von einer Bindung erst überzeugen. Leidenschaftlich, lebenslustig und extrovertiert stürmen sie durchs Leben und erreichen gemeinsam ihre Ziele. Kracht es, wird gebrüllt, getobt und großmütig wieder verziehen.

Ihr Liebesleben lässt garantiert keine Eintönigkeit aufkommen! Ideen sprühen, Funken fliegen – wer von beiden sollte da kühl bleiben können?

Steinbock – Löwe

Temperamentsunterschiede

Der strahlende, warme Glanz des Löwen prallt am nüchternen, kühlen Steinbock ab. Königliche Extravaganzen stoßen auf größtes Unverständnis beim Steinbock, der lieber zielstrebig und ehrgeizig an seinen beruflichen Plänen arbeitet, als faul in der Sonne zu liegen. Reibungsflächen gibt es genug zwischen den beiden – und das nicht nur der Hörner wegen! Aber es hat ja jeder noch andere Planeten in seinem Horoskop ...

Die erotische Temperatur der Beziehung zwischen heiß und kühl kann bestenfalls lau werden ...

Wassermann – Löwe

Außergewöhnlich

Freiheit wird groß geschrieben in dieser Beziehung. Ein unkonventioneller Wassermann kann im Leben eines Löwen die Rolle des Hofnarren spielen, der dem König unersetzlich ist und alles sagen darf. Dafür erhält er die Zuverlässigkeit eines Herrschers, der auch in noch so chaotischen Situationen alles fest im Griff hat. »Viribus unitis« – mit vereinten Kräften, ganz nach dem Wahlspruch der kaiserlichen Habsburger – können sie sehr viel bewegen und erreichen.

Aufregung verspricht das Liebesleben der beiden – leidenschaftliche Glut und fantasievolle Ideen verbinden sich zu einer erregenden Mischung.

Fische – Löwe
Nicht einfach!

Scheue Fische ziehen sich gerne zurück, scheuen die Menge und wahren ihr Geheimnis. Der offene Löwe genießt das Bad in der Öffentlichkeit und marschiert mit seinen großen Pranken über das zarte Gemüt der sanften, empfindlichen Fische. Geheimnisse zu ergründen reizt ihn gar nicht. Beide sind sie auf empfangen eingestellt.

Starke Aszendenten und andere gute Sterne werden die beiden dringend brauchen ...

Beruf

Wer wundert sich noch, dass ein Löwe nicht auf der untersten Stufe einer Hierarchie zu finden ist? Zumindest nicht für lange, egal ob sie aus der Pole-Position starten oder aus einer hinteren Reihe. Die geborene Führungskraft, die ideale Leitfigur und als Chef nicht zu schlagen! Energie, Organisationstalent, Mut und unglaubliches Durchsetzungsvermögen zeichnen ihn als Unternehmer oder Manager aus. Über seine Chef-Qualitäten sollte man vielleicht auch seine Mitarbeiter befragen ... Denn seine Autorität, sein absoluter Führungsanspruch und auch seine Zornausbrüche sind für sie nicht immer ganz einfach hinzunehmen. Andererseits hat er ein Ohr für sie und sorgt für »seine Leute«. Seine Ideen setzt er risikofreudig um, ohne dabei blindlings in zu heikle Geschäfte zu stürmen.

Bewirbt sich ein Löwe, weiß der zukünftige Chef von Anfang an, mit wem er es zu tun bekommt: Sein Licht stellt der Löwe nie unter den Scheffel, er sieht sich als Glücksfall und Bereicherung für die Firma. Dafür legt er sich dann auch wirklich mächtig ins Zeug! Sein Pflichtbewusstsein lässt nicht zu wünschen übrig, Überstunden aufzuschreiben, kleinliche Verrechnung kennt er nicht. Dafür kann er es auch nicht ertragen, in ein enges Korsett von Regeln und detailgenauen Vorschriften hineingepresst zu sein. Auf Anweisungen im Befehlston reagiert er allergisch. Bevor er sich dem fügt, sucht er sich lieber einen neuen Job, in dem er mehr Handlungsfreiheit, mehr Verantwortung vorfindet. Immer aber präsentiert er selbstbewusst seine zweifellos beachtlichen Leistungen.

Und – egal in welcher Position – was der Löwe als »Nahrung« braucht, ist eine Riesenportion Anerkennung!

Als Geschäftsleute oder im Handel können Löwen ihre Kommunikationsgabe im Umgang mit ihren Kunden wunderbar einsetzen. Hervorragende Juristen finden sich ebenso in diesem Sternzeichen wie Schriftsteller, die mit Worten Menschen faszinieren. Den Umgang mit schönen Dingen, ihren Sinn für Ästhetik können sie in der Werbebranche genauso ausleben wie als Kunsthändler. Keine Frage, dass sich so mancher Politiker unter den machtbewussten Löwen findet! Im Showbusiness und in der Welt des Theaters und Films finden sich etliche Löwen, die auf der Bühne, auf dem Set oder als Regie führende Persönlichkeit Glamour verbreiten.

Gesundheit

Löwen genießen das Leben in vollen Zügen, lieben kulinarische Freuden, verausgaben sich in Beruf und Freizeit, wollen alles aus dem Vollen schöpfen – auch ihre Gesundheit. Die Tatmenschen übersehen dabei, dass auch sie gehegt und gepflegt sein will – nicht nur die Mähne! Sie neigen dazu, sich zu überfordern, sich zu überanstrengen. Herzbeschwerden stellen sich ein, der Kreislauf macht schlapp. Nicht erst im Alter! Sportlicher Ausgleich zur Stärkung oder manchmal eingelegte freiwillige Pausen könnten einer erzwungenen Untätigkeit vorbeugen und die Vitalität erhalten. Die aktiven Löwen sorgen lieber selbst für eine Pause und wählen ihre Ruhezeiten selbst, als von höherer Gewalt dazu genötigt zu werden!

Sport

Lieber liegen die meisten Löwen ja faul in der Sonne, wenn sie Urlaub oder Freizeit haben, ganz wie ihr Namensgeber, der sich in der Savanne ein schattiges Plätzchen sucht und dort seine königliche Ruhe pflegt. Der menschliche Löwe wird dabei auch noch gerne mit allerlei Köstlichkeiten verwöhnt …

Wenn sie denn schon Sport treiben, wählen sie am liebsten eine Sportart, die sich in Gesellschaft ausüben lässt. Sehen und gesehen werden ist dabei ein wesentlicher Faktor. Sie werden Ihrem Löwen auf dem Tennisplatz begegnen, wo er soeben seinen Partner vom Court gefegt hat, am Golfplatz Hof halten sehen. Gerne bewegt er auch sein Reitpferd. Vielleicht treffen Sie ihn auch beim Segeln – eine Liebe zu Wassersportarten ist nicht untypisch für den Löwen.

In einer Fußballmannschaft oder in anderen Teamsportarten sind Löwen entweder die spielbestimmenden Personen oder sie betreiben sie erst gar nicht.

Umgang mit Löwen-Kindern

Lebenskraft, Lebensfreude und Energie versprühen schon die Löwen-Babys. Mit ihrem sonnigen Gemüt, ihrem entzückenden Lachen wickeln sie die gesamte Familie um ihre kleinen Finger. Viele, viele Streicheleinheiten, knuddeln und verwöhnt werden fordern sie ein. Sie können gar nicht genug davon bekommen, notfalls lässt ihr Gebrüll schon jetzt aufhorchen.

Die Dominanz wächst mit: Als Kleinkind erkämpft sich der Löwe seinen Platz unter den Geschwistern schnell. Er gibt den Ton an, ältere Geschwister werden dabei einen Rang nach hinten verwiesen. Dabei geht auch schon der kleine Löwe nicht mit gemeinen Tricks vor, sondern verfolgt sein Ziel geradlinig. Das Gerechtigkeitsempfinden ist den Löwen angeboren. Unfaires Verhalten erzürnt sie schon als Kleinkind und lässt sie toben oder schmollen.

Viel Bewegung tut Not, um das lebhafte Energiebündel zu zähmen. Wollen Sie bei Ihrem Löwenjungen etwas erreichen, werden Sie den höchsten Erfolg erzielen, wenn Sie ihm die Bedeutung seiner Aufgabe vermitteln können. Ein Befehl löst höchstens Widerstand aus! Löwen wollen ernst genommen werden und entsprechende Beachtung finden.

Keine Seltenheit, dass ein Löwe Klassensprecher wird oder zumindest eine Gruppe von Freunden um sich schart, deren Anführer er ist. »Die jungen Löwen« sind nicht umsonst ein stehender Begriff für abenteuerlustige, lebhafte und sehr selbstbewusste junge Leute geworden!

Löwen in der Pubertät sind manchmal eine wahre Prüfung für ihre Eltern. Sie sind mutig und neugierig, wollen alles ausprobieren und sind ständig unterwegs. Eine aufregende Zeit, die sie genießen!

Prominente Persönlichkeiten

Arnold Schwarzenegger, österreichischer Hollywood-Star
Götz George, deutscher Schauspieler
Harald Schmidt, deutscher Moderator und Fernsehstar
Bill Clinton, amerikanischer Expräsident
Robert Redford, amerikanischer Filmschauspieler und Regisseur
Alfred Hitchcock, amerikanischer Regisseur
Mick Jagger, Sänger der Rolling Stones
Pete Sampras, amerikanischer Tennis-Profi
Andy Warhol, amerikanischer Pop-Art-Künstler
Margarethe Schreinemakers, TV-Moderatorin
Isabel Allende, chilenische Schriftstellerin
Anja Kruse, deutsche Schauspielerin
Madonna, amerikanische Sängerin und Schauspielerin
Coco Chanel, französische Modeschöpferin
Iris Berben, deutsche Schauspielerin
Queen Mum, Mutter der englischen Königin

Die Jungfrau

24. August bis 23. September

Persönlichkeit

Schräg, schrill und schillernd? Lärmende Lebenslust, wilde Affären und hemmungsloser Genuss? Erfüllen Sie einen der Punkte und die Jungfrau macht einen riesengroßen Bogen um Sie!

Unterschätzt, missverstanden und fehlinterpretiert – und das nur, weil sie sich und ihre vielschichtige Persönlichkeit schützt und im Griff hat. Sie prüft genau, bevor sie ihre kostbare, vielschichtige Seele öffnet. Selbstbeherrschung wird in diesem Sternzeichen groß geschrieben. Dadurch wirkt die Jungfrau auf die meisten Menschen sehr kühl, nüchtern und rational. Es stimmt, ihr Verstand regiert ihr Leben, ihre Beziehungen. Sie ist ein »Kopfmensch«. Wer sie beeindrucken will, muss die kluge Jungfrau am Intellekt packen statt am Schopf. Mit ihrem scharfen Verstand kann sie beinahe jedes Problem analysieren und eine zumindest theoretisch machbare Lösung finden. Ein Glück für sie, stellt das Leben in ihren Augen doch eine komplizierte, komplexe Aufgabe dar! Noch dazu, wenn jemand wie die analytische Jungfrau die verschiedenen Ebenen und Schichten durchblickt und das manchmal herrschende Durcheinander erkennt. Schon um sich und ihr Seelenleben vor einem möglicherweise nicht mehr überschaubaren und kaum noch zu ordnenden Chaos zu bewahren, lässt sie Emotionen nur sehr langsam und spärlich zu. Wirft sie ein Schicksalsschlag aus ihrer wohlgeplanten Bahn, findet sie nur schwer in die gewohnte Stabilität zurück oder sieht es als abstrakte Herausforderung.

Die Latte ihrer Anforderungen an sich legt sie derart hoch, dass manche Jungfrau an den eigenen Ansprüchen zerschellt. Im Extrem kann sie als Clochard enden, der sich um Unterstützung an entsprechende Stellen wendet. Dort sucht sie materielle Hilfe für den Weg zurück, nicht etwa Seelentrost – dafür müsste sie ja ihr Innerstes preisgeben – und noch dazu vor Fremden. Die Schuld und Verantwortung wird sie aber immer jemand anderem zuweisen – sie selbst hat damit rein gar nichts zu tun. Oder es war ein Frontalzusammenstoß mit dem Schicksal …

Freundschaften und enge Bekanntschaften zu schließen, fällt der Jungfrau leicht. Nur in Gefühlsbeziehungen wagt sie nur sehr vorsichtige Annäherungsschritte. Jeder, den sie kennen lernt, fühlt sich als speziell auserwählt. Die Freundschaft mit einer Jungfrau kann kaum etwas erschüttern, außer es fordert jemand von ihr Großzügigkeit. Weder Distanz noch längere Abwesenheit, noch das krasse einmalige Fehlverhalten kann die Jungfrau von ihrer Zuneigung abbringen. Sie ist extrem loyal jenem Kreis von Auserwählten gegenüber, denen sie ihr Vertrauen schenkt. Jederzeit können Freunde bei ihr anklopfen und sie um ihr geneigtes Ohr und ihren Rat bitten. Der »Preis« dafür ist, dass auch sie jederzeit an Ihre Türe klopfen und Sie um einen Freundschaftsdienst bitten will. Kontakte, die nicht irgendwann einen Zweck erfüllen könnten, lässt sie rasch einschlafen. Wobei der Zweck auch Spaß sein kann! Alles, was sie tut, muss sich rechnen, auch das emotionale Öffnen.

Ausgehen, über die Stränge schlagen oder fünf gerade sein lassen, ist nicht Jungfrauen-Art. Für oberflächliche Menschen und Vergnügungen hat sie wenig übrig. Wenn Sie eine Jungfrau kennen lernen, wird das kaum im teuersten, schicksten Restaurant der Stadt sein. Für Luxus hat sie schlicht und einfach keinen Sinn. Wenn es einen Nutzen bringt und Sinn hat, dann ja! Ein Jungfrau-Vater, der seine Teenager in ein Haubenlokal führt, will ihnen nicht die Völlerei nahe bringen, sondern ihnen Gelegenheit geben, daraus zu lernen. Und vielleicht auch gleich ihre Tischmanieren, ihr Benehmen für den »Ernstfall« überprüfen. Darauf legen Jungfrauen allergrößten Wert! Wenn Sie mit einer Jungfrau verabredet sind, checken Sie Ihre Vertrautheit mit Knigge & Co. nochmals! Vollendete Höflichkeit öffnet Türen ...

Müßiggang bedeutet für die Jungfrau, sich vielleicht ins Café zu setzen, Zeitung zu lesen oder am Strand zu liegen und Leute zu beobachten. Was immer sie an Eindrücken sammelt, wird abgespeichert und bei Gelegenheit verwendet. Es täuscht, wenn sie ruhig sitzt – in ihrem Kopf rattern die Gedanken, formieren sich die aufgenommenen Bilder.

Die Ordnungsliebe der Jungfrauen ist geradezu sprichwörtlich. Es muss ja nicht immer gleich in penetranten Ordnungswahn ausarten. Jungfrauen wollen die Übersicht haben, sie fühlen sich verunsichert, wenn sie weder eine säuberlich eingeteilte Wäschelade noch ein wohlgeordnetes Vorratskämmerchen oder einen aufgeräumten Schreibtisch vor sich haben. Alles, was durcheinander geraten ist, verursacht Jungfrau-Menschen geradezu körperliche Pein. Vor allem an sich selbst. Alles muss sauber sein, Reinheit ausstrahlen. Hygiene ist eines ihrer obersten Prinzipien, ihr Sauberkeitstick ist legendär. Wenn sie Chaos in ihrer Nähe duldet, ist es ein sauberes Chaos, das ihren ganz speziellen Ordnungskriterien entspricht und nichts mit Schmutz oder Ungepflegtsein zu tun hat!

Auch das ist eine Spielart des Idealismus, von dem die Jungfrau genug in sich trägt. Allerdings ist ihr Idealismus einer, der sich in Worten erschöpft und eher aus dem Intellekt als aus dem Herzen kommt. Sie kann der Meinung sein, dass man tatsächlich die Kinder in Afghanistan unterstützen sollte und spenden muss – sie bricht eine Lanze dafür, aber selbst in die Tasche greifen?

Ihre geistige Wendigkeit macht sie zu einer hervorragenden Theoretikerin. Ihre Ziele sind realistische Etappenziele, die sie ehrgeizig eines nach dem anderen hinter sich bringt. Von einer Zwischenstation zur anderen arbeitet sie sich bis zum äußersten Punkt ihrer Vorstellungskraft vor.

Wissensdurst und Neugier machen sie zu einer ständig Lernenden. Die Auswahl trifft sie durch Sortieren nach zwei Kriterien: Verwertbarkeit und Nutzen. Sie werden eine Jungfrau nicht im Feng-Shui-Kurs finden, wenn sie für esoterisches Gedankengut nichts übrig hat. Wohl wird sie gerne mit einem Geschäftspartner auf den Golfplatz gehen, wenn der bekanntlich dort seine Verträge zu fixieren pflegt.

Durcheinander bringen kann sie alles, was mit Emotionen zu tun hat. Heftige Gefühlsausbrüche sind ihr ein Gräuel, wenn diese sie selbst betreffen.

Dabei ist sie sehr instinktsicher und feinfühlig, beachten Sie daher die Warnungen Ihrer Jungfrau-Freunde!

Sensibel reagiert die Jungfrau auf Kränkungen. Entweder sie findet Ausflüchte, in denen eine viel schlimmere Situation von ihr ablenkt, oder sie wird zynisch. Selbst ist sie nicht so vorsichtig im Austeilen von Kritik. In scharfen Worten macht sie ihr Gegenüber zur Schnecke. Dabei argumentiert sie derart gekonnt, dass der Angesprochene tatsächlich glaubt, die Luft zum Atmen nicht zu verdienen. In besonders negativer Stimmung tut sie das mitunter völlig ohne Anlass. Durch den so vergrößerten Abstand zwischen ihr und den anderen fühlt sie sich dann etwas besser.

Beim Kennenlernen oder in beruflichen Situationen verhält sich die Jungfrau sehr abwartend bis lauernd. Analytisch zersägend beobachtet sie ihr Gegenüber. Erst danach erhält die Person einen Platz in der wohl geordneten Welt der Jungfrau.

Ihre oft zitierte Selbstbeherrschung und Distanziertheit lässt sie Situationen immer sehr nüchtern betrachten. Sie kann aber auch zur Lebenslüge werden und in Zwiespältigkeit münden wie bei Dr. Jekyll/Mr. Hyde.

Ein weniger drastisches Beispiel, das ihre Maske zur Wahrung von Distanz zeigt: Jungfrau hat ein Problem, mit dem sie nicht alleine fertig wird. Sie wendet sich an Freunde, verpackt aber ihre eigene Sache als die Geschichte eines Dritten: »Was soll ich ihr/ihm raten?«, lautet ihre abschließende Frage. Heißt im Klartext: »Was soll ICH tun?«

Reden, diskutieren und geistreich scherzen – das lieben Jungfrauen sehr. Blitzschnell folgen sie komplizierten Gedankengängen anderer im Gespräch, ihre Kommunikation begeistert durch Wortwitz und Wortspiele. Die treffsichere Wortwahl wird zur beißenden Schärfe, wenn die Jungfrau Anlass zur Kritik zu haben meint. Berüchtigt sind ihre Fähigkeit und ihr Wille zur Kritik ... Schwierig ist für sie der Umgang mit eigenen Fehlern, die ihr im Spiegel vorgehalten werden. Wehe, Sie haben mit Ihrer sanft angebrachten Anmerkung die zart besaitete Jungfrau gekränkt! War es besonders schlimm, vergisst sie Ihnen das nie! Sie kann äußerst nachtragend sein und vergisst selbst kleine Begebenheiten nicht.

Hat sich Ihre Jungfrau ein Ziel gesetzt, ruht sie nicht, bevor sie es erreicht hat. Konsequent führt sie ihr Vorhaben zu Ende. Ebenso unbeirrbar kann sie sich kasteien, unter allerbescheidensten Umständen leben, wenn sie weiß, wofür. Eisern wird gespart, mit manchmal recht unorthodoxen Methoden. Ein junger Mann, der mittags seine Freunde im Schwimmbad verlässt, um sich zu Hause ein Süppchen zu kochen, ist garantiert Jungfrau im Sternzeichen. Wundern Sie sich nicht, wenn die Jungfrau Sie bittet, ein paar Monate bei Ihnen wohnen zu dürfen – »Ich brauch auch gar nichts, ein Brot mit Margarine genügt mir.« Wahrscheinlich will sie sich ein paar Monate Miete sparen, bis die neue Wohnung fertig ist ... Und keiner schafft es so perfekt, einen Abend auszugehen, ohne auch nur einmal etwas zu konsumieren!

In der besonders negativen Ausformung der Jungfrau gibt es Vertreter, die gefühlskalt, berechnend, vernunftbetont und penetrant penibel sind. Der weit überwiegende Teil der Jungfrauen vereint aber Warmherzigkeit, Treue und Ehrlichkeit mit seelischem Tiefgang und einem ausgeprägten Sinn für Schönes. Ihre pragmatische Klugheit, gepaart mit dem Sinn für Praktisches, machen sie zu einem sehr lebenstüchtigen Menschen.

Als Erdzeichen bevorzugt die Jungfrau warme Braun- und Beigetöne wie das edle Kamelhaar-Beige. Die sachlichen Blauschattierungen entsprechen ihrem Wesen genauso wie Weiß und Elfenbein.

HERR JUNGFRAU – der interessierte Interessante!

Wenn Sie einen Anruf von einem unbekannten Herrn erhalten, der Ihre Telefonnummer von einer Bekannten hat und Sie treffen möchte, um mit Ihnen über Ihr Fachgebiet zu plaudern, dann ist der Herr am anderen Ende wahrscheinlich Herr Jungfrau.

Er knüpft Kontakte nicht mit oberflächlichen Komplimenten, sondern sucht sich ein Thema, von dem er annehmen kann, dass es sie interessiert. Vielleicht spricht er Sie in einem Café an, weil er sieht, welchen Artikel Sie lesen, und beginnt mit Ihnen darüber zu diskutieren. Um Sie zu beeindrucken, wird er geistige Pfauenräder schlagen, aber er wird Ihnen nicht sagen, dass Sie schöne Augen haben. Das kommt vielleicht später.

Er ist der klassische Kavalier mit vollendeten Umgangsformen.

Mit erstaunlicher Treffsicherheit spüren Jungfrau-Männer vielseitig begabte Frauen auf. Um seine Traumfrau zu gewinnen, setzt er seine ganze Kraft ein. Allerdings idealisiert er die Frau, für die er entflammt ist. Nur ein hübsches Gesicht, eine tolle Figur interessieren ihn nicht. Die Frau, die ihn fasziniert, muss vor allem geistig einiges zu bieten haben und ihm eine ebenbürtige Gesprächspartnerin sein.

Verwechseln Sie seine Distanziertheit nicht mit Desinteresse! Er ist eben kein heißblütiger Latin Lover, sondern ein vom Intellekt gesteuerter Mensch. Auch wenn er gerne flirtet, ist er kein Typ für flüchtige Abenteuer, sondern sucht nach der Liebe seines Lebens. An die stellt er sehr hohe Ansprüche. Eine selbstbewusste Frau soll seine Partnerin sein, die ihren eigenen Weg geht und sich trotzdem beschützen lässt. Für Herrn Jungfrau kann die Liebesbeziehung nur dann funktionieren, wenn die Partner geistig, seelisch und körperlich harmonieren – in genau dieser Reihenfolge wird auch bewertet!

Selbst wenn er bis über beide Ohren verliebt ist, dürfen Sie nicht erwarten, dass sich seine Wertschätzung in Geschenken niederschlägt.

Sein Umgang mit Geld ist äußerst umsichtig. Außerdem müssten Sie doch wissen: Das Geschenk ist ER!

Herr Jungfrau verglüht nicht mit Ihnen in einem Inferno der Leidenschaft – bei ihm handelt es sich um eine stetig brennende Flamme der Liebe, an der Sie sich jahrelang beständig wärmen können. Das Leben mit ihm verspricht fast nur geistige Aufregungen, obwohl er die Kunst der feinen Erotik beherrscht und ein ausdauernder, nicht temperamentloser Liebhaber ist, der den Wünschen seiner Partnerin aufmerksam nachkommt. Bevor überhaupt Lust auf Erotik entsteht, muss er sich seiner Partnerin geistig nahe fühlen, sonst macht ihm Sex keinen Spaß.

Leidet er an Selbstzweifeln, wird der sonst warmherzige Mensch zum Tyrannen, obwohl er ein treu sorgender Familienmensch ist. Ein Boheme-Leben werden Sie an seiner Seite sicher nicht führen! Seine Risikobereitschaft packt er nur aus, wenn er ein lohnendes Ziel vor Augen hat.

FRAU JUNGFRAU – eine kluge Frau!

Bei aller Distanziertheit und Kühle hat sie eine besonders feminine Ausstrahlung, besitzt weibliche Grazie und hingebungsvolle Wärme. Sie spürt, was ein Mann begehrt und braucht, weil sie sich gut in ihr Gegenüber hineinversetzen kann.

Sie beherrscht die feine, fantasievolle Erotik. Wer sie erobert, wird staunen über ihre Vielschichtigkeit! Provozieren, flirten und impulsiv sein – all das kann sie hervorragend!

Sie lässt sich gerne raffiniert verführen, mit Geist und Esprit, mit Witz und Verstand. Der typische Playboy wird bei ihr abblitzen, während sie ein gekonntes Understatement beeindruckt. Ist sie verunsichert, wirkt sie distanziert. Werten Sie das als Erfolg, wenn Sie Frau Jungfrau erobern wollen! Wer sie ein bisschen aus der Fassung bringt, weckt ihr Interesse. Wer ihr die Aufgabe gibt, ihn zu ergründen und mögliche Widerstände zu überwinden, ist auf dem besten Weg zum Ziel!

Um sie zu verführen, setzen Sie auch auf Romantik, kleine Geschenke oder Überraschungen. Es muss kein Galadiner sein, ein qualitätvolles Glas Wein ist ihr genauso recht, wenn sie sich Ihnen seelisch verbunden fühlt. Und nur auf dem geistig-seelischen Weg wird ihr Eroberer Zutritt zu mehr finden.

Sie hasst Ungepflegtheit. Ein Mann mit Schmutzrändern unter den Fingernägeln wird nicht in ihre Nähe kommen. Schon aus Sorge um ihre eigene körperliche Unversehrtheit ist ihr Sauberkeit ein extremes Bedürfnis. Manche Jungfrau hat sogar eine eigene Zahnbürste zum Zungenputzen!

Die Jungfrau will bewundert werden und erwartet Aufmerksamkeit und Verständnis. Da sie selbst gut zuhören kann, schätzt sie das an ihrem Partner ebenso.

Werden alle ihre Anstrengungen in der Partnerschaft nicht gewürdigt, wird sie sich bemühen, wird kämpfen. Bleibt auch das ohne Widerhall, zögert sie nicht die Konsequenz zu ziehen und trennt sich.

Sie ist wohl eifersüchtig, kennt aber nicht die Raserei der Eifersucht eines Skorpions. Ein derart intensives Gefühl würde sie wohl heftig irritieren. Natürlich bietet sie die Treue, die sie einfordert, auch selbst.

Wenn Sie mit Frau Jungfrau eine Beziehung eingehen, haben Sie eine entschlossene, interessante und faszinierende Frau an Ihrer Seite.

Ihre Kleidung spiegelt ihr Wesen wider: Sie ist der Typ, der den Hosenanzug bevorzugt, vielleicht im Marlene-Dietrich-Stil. Generell ist ihr Styling eher cool und clean, makellos und sachlich.

Liebe, Partnerschaft, Erotik

Heiße Liebhaber und feurige Geliebte dürfen Sie unter dem Zeichen der Jungfrau nicht erwarten! Sie wären enttäuscht – Jungfrauen bevorzugen die theoretische Auseinandersetzung vor dem Sinnenrausch.

An einer Idee kann sie sich weit mehr begeistern als an einem romantischen, erotischen Abend! Sie redet gerne, hört sich selbst gerne dozieren – das ist für sie Erotik – und besser als Sex oder andere sinnliche Genüsse.

Wenn Sie Ihre Jungfrau also erobern wollen, diskutieren Sie mit ihr, spielen Sie mit Worten, zeigen Sie sich als geistig wendige, wortgewandte Begleitung. Meiden Sie todschicke, teure Lokale, außer SIE laden ein – verzichten Sie auf eine ausgiebige Tour durch die angesagtesten Bars der Stadt! Solche Vergnügungen vergraulen Ihre Jungfrau.

Erwarten Sie auch nicht gleich nach dem ersten Mal eine heiße Liebesnacht – Sie können nur enttäuscht werden. Die Jungfrau prüft genau, beobachtet und wählt danach aus. Das soll sie vor Enttäuschungen schützen, nützt aber gegen ihren Idealisierungs-Mechanismus nichts. Ihre Ansprüche sind sehr hoch. Wenn die Zielperson passt, trägt sie die rosa Brille der Verliebten. Trotzdem muss sie bald die Realität erkennen, in der niemand so perfekt sein kann, wie sie sich das vorstellt! Dann tritt eine ihrer schwierigsten Eigenschaften an die Oberfläche: ihre Kritiksucht. Nörgeln und Bekritteln hält ein Partner nur schwer aus … Sie selbst hält in jedem Fall eisern an der Beziehung fest, komme, was wolle. Schließlich hat sie investiert – Gefühle, Gedanken und Zeit – und erwartet eine Gegenleistung.

Kann ihr Ideal nicht erfüllt werden, wählt sie eine Vernunftbeziehung, die auch in eine Ehe münden kann. Bevor sie aber allzu große Kompromisse eingeht, bleibt sie lieber alleine. Noch kann man sich seinen Traumpartner ja nicht klonen …

Alle Wege zur Erotik führen bei der Jungfrau über den Geist. Geflirtet wird nicht mit sinnlichen Verführungsritualen, sondern mit Wortspielen; Erotik beginnt im Kopf.

Vielleicht sollten Sie darauf gefasst sein, den viel versprechenden Abend in der Badewanne oder Dusche zu beginnen … und nehmen Sie es nicht persönlich, wenn die Jungfrau selbst mitten im Liebesakt aufspringt, um zu duschen – es ist nicht gegen Sie gerichtet. Ihr Sauberkeitsbedürfnis ist unbezwingbar und kein Affront gegen Sie!

Zu wilder, leidenschaftlicher Erotik hat sie oft ein gebrochenes Verhältnis. Ekstatische Verschmelzung beinhaltet automatisch einen völligen Kontrollverlust. Also bevorzugt sie die subtile, fantasievolle Erotik. Dabei lassen Jungfrau-Männer hinsichtlich ihrer Potenz und Ausdauer wenig zu wünschen übrig. Und das Reich der Fantasie erschließt sich nicht jedem Menschen in der gleichen Form ...

Was sie nicht zu befürchten haben, ist Raserei vor Eifersucht. Nicht, dass es sie kalt ließe, wenn Sie in anderen Gefilden weiden. Aber so wie alle ihre Gefühle keine extremen Spitzen haben, bleibt auch die Eifersucht im Rahmen.

Die Jungfrau selbst ist in einer wirklich funktionierenden Partnerschaft treu – bedingungslos, darauf können Sie sich verlassen! Es muss der Sinn einer Partnerschaft ihren Vorstellungen entsprechen.

Um einen Tag mit einer Jungfrau durchzustehen, braucht man Kondition und Durchhaltevermögen. Niemand sonst propft sich ein derart dichtes Programm in einen einzigen Tag. Will Herr Jungfrau seiner Dame eine Freude machen und mit ihr ans Meer fahren, macht er das sicher gerne. ABER: Unterwegs muss man über Umwege durchs Hinterland, Schlösser besichtigen, Gedenkstätten besuchen, Höhlen erkunden und Marktplätze erleben. Am Ende – sowohl der Kräfte als auch der Reise – wird man das Ziel erreichen und einen kurzen Spaziergang am Meer machen können! »Wir sind ans Meer gefahren – für DICH«, lautet der Jungfrau Kommentar auf die Bemerkung, wie anstrengend es doch war.

Genießen um des Genusses willen erleben Sie mit der Jungfrau nicht, es ist ihr kein Bedürfnis. Wenn sie genießt, dann über den Umweg einer Funktion.

Dass eine Jungfrau zu den sparsamen Menschen gehört, ist nicht neu. Es muss einen Sinn und Zweck haben, wenn sie investiert. Egal ob es sich um Zeit, Emotion oder eben Geld handelt.

Die Jungfrau und die Anderen

Widder – Jungfrau

Andere Galaxien

Ordnung muss sein! Das oberste Prinzip der Jungfrau ist für den spontanen Widder suspekt. Verständnislos sieht sie seinen überraschenden Handlungen zu, ist verunsichert durch seine Begabung für das Schaffen von Chaos und verzweifelt an seinem stürmischen Temperament, das kaum Regeln akzeptiert. Händeringend versucht sie ihn durch kritische Bemerkungen zur Ordnung zu rufen. Ob ihr das gelingt? Seiner ungestümen Art der Erotik kann sie nichts abgewinnen.

Stier – Jungfrau

Wertegemeinschaft

Gemeinsam Wohlstand und bleibende Werte zu schaffen, dieses Ziel vereint den sinnlichen Stier und die analytische, pragmatische Jungfrau. Die Strategien sind verschieden: Während die Jungfrau bereit ist, Entbehrungen auf sich zu nehmen, will der Stier auch auf dem Weg zum Ziel nicht auf Genüsse verzichten. Manchmal fühlt sich die Jungfrau von der starken Erotik des Stiers überfordert. Trotzdem stehen die Chancen für eine zufrieden stellende Beziehung nicht schlecht!

Zwillinge – Jungfrau

Geistreich

In vielen klugen Gesprächen, interessanten Diskussionen und geistigen Auseinandersetzungen sind sich Jungfrau und Zwilling näher gekommen. Während der Zwilling lieber die großen Zusammenhänge entdecken will, tüftelt die Jungfrau an den Details.

Auf intellektueller Ebene verstehen sie sich blendend, aber ihre konträre Auffassung von Ordnung, Moral und Treue lassen eine harmonische Partnerschaft zwischen ihnen fraglich erscheinen. Der spielerischen Erotik des Zwillings bringt die sachliche Jungfrau wenig Verständnis entgegen.

Krebs – Jungfrau

Logik und Intuition

Krebs und Jungfrau können jahrelang die besten Freunde sein, bevor es funkt. Gefühl und Empfindsamkeit bringt der Krebs in die Beziehung ein, scharfen Verstand und Sachlichkeit sind die »Mitgift« der Jungfrau. Die Kombination führt entweder zu einer Partnerschaft, in der heimelige Abende in freundschaftlicher Atmosphäre im Vordergrund stehen, oder zum Zusammenprall der Gegensätze. Heiße Nächte haben Seltenheitswert!

Löwe – Jungfrau

Unterschiedliche Charaktere

Prunkvolle Pracht, aus dem Vollen schöpfen, leidenschaftliche Sinnlichkeit – das sind Begriffe, die den Löwen kennzeichnen, aber zugleich die Jungfrau in die Flucht schlagen. Für unnötige Ausgaben zeigt sie ebenso wenig Verständnis wie für kostspielige Extravaganzen. Seine Großzügigkeit interpretiert sie als Verschwendung. Das verursacht in ihr Unbehagen und führt zu Kritik. Gegensätzlich ist auch das erotische Verhalten der beiden. Sie werden viel Liebe und gute Sterne brauchen!

Jungfrau – Jungfrau

Gleich und gleich gesellt sich gern

Das bewahrheitet sich bei zwei Jungfrauen in beispielhafter Weise: Dieselben Ansichten über Finanzen, eine idente Lebenseinstellung, den gleichen Zugang zu Problemen und Lösungen, geistige Übereinstimmung, gemeinsame Wertvorstellungen teilen das Paar. Das Wort Fantasie wird in ihrer Beziehung selten fallen … Von Erotik halten beide gleich wenig, sie halten sich lieber an geistige als an körperliche Freuden!

Ein Übermaß an Harmonie ist vorprogrammiert, wenn sich Eintönigkeit einschleicht, wird leicht Langeweile draus – also aufgepasst, dass Ihre eigentlich viel versprechende Partnerschaft nicht einschläft!

Waage – Jungfrau

Herz und Hirn

Die rationale Jungfrau analysiert, bevor sie handelt, die intuitive Waage gibt ihrem Empfinden nach. Die vernünftige Jungfrau überlegt gründlich, bevor sie investiert, die genussfreudige Waage gibt sich Schönheit und Luxus hin. Auf geistiger Ebene verstehen sich die beiden gut, sie können eine befruchtende Freundschaft pflegen.

Ob diese Freundschaft sich um die sinnliche Komponente erweitert, die der Waage wichtig ist, oder ob sie platonisch bleibt, steht in den persönlichen Sternen …

Skorpion – Jungfrau
Eine kantige Kombination

Über den Intellekt lässt sich wohl eine Freundschaft zwischen Heißsporn und spröder Jungfrau aufbauen – aber eine Liebesbeziehung? Haben Erotik und Sex für den Skorpion vitale Bedeutung, so sieht die nüchterne Jungfrau eher den »gesundheitlichen« Aspekt der Übung …

Genuss ist ein Fremdwort für die vernünftige Jungfrau und ein Ansatzpunkt für häufig geübte Kritik am schwelgenden Skorpion.

Schütze – Jungfrau
Kontrapunkt

Der herausfordernde Schütze kann für die konservative Jungfrau eine geradezu magische Anziehungskraft haben, verkörpert er doch die genau gegensätzlichen Eigenschaften: Sie ist bewahrend, verschlossen und vernünftig, er hingegen extrem beweglich, offensiv und unruhig. Möglicherweise fühlt sich die Jungfrau bemüßigt, in des Schützen Leben ordnend Hand anzulegen. Wie der Blitz sieht er sich dann aber nach Spannenderem um … Noch dazu herrscht in der Erotik ein gegenseitiges Unverständnis, das nur schwer zu entschlüsseln sein wird. Aber: Sag niemals nie!

Steinbock – Jungfrau
Unspektakulär glücklich

In den Armen des starken Steinbocks ist die Welt für die Jungfrau in Ordnung. Er kann Sicherheit bieten, sie hegen Verständnis füreinander, teilen das Weltbild und sind beide sehr praktisch veranlagt. Gefühle stehen in dieser Verbindung ganz am Rande des Interesses. Heilfroh, endlich nicht mit unverständlichen romantischen Erwartungen gequält zu werden, freuen sie sich an ihrer für beide sehr zufrieden stellenden Beziehung.

Aufregung kann es hinter den verschlossenen Türen des Schlafzimmers geben: Der Steinbock ist der Jungfrau anfangs ein bisschen zu forsch und zu direkt.

Wassermann – Jungfrau
Geistiger Kick

Unauffällig und dezent will die Jungfrau auf vorausgeplanten Wegen durchs Leben schreiten. Für den Wassermann gibt es nichts Schöneres, als ständig für Überraschungen zu sorgen, seine Umwelt zu verblüffen und seine unbändige Freiheit auszuleben. Die beiden haben sicher selten Sex, aber dann sehr ausgefallenen. Beide sind große Theoretiker, bevorzugen gemeinsame geistige, intellektuelle Höhenflüge.

Wo sollten die beiden einander begegnen? Falls es geschieht, finden sie einander bestimmt sehr exotisch – aber eine Beziehung? Eine amüsante Erfahrung, eine kurze Affäre ist sicher reizvoll, die Haltbarkeit darf bezweifelt werden ...

Fische – Jungfrau
Ruhig und unspektakulär

Wenn die anderen Planeten in ihren persönlichen Horoskopen nicht für etwas Pepp und Schwung sorgen, laufen sie Gefahr, einzuschlafen. Treue gibt es im Übermaß, auch an Geist leidet die Beziehung keinen Mangel. Die spirituelle Veranlagung des Fisches ist der Jungfrau manchmal suspekt, sie versucht ihr Zügel anzulegen, sie in realistische Ebenen umzulenken. Vielleicht findet der Fisch aber den Zugang zu der Jungfrau kleiner Traumecke, dann gibt es Chancen ...

Beruf

Jungfrauen sind ausgesprochen lebenstüchtige Menschen. Sie lieben ihren Beruf – wenn es der ist, den sie sich wünschten – und stehen mit beiden Beinen im Leben. Mit analytischem Verstand gehen sie jedes noch so komplexe Problem präzise wie mit einem Seziermesser an und lösen es. Situationen und Menschen schätzen sie meistens richtig und realistisch ein.

Als ehrliche und unbestechliche Mitarbeiter sind sie ihrem Chef gegenüber hundertprozentig loyal und ihren Kollegen gegenüber fair. Es liegt ihnen nicht viel daran, den Erfolg des Teams auf ihre alleinige Kappe zu schreiben. Wer ihr Vertrauen missbraucht, wird es schwer haben, das wieder gutzumachen – auch wenn sie vergeben können.

Jungfrauen wollen aufsteigen. Ein Risiko einzugehen sind sie nur bereit, wenn sich der Einsatz lohnt.

Gibt es Chaos in einem Unternehmen, lässt man am besten die Jungfrau machen. Mit ihrem Organisationstalent und ihrem Ordnungssinn nimmt sie die Herausforderung an und wird systematisch Stück für Stück das Chaos in Ordnung verwandeln.

Für die Jungfrau ist es unerlässlich, mit ihrer Arbeit zufrieden zu sein. Selbstkritisch und immer bestrebt, fehlerlose Arbeit abzuliefern, bemerkt sie Unzulänglichkeiten in ihrer Arbeit sehr rasch. Sollte sie jemandem Anlass zur Kritik geben, ist sie schnell persönlich getroffen. Außer, die berechtigte Anmerkung wird als konstruktive Kritik angebracht – dann kann die Jungfrau leichter damit umgehen.

Sie jongliert ungern mit sehr großen Summen, verwaltet aber eigene Budgets höchst verantwortungsvoll. Schlamperei gibt es unter ihrer Führung bestimmt keine!

Der Jungfrau-Beruf schlechthin ist Kritiker. Ihr scharfer Verstand und ebensolche Formulierungen zeichnen sie aus. Meinungsbildende Berufe oder Berufe im Kulturmanagement faszinieren sie.

Wo die Jungfrau ihr enormes Wissen vermitteln kann, profitieren ihre Schüler und sie selbst ist zufrieden. Als Lehrer in der Grundschule oder in höheren Schulen bringt sie den Kindern viel bei.

Alles, was Systematik in sich hat oder sich mit Systematik befasst, liegt ihr geradezu im Blut. Als Naturwissenschaftler Theorien auszuarbeiten, im Ingenieurwesen Berechnungen anzustellen macht ihr Freude und kommt ihrer Genauigkeit entgegen.

Ihr persönlicher Bezug zur Hygiene macht sie prädestiniert für Jobs im Wellness- und Gesundheitsbereich. Auch als Heilmasseur oder hervorragende Ärzte findet man häufig Jungfrau-Menschen.

In Beratungsgesprächen aufzeigen, wie es weitergehen kann, Lösungen finden, kann sie als Jurist mit logischem Denken oder als Steuerberater, der mit Zahlen kreativ umgehen kann. Generell eignet sie sich für Berufe im Finanzbereich hervorragend. Als Verkaufskraft, die ihren Kunden eine Beratung zuteil werden lässt, stellt sie ihre Klienten zufrieden.

Gesundheit

Jungfrauen haben ein besonders ausgeprägtes, nahezu übertriebenes Gesundheitsbedürfnis. Es äußert sich nicht nur in ausgedehnten, unveränderlichen Körperpflegeritualen, sondern auch in einem extremen Körperbewusstsein. Da wird geschrubbt und gepeelt, gecremt und massiert, Fitness- oder Turnübungen im Badezimmer gehören zum täglichen Programm. Ebenso Laufen an der frischen Luft. In Sauna und Dampfbad lassen sich Gesundheit und Genuss herrlich verbinden – ganz nach dem Jungfrau-Prinzip: Genuss mit Nutzen!

Angriffsflächen für gesundheitliche Irritationen bieten vor allem der Magen und die anderen Verdauungsorgane. Im übertragenen Sinn fressen Jungfrauen viel in sich hinein! Weil sich der Magen dann sehr sensibel zeigt und sich sofort meldet, achten sie sehr genau darauf, was sie essen, und sind sehr vorsichtig.

Jungfrauen wollen immer genau wissen, was in ihnen vorgeht. Je mehr sie wissen, desto hypochondrischer werden sie.

Sport

Im Sport scheiden sich die Geister. Zwei unterschiedliche Jungfrau-Typen lassen sich unterscheiden:

Die einen halten es mit dem Germanistikprofessor, der nicht einmal der Straßenbahn hinterherrennt und postulieren: »Sport ist Mord.«

Die anderen verhalten sich genau gegenteilig und betreiben übertrieben Sport, fast als wären sie nicht Hobby-, sondern Profisportler. Am liebsten in Sportarten, in denen sie beweisen können, dass sie den anderen überlegen sind, wo die Gewinnchancen hoch sind.

Sie lieben Radfahren, werden aber nicht einen gemütlichen Radweg in der Ebene wählen, sondern lieber beim Amateur-Radrennen in den Bergen mitmachen.

Rudern, Extrembergsteigen – das sind sportliche Herausforderungen nach Jungfrau-Geschmack!

Umgang mit Jungfrau-Kindern

Ein aufmerksames Kind, das viel von seiner Umgebung aufnimmt und sich schon bald zu sorgen beginnt. Neugierig, weil intelligent, stellt es viele Fragen, das Jungfrau-Kind ist nicht sosehr darauf aus, alles zu probieren, es versucht so viel als möglich mit dem Intellekt zu begreifen.

Sehr einfühlsam nimmt die kleine Jungfrau Unstimmigkeiten sehr genau wahr. Dem Kind nicht die Wahrheit zu sagen, raubt ihm das Urvertrauen.

Was man ihm auch sagt, es will verstehen können, bevor es akzeptiert. Das gilt vor allem für Verbote.

Es versucht nach Möglichkeit, seinen eigenen Kopf durchzusetzen. Egal ob Kleidungsvorschläge oder Spieltipps – am besten, Sie verkaufen Ihren Rat, als wäre das Jungfrau-Kind selbst draufgekommen.

Seine offene Art, alles, was ihm auffällt, gleich direkt zu sagen, artet manchmal schon im zarteren Kindesalter in Nörgeln und Kritisieren aus. Im negativsten Fall zeigt sich die Jungfrau als kleiner Besserwisser.

Aber wehe, es wird selbst kritisiert. Es wird nicht einfach gekränkt abziehen, sondern seine scharfe Zunge wird zu einem verbalen Gegenschlag ausholen.

Sauberkeit und Ordnung sind ihm von Anfang an wichtig. Viele Eltern werden Sie um Ihren ordentlichen Sprössling beneiden. Aber hoffentlich halten Sie selbst Ihren Haushalt auch in Ordnung! Die Kritik der kleinen Jungfrau macht vor Ihnen nicht Halt.

Am liebsten beschäftigen sich kleine Jungfrauen mit Spielen, die sie geistig herausfordern. »Memory« rangiert in der Beliebtheitsskala weit oben.

Ein beneidenswertes Pflichtgefühl äußert sich bereits in der Schule. Das Jungfrau-Kind hat seine Aufgaben immer pünktlich erledigt.

Feundschaften schließt es nicht so schnell, weil es ihm schwer fällt, anderen sein Vertrauen zu schenken. In der Pubertät verlieben sie sich auch nicht ununterbrochen in jemand Neuen.

Mütter und Väter von jugendlichen Jungfrauen haben in dieser stürmischen Zeit meistens weniger Probleme als andere Eltern. Nur auf Ungerechtigkeit reagieren Jungfrauen extrem empfindlich.

Prominente Vertreter

Sean Connery, britischer Filmschauspieler
Yassir Arafat, palästinensischer Politiker
Johann Wolfgang von Goethe, deutscher Dichterfürst
Michael Jackson, amerikanischer Popstar
Richard Gere, amerikanischer Filmstar
Keanu Reeves, amerikanischer Filmschauspieler
Karl Lagerfeld, deutscher Modeschöpfer
Harald Krassnitzer, österreichischer Schauspieler
Reinhold Messner, Südtiroler Extrembergsteiger
Claudia Schiffer, deutsches Topmodel
Mutter Teresa, albanische Ordensfrau in Indien
Marianne Sägebrecht, deutsche Schauspielerin
Jaqueline Bisset, französische Filmschauspielerin
Andrea Eckert, österreichische Schauspielerin
Rosamunde Pilcher, schottische Autorin
Benita Ferrero-Waldner, österreichische Außenministerin
Gaby Dohm, deutsche Schauspielerin

Die Waage

24. September bis 23. Oktober

Persönlichkeit

Schönheit! Harmonie! Kommunikation! Wer das nicht als Schlagworte, sondern als unverrückbares Lebensmotto sieht, kann nur unter dem Sternzeichen der Waage geboren sein.

Zwei Lebenselixiere braucht die Waage: sprudelnde, lebendige Kommunikation und ruhige, ausgleichende Rückzugsphasen. Sie schöpft ihr Leben aus Beziehungen, braucht den Austausch mit anderen Menschen als Lebenselixier. Sie sieht ihr Gegenüber als Dialogpartner, der das Gegengewicht in der zweiten Waagschale bildet. Auf der anderen Seite steht das Bedürfnis nach Alleinsein, nach leisen, beruhigenden Phasen, die das Gleichgewicht wiederherstellen. Nach außen entsteht der Eindruck, eine Waage sei wankelmütig, obwohl sie nur um ihre seelische Ausgeglichenheit bemüht ist. Für Außenstehende ist der oft abrupte Wechsel von Zeiten, in denen die Waage keinen einzigen Abend zu Hause verbringt, mit Wochen, in denen sie nicht einmal telefonieren möchte, sehr schwer nachzuvollziehen. Dabei ist das nicht schwierig zu verstehen: Wer hält es schon durch, Abend für Abend in großer Gesellschaft oder auf Kneipentour zu sein? Und das wochen- ja sogar monatelang. Kein Wunder, dass »waage« sich dann eine absolute »Auszeit« nimmt, um sich wieder im Gleichgewicht einzupendeln. Damit stellt sie die für sie lebenswichtige Harmonie – auch in sich selbst – wieder her.

Harmoniesüchtig zu sein ist ein Laster der Waage. Ist die Harmonie, die Ausgewogenheit der Kräfte, gestört, wird die Waage schlicht und einfach krank. Nicht bewusst, sondern als verkörperte Aufforderung zur Wiederfindung ihres Gleichgewichts.

Streit, vehement ausgetragene Meinungsverschiedenheiten oder »geladene« Stimmung sind für die Waage ein krank machendes Gräuel. Mit all ihrem beträchtlichen diplomatischen Geschick wirft sie sich ins Zeug, um die Eintracht wiederherzustellen. Wenn die Auseinandersetzung nicht zu vermeiden ist, muss sie wenigstens mit einer Versöhnung enden. Nicht im Positiven beendete Konflikte führen bei ihr zu Migräneanfällen oder ähnlichen Symptomen.

Mit ihrem Harmoniebedürfnis lässt sich auch ihre bewundernswerte Toleranz erklären. Ihre liberale Einstellung verhindert Bevormundung und Besserwisserei. Leben und leben lassen lautet ihre Devise. In ihrem Weltbild ist Platz für alle, ob »Bürger, Bauer, Edelmann«, ob Mainstream oder Randgruppe. Abgrenzen oder ausgrenzen verabscheut die tolerante Waage. Einzige Anforderung an alle: Wenigstens ein bisschen Stil sollten sie haben!

Ihr übergroßes ästhetisches Empfinden ist ein Grundbedürfnis für Waage-Menschen. Kein anderes Zeichen ist so sehr abhängig von Schönheit und Harmonie. Kein Wunder, ist sie doch ein Venuszeichen! Sind Ihnen schon öfter Menschen aufgefallen, die sich fast ausschließlich Ton in Ton kleiden, in deren geschmackvollen Wohnungen vom Vorhang über die Bettwäsche und die Gläser alles perfekt harmoniert – in Stil, Farbe und Muster? Hundertprozentig Waage! Eine grobe farbliche Unstimmigkeit schmerzt die Waage beinahe körperlich!

Sie werden kaum einen besseren Gastgeber finden als eine Waage! Der Tisch wird als eine Komposition gestaltet – in Abstimmung von Farben, Jahreszeit und Anlass. Kerzen schimmern, das Menü macht einem Haubenkoch Ehre, die Gäste unterhalten sich blendend, die Waage selbst strahlt in ihrem Element! Sie ist nicht nur ein Genie im Kontakteknüpfen, sondern versteht es hervorragend, Menschen miteinander bekannt zu machen, zueinander zu bringen. Dank ihres Einfühlungsvermögens merkt sie rasch und sicher, wer sich mit wem gut verstehen wird oder welche Menschen miteinander auch auf geschäftlicher Basis gemeinsame Unternehmungen starten, Ideen entwickeln können.

Reden, kommunizieren gehört für die Waage zu den regelrecht lebenserhaltenden Dingen. Sie diskutieren gerne, wie alle Luftzeichen, aber nicht über Grobschlächtiges, Uninteressantes oder Belangloses! In ihren Themen streben sie nach Höherem, Fesselndem, das ihre Diskussionsfreude belebt. Durch Einblick wollen sie Durchblick erreichen, ihre Neugier sucht nach dem »Dahinter«, nach Hintergründen und gibt sich nicht mit Banalitäten zufrieden. Es ist nicht die Art von Neugier, die sich auf ein Kissen gestützt aus dem Fenster lehnt und die Nachbarn beobachtet, um anschließend den neuesten Tratsch weiterzugeben! Interesse und Wissbegierde leiten ihre Fragen und Gespräche.

Als gute Zuhörer sind Waagen beliebt bei allen, die sich mit Problemen herumschlagen. Ihr Ohr ist offen für die Nöte und Sorgen ihrer Freunde und Bekannten, ihr Rat und ihre Hilfe werden geschätzt. Es gibt kaum eine Situation, in der sie einem Hilfesuchenden ihre Unterstützung verweigert. Sie ist nicht diejenige, die ihre Ärmel hochkrempelt und so richtig zupackt – ihre Hilfe beginnt erst nach der spektakulären Rettung. Während der Widder ins brennende Haus stürmt und die Gefährdeten herausschleppt, kümmert sich die Waage im Anschluss um die Wundversorgung.

Waagen hängen ihr Fähnchen nicht nach dem Wind, sind keine Wendehälse – obwohl das oft von anderen so empfunden wird. Sie lassen sich leicht überzeugen und sind für Argumente zugänglich. Wenn sie sich ihre Meinung gebildet haben, entwickeln sie manchmal einen wahren »Fanatismus«, wenn es gilt, idealistische Gedanken zu verfolgen. Eine Waage, die sich in der Friedensbewegung engagiert hat, wird an dieser Idee weiterhin ungebrochen festhalten, auch wenn es die Bewegung als solche nicht mehr gibt.

Das Entwickeln von Ideen, der Entwurf von Vorgehensweisen ist für eine Waage wichtiger als die Realisierung. So entstehen in ihrem Kopf Bilder von Situationen, die sie als wünschenswert empfindet. Ihre Waage scheint Ihnen rastlos? Sie ist auf dem Weg, auf der Suche nach der Verwirklichung ihres »Kinos im Kopf«! Natürlich interpretiert sie dadurch auch in Menschen, die ihr begegnen, einiges hinein. Und Dinge im Schaufenster scheinen ihr dann vielleicht noch interessanter zu sein als das eben gekaufte …!

Apropos gekauft: Zu Geld haben Waagen ein sehr pragmatisches Verhältnis. Sie geben es aus! Für schöne, dekorative, nicht unbedingt nützliche Sachen haben sie immer etwas übrig. Luxus, unerheblich ob mit viel oder wenig Geld verwirklicht, umgibt die Waage immer.

Ihre Vergnügungslust und ihr Unternehmungsgeist kosten … Da herrscht hin und wieder gähnende Leere auf dem Konto. Mit einer gewissen Sorglosigkeit denkt sich die Waage: »Es wird wieder besser!«, und macht weiter. Was unnötige Probleme und Komplikationen verursachen könnte, wird weggeschoben. Sie will sich nicht aus dem Gleichgewicht bringen lassen.

Sorgenfrei zu leben in einem schönen Heim, inmitten ästhetischer Freuden, umgeben von vielen amüsanten Menschen – das ist der Waage-Traum vom glücklichen Leben! Dazu kommt noch die Zufriedenheit mit dem eigenen Aussehen. Obwohl Waagen – weibliche und männliche – sehr attraktiv sind, können sie selbst an kleinen Schönheitsfehlern verzweifeln. Im Ernstfall sagen sie dann sogar lieber eine Verabredung ab, als sich nicht perfekt und schön aus dem Haus zu bewegen. Die Haare lassen sich heute nicht in Form bringen, die Ringe unter den Augen – ein Resultat der letzten langen Nacht – sind nicht zu kaschieren? Die Hose passt auch nicht mehr wie angegossen? Dann finden die Vernissage oder die Geburtstagsfeier ohne Waage statt!

Termine einzuhalten fällt vielen Waagen nicht leicht. Aber nicht, weil sie so unzuverlässig sind! Um nicht »nein« sagen zu müssen und damit eine harmonische Stimmung zu riskieren, sagen sie drei Termine innerhalb einer kurzen Zeitspanne zu. Dass sich das nicht realisieren lässt, merken sie erst später oder sie gestehen es sich zu spät ein. Als einziger Ausweg scheint ihnen dann nur noch der totale Rückzug – sie sagen ALLES ab. Wüssten Sie es nicht besser, müssten auch Sie annehmen, auf Ihre Waage sei kein Verlass! Sie selbst leidet genauso unter ihrer Sprunghaftigkeit und ist unglücklich.

Ein extremes Einfühlungsvermögen lässt Waagen als wandelnde Seismographen für Stimmungen durchs Leben gehen. Sie nehmen Gefühle, Befindlichkeiten und Regungen ihrer Umwelt sehr detailliert wahr. Deshalb ist es auch schwer möglich, ihnen Lügen aufzutischen – sie werden sofort durchschaut. Intuitiv erfassen sie die wahren Hintergründe. Schon vor Waage-Kindern kann man nur sehr schwer Geheimnisse verbergen.

Der klare Verstand kombiniert messerscharf und erfasst gemeinsam mit der Sensibilität auch Zusammenhänge, die den meisten anderen Menschen verborgen bleiben. Waagen »fühlen« das Gras wachsen.

Zur Tat schreitet die typische Waage nur, wenn es um ihre Neigungen geht, um das Schöne, Idealistische. Für alltägliche Verrichtungen hat sie nicht sehr viel übrig. Wobei zum Beispiel das Aufräumen durchaus ihrem Streben nach Ästhetik entgegenkommt und nach vollbrachter Tat bei ihr Zufriedenheit auslöst.

Lebenslang lernfähig, aber im Sinne des »learning by doing« will die Waage alles selbst kreieren, erschaffen. Sie »designen« ihr eigenes Leben – zuerst entsteht der Entwurf im Kopf, dann wird das fertige Konzept realisiert. Die Langfristigkeit der Planung stört eine Waage nicht im Geringsten: Je länger diese Phase dauert, desto besser, weil für Idee und Kreation Zeit in Hülle und Fülle zur Verfügung steht. Die Vorfreude auf Ereignisse – oder auch Termine – ist für die Waage mindestens genauso schön und erfreulich wie das tatsächliche Ereignis.

Als Menschen mit Schönheitssinn legen Waagen selbstverständlich großen Wert auf ihre Kleidung! Sicher treffen Sie Ihre Waage immer modisch und schick gekleidet. Abgerissene Knöpfe und ungebügelte Hemden werden Sie an einer Waage nicht sehen!

Ihre Farben sind die klassischen pastelligen Regenbogenfarben: Rosenquarzrosa, helles Türkis, Lindgrün, helle Blautöne. Die Waage erträgt keine

Brauntöne, die machen sie depressiv und führen laut wissenschaftlicher Studien zu psychosomatischen Reaktionen.

HERR WAAGE – ein hinreißender Charmeur!

»Liebe gnädige Frau, darf ich Ihnen ein Glas Champagner anbieten und die Welt zu Füßen legen?«, fragt er galant und reicht Ihnen auch schon das edle Getränk in einem nicht weniger edlen Glas. Bei so viel charmanter Aufmerksamkeit kann frau nur schwer widerstehen!

Herr Waage legt großen Wert auf Umgangsformen, ausgesuchte Höflichkeit und Galanterie. Seiner Mutter bringt er gerne einen Blumenstrauß mit, die Angebetete wird er zumindest mit aufmerksamen Komplimenten bezirzen und auch für die alte Frau am Zeitungskiosk hat er immer einen freundlichen kleinen Scherz parat.

Herr Waage sucht nach der perfekten Frau: Die redegewandte Model-Schönheit gepaart mit dem IQ von Einstein und einer umfassenden Allgemeinbildung wäre ihm gerade recht. Selbstständig soll die Partnerin auch sein, damit sie ihm ebenbürtig das Gegengewicht in der anderen Waagschale bilden kann. Er wünscht sich von ihr auch, dass sie ihm hilft, seine beiden Waagschalen zu stabilisieren. Enorme Ansprüche und eine sehr konkrete Vorstellung davon ... Wenn Sie sich den Anforderungen stellen wollen, denken Sie daran, dass die Waage Freiheit braucht! Aber im Gegenzug ist er bereit, Ihnen Freiheit zuzugestehen. Ein Waage-Mann will Sie nicht beherrschen, sondern besitzen. Eifersüchtig ist er im Ernstfall sehr wohl! Allerdings sollten Sie nicht unbedingt auf seine Treue bauen ...

Die Frau, die Herrn Waage ihren Liebhaber nennt, darf sich über ein abgerundetes Liebeserlebnis freuen. Vulgäres Verhalten, »die schnelle Nummer« sind nichts für seine Libido. Vor allem in der Erotik ist ihm Ästhetik in jeder Form besonders wichtig.

Das Verliebtsein ist Dauerzustand bei Herrn Waage. Die meisten seiner Amouren sind eher oberflächlicher Natur und dienen oft nur seinem Sinn für Schönheit und seiner Eitelkeit.

Bei der Werbung ist Charme seine stärkste Waffe. Lange erwägt er, welcher Augenblick der richtige ist, um seine Gefühle, sein Begehr auszudrücken. Solange er nicht sicher ist, zieht er alle Register. Wenn Sie also von seiner Art der Werbung angetan sind, lassen Sie ihn noch ein bisschen zappeln und genießen Sie seine Aufmerksamkeiten und Galanterien!

Kämpfertyp ist er keiner. Er kommt mit Diplomatie und Taktgefühl ans Ziel. Grobheit, Ungerechtigkeit und Zwang sind keine Methoden des Waage-Geborenen! Herr Waage weiß, dass er mit Freundlichkeit und geschicktem Verhandeln mehr erreichen kann.

Seine Freunde schätzen seine gesellige, unterhaltsame Art, durch die er auf jedem Fest, in jeder Runde gern gesehen ist. Als lebenslustiger Genießer schätzt er ein vorzügliches Essen mit dem dazu passenden exzellenten Wein – serviert auf einem perfekt gedeckten Tisch!

Herr Waage verwendet verhältnismäßig viel Mühe und Zeit auf sein Aussehen und seine Kleidung. Männer dieses Zeichens neigen dazu, etwas bunt gekleidet, aber jedenfalls ausgesprochen geschmackvoll aufzutreten. Und sie lieben es, wenn eine Frau sich für sie schön macht, ihnen mit wallendem Haar und schimmerndem Mund entgegentritt ...

FRAU WAAGE – eine Frau mit Stil!

Feminine Ausstrahlung, attraktives Aussehen und umwerfender weiblicher Charme, verpackt in schicke, schöne Kleidung – das ist SIE, Frau Waage!

Niemals würde sie das Haus verlassen, ohne das Gefühl zu haben, eine Wohltat für das Auge des Betrachters zu sein. Den Gedanken, jemand könnte sie nicht perfekt gestylt und wunderschön geschminkt erleben, hält sie schlichtweg nicht aus.

Ein wahres Schmuckstück ist sie allerdings nicht nur dem Aussehen nach! Ihre Freude am Formulieren macht sie zur begehrten Gesprächspartnerin, ihre Unternehmungslust zur gefragten Begleiterin durchs Nachtleben, ihre Sinnlichkeit zur aufregenden Geliebten.

Vom Mann an ihrer Seite erwartet sie sich Halt, ohne eingeengt zu werden, ein offenes Ohr für ihre Sorgen, Verständnis für ihre schwankenden Stimmungen und Bewunderung für ihren Körper. Er darf sich freuen, eine zärtliche, verspielte und fantasievolle Geliebte an seiner Seite zu haben, die einen feinen Sinn für raffinierte Liebesspiele hat. Mit grober, plumper oder taktloser Annäherung kann sich der Mann eine klare Abfuhr holen.

Geld und finanzielle Dinge interessieren sie wenig. Geschenke, die ihrem Schönheitssinn und Dekorationsfaible dienen, kommen aber immer bei ihr an. Ihr Zuhause wird öfter umgestaltet. Vielleicht kommen Sie eines Tages nach Hause und fragen sich, ob Sie hier richtig sind! Immer wieder findet sie die Möglichkeit, etwas zu verschönern und die Wirkung zu verbessern.

Jedem Raum gibt sie mit wenigen Handgriffen eine persönliche Note – und wenn es ein nüchternes Hotelzimmer ist!

Freunde hat Frau Waage in Hülle und Fülle. Ihre Freude, anderen Gutes zu tun, kann sich zu einem wahren Helfersyndrom entwickeln. Sie will helfen und heilen, wärmen und trösten, ist für jeden da, der sie braucht. Mit Rat und Tat, durch ihr teilnahmsvolles Zuhören ist sie zur Stelle.

Trotz aller femininer Ausstrahlung verfügt sie über einen analytischen Verstand, der Unwahrheiten sofort auf die Spur kommt und Probleme rasch erkennt.

Das Aussehen, ihre eigene Erscheinung ist Frau Waage unglaublich wichtig. Es kann sie krank machen, wenn sie sich nicht schön genug findet. Auch das Alter und seine sichtbaren Zeichen machen ihr zu schaffen. Schönheitsoperationen sind für sie sicher kein Tabuthema ... Und für Kosmetika gibt sie viel Geld aus.

Sie werden Frau Waage nie nachlässig gekleidet sehen! Zumindest leicht geschminkt und gut angezogen, ist sie jederzeit in einem präsentablen Zustand. Aus jeder Wühlkiste fischt sie mit sicherem Griff den hübschesten Schal, die einzige elegante Bluse oder den Pulli mit dem besonderen Schnitt. Ihre Kleidung hebt ihre körperlichen Vorzüge dezent hervor und unterstreicht ihre Weiblichkeit. Sie liebt Accessoires, Parfüm und Schmuck.

Liebe, Partnerschaft, Erotik

Das Hochgefühl des Verliebtseins – wer liebt es nicht? Wenn Sie im Venuszeichen der Waage geboren sind, schwelgen Sie in dieser Euphorie!

Verführt durch das »wunderwarme« Gefühl idealisiert die Waage den auserkorenen Partner und malt sein Bild in den schönsten Farben. Attraktiv, sprühend, unterhaltsam, warmherzig, aufregend, fantasievoll – all das sieht sie in ihm. Nicht einfach, diesen Ansprüchen zu genügen! Kein Wunder, dass die Waage ihr Bild zuweilen korrigieren muss oder sich enttäuscht abwendet. Aber es dauert nicht lange, bis die Kommunikative Ersatz gefunden hat! Der mindestens ebenso attraktiv, sprühend, unterhaltsam, ... ist! Bis die rosa Brille fällt. Diese lange, wechselvolle Suche nach dem idealen Partner hat der Waage den Ruf der Untreue eingetragen. In Wahrheit sucht sie nur unermüdlich nach der Erfüllung ihrer Anforderungsliste. Kein Wunder, dass sie lange suchen muss!

Sie kann frisch und glücklich verliebt sein und riskiert dennoch ein Auge auf gut aussehende Vertreter des anderen Geschlechts. Hat sie ein scheinbar noch geeigneteres Ziel für ihre Gefühle entdeckt, wird so heftig geflirtet, dass sich andere Anwesende lieber aus der Schusslinie der Augen und Worte entfernen sollten! Flirten ist Power-Nahrung für Waagen. Keine Gelegenheit verstreicht ungenutzt, schließlich dient es dem Selbstwertgefühl und schmeichelt der Eitelkeit ...

Zweisamkeit ist lebenswichtig für Herrn und Frau Waage. Sie wollen das Gleichgewicht, das sie in ihrer Balance hält, finden.

Die Waage stürzt sich nicht mit Haut und Haar voll wilder Leidenschaft in ihre Liebesbeziehungen. Einen kleinen Rest von Unverbindlichkeit behält sie sich zurück. Auf Klammern und Kleben reagiert sie allergisch und »löst sich lieber in Luft auf«.

Geben und Nehmen zu gerechten, gleichen Teilen bietet und fordert die Waage. Wort um Wort, Zärtlichkeit um Zärtlichkeit! Miteinander ausgehen, lachen, genießen, im Schönen schwelgen und in Sinnlichkeit versinken – so schaut eine ideale Waage-Beziehung aus!

Große, dramatische Szenen sind im Leben mit einer Waage nicht zu befürchten. Oberstes Gebot, gerade in ihren Liebesbeziehungen, ist Harmonie. Und die würde durch heftige Auftritte nur empfindlich gestört.

Sie investiert gerne Zeit und Mühe, Gedanken und vor allem Gefühle in ihre so immens wichtige partnerschaftliche Beziehung. Gespräche spielen dabei eine tragende Rolle.

Wenn in einem Venuszeichen nicht die Sinnlichkeit regiert – wo dann? Sie werden staunen, wenn Sie feststellen, was für ein erotisches, sinnliches Geschöpf Ihre Waage ist! Vorausgesetzt, die Stimmung und das Ambiente passen. Kerzen, Duftöl und weiche Kissen sind ein Minimum an atmosphärischen Hilfsmitteln, um die nötige Stimmung zu erzeugen. Zeremonien und Rituale tun ein Übriges. Sie bieten der schwankenden Waage Halt – auch in gefühlvollen Momenten. Und Gefühl ist für die Waage immer mit im Spiel! Sie ist nicht der Mensch für schnellen Sex auf der Rückbank des Autos oder im Aufzug! Sich genüsslich räkeln im wonnigen Wohlgefühl der Sinne, fantasievolle spielerische Nächte – das liebt die Waage!

In der Hoffnung darauf, ein kleines bisschen Halt zu finden, eine Hilfestellung bei schwankenden Stimmungen, sucht die Waage nach der Ergänzung, ihrem starken Partner, der ihr jede Freiheit gibt, sie nicht einengt, emanzipiert sein lässt und verwöhnt. – Üben Sie schon den Spagat???

Haben Sie Ihre Waage gewonnen und die richtige Form des Umgangs mit Ihr gefunden, werden Sie sich glücklich schätzen dürfen an der Seite eines charmanten, liebevollen und spontanen Menschen. Ihre Beziehung wird weder langweilig noch farblos sein, sondern spannend und aufregend in vielen schönen Farben leuchten. Ton in Ton natürlich …

Will die Waage bei ihrem Partner etwas erreichen, versucht sie das auf sanfte Weise. »Kann ich davon ausgehen, dass du auch …« Sie nötigt auf subtile Art so lange, bis der Partner zustimmt. Gibt es Diskussionen um Dinge, die für sie wesentlich sind, weil sie ein Teil des Waage-Lebensgefühls sind, wird Sie Ihre Waage diplomatisch aber unnachgiebig »niederreden«. Die eigene Meinung gibt sie trotzdem nicht auf, sie sagt bestenfalls: »Das hab ich zwar gemeint, aber SO nie gesagt!« Will sie etwas erreichen, kann die Waage auf eine sehr kreative Art zickig sein. Verweigerungs- und Belohnungsspiele – nicht nur auf sexuellem Gebiet – setzt sie gekonnt ein, um ihren Willen durchzusetzen.

Wenn Sie sich auf die Verabredung mit der Waage vorbereiten, putzen Sie Ihren Spiegel, prüfen Sie Ihren Kleiderschrank und entscheiden Sie sorgfältig, was Sie tragen wollen! Eleganz und Stil wird sie gewiss zu schätzen wissen! Der Waage-Mann liebt an Frauen dezentes aber sichtbares Make-Up. Selbstredend, dass die zarten Dessous in der Farbe genau mit dem Outfit harmonieren …

Auf der Suche nach den erogenen Zonen der Waage werden Sie schnell merken, dass Berührungen am unteren Rücken und vor allem seiner Verlängerung Ihre Waage in schwindelnde Höhen treiben …

DIE WAAGE UND DIE ANDEREN

Widder – Waage

Konfrontation trifft Diplomatie

Harmonie ist das oberste Prinzip der Waage. Ein streitlustiger Widder, den eine temperamentvolle Auseinandersetzung anregt, bringt sie aus dem Gleichgewicht. Stress törnt den Widder an, die Waage stöhnt und leidet, wenn sie unter Druck steht. Ein impulsiver Widder raubt ihr mit seinem Tempo und seinem Tatendrang den Atem. Sie wird viel beschäftigt sein, wenn sie die Beziehung in Balance halten will!

Stier – Waage
Genuss und Sprache

Als Venuskinder haben sie die Liebe zur Schönheit gemeinsam. Freude am Genuss verbindet sie ebenfalls, nur: Die Waage schwelgt gerne in Gedanken, Worten und Formulierungen, während der Stier greifbare Genüsse bevorzugt. Luft zum Atmen und Freiraum braucht die Waage für ihr Wohlbefinden, während der Stier nach Sicherheit strebt.

Sie überbieten einander an Charme und leben ihre Sinnlichkeit zur beiderseitigen Freude aus.

Zwillinge – Waage
Luftige Gemeinsamkeiten

Dieses Paar liebt das gute Leben, umgeben von schönen Dingen. Gemeinsam erleben sie fantasievolle Höhenflüge. Gegenseitiges Verständnis – von Luftzeichen zu Luftzeichen – prägt ihre Beziehung, in der Kreativität und Kommunikation groß geschrieben werden. Allerdings besteht die Gefahr, dass sie sich in Luftschlössern verirren. Die Regelung finanzieller Angelegenheiten überlässt der Zwilling besser der Waage.

Zwilling und Waage bevorzugen die spielerische Erotik. Immer anregend!

Krebs – Waage
Instabil

Die kreative Waage und der gefühlvolle Krebs genießen schöne, erotische Stunden in Harmonie und Übereinstimmung. Wie ihr Alltagsleben verläuft, bleibt abzuwarten. Keiner von beiden kann dem Partner in stürmischen Zeiten Festigkeit und Halt bieten.

Die Flirtbereitschaft der Waage und ihr Unabhängigkeitsbedürfnis machen dem eifersüchtigen Krebs zu schaffen.

Löwe – Waage
Charmante Partner

Die Liebe zum Schönen, Edlen und Luxus sowie die Freude am Genuss verbinden die beiden in Harmonie. Auch in ihrem Freiheitsanspruch sind sie sich einig. Die Temperamentsausbrüche des Löwen bringen die Waage leicht aus dem Gleichgewicht und gefährden ihr Selbstbewusstsein.

Dass ihnen das Flirten Spaß macht, braucht kaum betont zu werden! Gibt es keine Eifersuchtsszenen, scheint eine harmonische Verbindung möglich.

Jungfrau – Waage

Intellekt trifft Intuition

Die vernünftige Jungfrau handelt immer überlegt, sie schreitet erst nach gründlicher Analyse zur Tat und behält die materiellen Aspekte im Auge. Die intuitive Waage verlässt sich auf ihr Gefühl und wählt lieber Genuss, Schönheit und Luxus, als rationalen Überlegungen nachzugeben. Eine geistig anregende und befruchtende Freundschaft zwischen den beiden ist sehr wahrscheinlich.

Ob die sinnliche Waage in einer Beziehung glücklich wird, in der die intellektuelle Seite überwiegt?

Waage – Waage

Zu viel Harmonie?

Zwei Waagen gehen in der Liebe zu Schönheit, Harmonie und Kommunikation auf. Sie verstehen das Bedürfnis des Partners nach Freiheit und teilen die Freude am genießerischen Leben. Ihre große Diplomatie und ihre geringe Konfliktbereitschaft verführt das Paar dazu, Meinungsverschiedenheiten und Unstimmigkeiten unter den Teppich zu kehren.

Sinnlichkeit und fantasievolle Erotik kommen in dieser Beziehung bestimmt nicht zu kurz, sondern werden genüsslich zelebriert.

Skorpion – Waage

Ausschließlichkeit gegen Unabhängigkeit

Das soziale Empfinden der Waage, ihr ästhetischer Anspruch und ihr Sinn für Schönheit sind für den Skorpion äußerst attraktiv. Der Waage Vorliebe für das Flirten verleitet den eifersüchtigen Skorpion dazu, sie vereinnahmen zu wollen und sie unter Druck zu setzen. Sein Anspruch auf Ausschließlichkeit nimmt ihr den Atem. Darauf reagiert die Waage mit Flucht – sie löst sich in Luft auf.

Die Potenz des Skorpions ergänzt die Waage mit subtiler Verführung und Einfühlsamkeit zu einem sinnlichen Gesamtkunstwerk.

Schütze – Waage

Gute Unterhaltung!

Neugierig begleitet die Waage ihren Schützen in seinen Abenteuern. Fantastische Gedankengebäude, angeregte Diskussionen und ein geselliges Leben bereichern ihre Verbindung. Freiheit lautet die Parole des Schützen, der bei der Waage damit auf offene Ohren stößt. Halt zu geben und Halt zu finden, wird in dieser Partnerschaft nicht leicht sein.

Die Flirtbereitschaft der Waage ist für den Schützen kein Problem, darüber kann er amüsiert lächeln. In der Erotik bleiben kaum Wünsche offen.

Steinbock – Waage

Unterschiedliche Sichtweisen

Die schwankende Waage fühlt sich vom starken Steinbock angezogen. Sein Sinn für das Praktische, seine Nüchternheit und seine bedingungslose Konsequenz sind Eigenschaften, die ihr fremd sind. Es imponieren ihr seine Zielstrebigkeit und sein Ehrgeiz, aber seiner strengen Art steht sie verständnislos gegenüber. Sie gibt gerne Geld für schöne Dinge aus und dekoriert damit ihre Wohnung. Der Steinbock hat dafür nichts übrig, er erachtet das für unnötigen Tand.

Ob die körperliche Anziehungskraft des virilen Steinbocks auf die Waage genügt, um auf Dauer eine harmonische Beziehung zu führen?

Wassermann – Waage

Eine harmonische Beziehung

Viele gemeinsame Interessen, nie versiegende Gespräche und jede Menge Unternehmungslust beleben die Verbindung zwischen den beiden Luftzeichen. Der Wassermann realisiert gerne die Ideen der fantasievollen Waage – er ist der Tatkräftigere von beiden. Wer könnte das Freiheitsbedürfnis der Waage besser verstehen als der unabhängige Wassermann? Sie können sich wunderbar in die Stimmungen des anderen hineinversetzen und einander verstehen.

In ihren gemeinsamen Nächten führen sie sich gegenseitig von einem erotischen Höhenflug zum anderen.

Fische – Waage

Von zwei Planeten …

Aus unterschiedlichen Welten kommend, sprechen sie auch verschiedene Sprachen – sich zu verstehen fällt da sehr schwer! Taucht der Fisch in die Tiefen, um Geheimnisse zu ergründen, bevorzugt die Waage das aufregende Leben in Gesellschaft. Die Fürsorge des Fisches nimmt der Waage die Luft. Sie kann zänkisch sein! Daran leidet der Fisch und zieht sich unglücklich zurück.

Auch wenn Fisch und Waage die wechselseitigen Wünsche und Sehnsüchte erkennen, fällt das Erfüllen trotzdem schwer.

Beruf

Waagen gehören in den seltensten Fällen zu den Workaholics. Das Leben ist doch viel zu schön, bietet zu viele interessante Ablenkungen!

Trotzdem können Waagen monatelang arbeiten wie das sprichwörtliche Pferd. Sie entwickeln vorab die Pläne, entwerfen die nötige Strategie und führen die Sache zu Ende. Und das in höchster Qualität. Ist das Projekt beendet, die Arbeit getan und abgeschlossen, widmen sie ihre Aufmerksamkeit wieder vermehrt der Freizeit und dem Urlaub. Auf und ab – eben Waage! Dauerstress halten sie nicht aus – weder körperlich noch seelisch.

Wichtig ist ihr, dass der Beruf Abwechslung bietet. Jahraus, jahrein dieselbe Tätigkeit macht sie unzufrieden und lässt sie nach neuen Ufern Ausschau halten.

Dank ihres Einfühlungsvermögens gelingt es Waagen hervorragend, sich in andere Personen hineinzuversetzen. Das prädestiniert sie zu allen Beratungsberufen, vom Psychotherapeuten bis zur Farb- und Stilberatung. Überall, wo sie ihren Schönheitssinn im Umgang mit schönen Dingen verbinden kann, wird sie nicht nur selbst zufrieden sein, sondern auch Kunden beglücken. Viele Waagen haben ausgeprägte künstlerische Talente und beginnen eine Karriere als Bühnenbildner, Schauspieler oder machen als Designer von sich reden. In allen Berufen, die es ihr ermöglichen, die Bilder umzusetzen, die sie in sich trägt, wird sie Hervorragendes leisten. Grafiker, Maler, Schmuckdesigner, Make-up-Artist oder Jobs in der Modebranche bieten einer Waage alles, was sie von ihrem Beruf verlangt: Abwechslung, Ästhetik und Kreativität.

Gesundheit

Von einer Party zur nächsten Lustbarkeit, dabei wird gelacht, geschlemmt und getrunken. Lebenslustig feiert die Waage Feste, wie sie fallen. Sie schläft wenig, ruht wenig, ist immer in Bewegung.

Erscheint Ihnen Ihre Waage ausnahmsweise ruhig und entspannt, weil sie sich einen Platz im Liegestuhl an der Sonne gesucht hat, täuschen Sie sich nicht! In ihrem Kopf geht es rund: Sie erlebt schöpferische Momente, ist höchst kreativ in ihrem Ruhen.

Generell ist die Waage rasch erschöpft, ihr Power-Pegel ist nicht hoch. Sie neigt aber dazu, das zu übersehen und weiterhin zu helfen, zu kreieren und zu genießen. Um diese Kraft künstlich herbeizuführen, greift manche Waage zu Medikamenten, die sie »aufmöbeln« sollen. Fällt ihr infolgedessen das Einschlafen schwer, muss ein anderes Medikament Abhilfe schaffen. Und so weiter und so weiter ... Es wäre sicher gut, einen Ansatzpunkt für das Durchbrechen dieses Verhaltensmusters zu finden!

Wärme wirkt sich äußerst wohltuend auf ihre Gesamtbefindlichkeit aus. In kalten Jahreszeiten fühlt sie sich nur halb so wohl wie im Sommer, wenn andere unter der Hitze leiden. Wenn Sie in eine Wohnung kommen, die im Winter auf 27 Grad geheizt wird, dann kann hier nur eine Waage wohnen! Fehlt ihr die Wärme, kann für sie kein Lebensgefühl aufkommen.

Besonders anfällig für Erkrankungen sind Waages Atemwege. Eine lästige Erkältung wird gern ignoriert, schließlich stört sie nur das ungehinderte Vergnügen! Aber Achtung: Bekanntlich sind Rückfälle stärker und gefährlicher! Zugluft ist ihr Alptraum! Also schließen Sie bitte die Fenster, wenn Sie eine Waage erwarten!

Sport

Sport ist sicher nicht der Waage Lieblingsbeschäftigung! Natürlich will auch die Schönheits- und Körperbewusste etwas für sich tun, damit die Auswirkungen des Wohllebens und der vielen Vergnügungen nicht allzu sichtbar werden. Ein bisschen Fitness, ein bisschen Jogging, auch schwimmen sind ihre Arten von Bewegung. Gerne macht sie Gymnastik und alles, was mit Tanz zu tun hat. Die musikalische Untermalung erleichtert und verschönert die Anstrengungen beträchtlich!

Umgang mit Waage-Kindern

Ein süßes Baby! Schon kleine Waagen wirken besonders lieb, obwohl sich darunter ein eigenwillige kleine Persönlichkeit verbirgt und entwickelt. Rasch lernen sie zu reden und damit auch zu argumentieren. Ihr ausgeprägter Sinn für Gerechtigkeit und ihre fast fanatische Wahrheitsliebe bäumen sich auf, wenn sie ungerechtfertigt getadelt werden. Friedliebend weichen sie allen Konflikten möglichst aus. Soll eben das andere Kind das Förmchen im Sandkasten haben! »Wehr dich doch!«, hat schon so manche Mutter ihrem Waage-Kind auffordernd zugerufen. Lustig und kontaktfreudig sind sie im Grunde, sie brauchen aber auch viel Zeit für sich alleine.

Kleine Waagen sind sehr empfndlich, wollen gar nicht gerne unter fremden Menschen sein – schon gar nicht allein! Viel Wärme und Vertrautheit, Lob und Anerkennung braucht die Waage als Kind. Strafen bringen sie aus der Fasssung und verletzen sie zutiefst. Druck erzeugt Gegendruck – sie wird störrisch, besser, Sie erklären Ihrem Sprössling, warum das jetzt nötig ist. Ein Kind, das mit fünf Jahren sagt: »Das ziehe ich nicht an!«, muss eine Waage sein. Es weiß vor allem bei Farben ganz genau, was ihm gefällt.

Die sensible junge Waage spürt die Stimmungen ihrer Umgebung und ihrer Eltern sehr genau. Ihr ein X für ein U vorzumachen enttäuscht höchstens ihr Vertrauen, das sich nur mühsam wieder aufbauen lässt.

Ordnung haben Waage-Kinder nicht erfunden!

In der Schule tut sie sich nicht durch besondere Leistungen hervor, sondern ist durchschnittlich, weil sich ihr Engagement mehr auf ihre Lieblingsfächer konzentriert. Ihr ausgleichendes Wesen, ihr Charme machen sie gleichermaßen bei Lehrern und Mitschülern beliebt.

Eine zusätzliche Extraportion Wärme, Zuneigung und Sicherheit brauchen die jugendlichen Waagen in der Pubertät. Geschüttelt von Gefühlen durchleben die Venus-Kinder ihre ersten Lieben, weil sie idealisieren und die Wirklichkeit nicht heranlassen. In dieser schwierigen Zeit brauchen sie besonders viel Geduld, Liebe und Halt von ihren Eltern.

Prominente Vertreter

Michael Douglas, amerikanischer Filmschauspieler
Udo Jürgens, österreichischer Schlagerstar

Heinz Hoenig, deutscher Filmschauspieler
Silvio Berlusconi, italienischer Politiker und Medientycoon
Sting, britischer Rockmusiker
Mahatma Ghandi, indischer Politiker und Pazifist
Paul Hogan, australischer Filmschauspieler
Günter Grass, deutscher Schriftsteller
Julia Roberts, amerikanischer Filmstar
Sarah Ferguson, Herzogin von York
Björk, isländische Popsängerin und Schauspielerin
Cathérine Deneuve, französische Filmlegende
Cordula Reyer, österreichisches Topmodel
Christiane Hörbiger, österreichische Schauspielerin
Brigitte Bardot, französischer Filmstar
Annie Leibovitz, amerikanische Fotografin

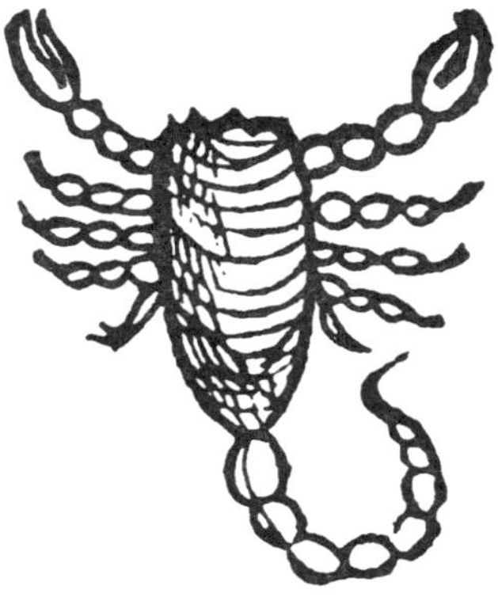

DER SKORPION

24. Oktober bis 22. November

Persönlichkeit

Geheimnisvoll faszinierend wie eine Sphinx, unergründlich wie das Lächeln der Mona Lisa und undurchschaubar wie sein schwarzer Panzer begegnet Ihnen der Skorpion. Wahrscheinlich hat Sie die faszinierende Ausstrahlung in seinen Bann gezogen …

Wollen Sie vor Ihrem Skorpion ein (kleines) Geheimnis verbergen? Geben Sie sich keinen Illusionen hin, es wird Ihnen nicht gelingen – es sei denn, Sie sind selbst Skorpion! Ein Skorpion geht allem auf den Grund, oberflächliche Antworten reizen allenfalls sein ohnehin reichlich vorhandenes Misstrauen – oder sein Gähnen. Möglich, dass Sie seinen Forscherdrang als Eifersucht oder sogar als Kontrollzwang erleben. Denn er will alles genau – bis ins Detail – wissen, will enträtseln, entschlüsseln, um die gewonnenen Erkenntnisse für sich zu verwenden, auf sich zu beziehen und für sich zu behalten.

Selbst eine allgemein geäußerte Bemerkung kann er auf sich münzen. Wachsam versucht er vorauszusehen, woher eine Bedrohung kommen könnte, um sofort eine ausgeklügelte, raffinierte Abwehr dagegen zu entwerfen. Der geborene Taktiker kämpft niemals plump, seine Klinge ist fein, sein Stachel giftig und wirksam!

Obwohl ein meisterhafter Stratege – der seine taktischen Schachzüge bis ins Detail plant, messerscharfe Folgerungen zieht –, bleibt der Skorpion aufrichtig. Heuchelei ist ihm fremd, er meint, was er sagt. Sollte Sie seine Direktheit erschrecken oder verletzen, trösten Sie sich mit dem Wissen, dass er Sie zumindest nicht im Unklaren darüber lässt, woran Sie sind. Der Skorpion veranstaltet keine Show, er spielt mit offenen Karten. Das erwartet er allerdings auch bedingungslos von seinen Partnern – ob im Privatleben oder im beruflichen Umfeld.

Sollten Sie Nachforschungen über einen Skorpion anstellen wollen, in seinen Taschen kramen, seinen Kalender duchforsten – seien Sie bloß vorsichtig! Sosehr er selbst zur Kontrolle neigt, so wenig kann er es ertragen, überwacht zu werden. Er will unbedingt undurchsichtig bleiben. Will er aber mehr über Sie herausfinden, greift er auch zu bizarren Aktionen.

Seine überbordende Sinnlichkeit zeigt sich in seiner Genussfähigkeit. Stammgast in einem Fast-Food-Restaurant ist der Skorpion gewiss nicht! Im Haubenlokal oder im Gasthaus mit bekannt guter Küche werden Sie ihm begegnen – ebenso wie auf dem Wochenmarkt, zwischen den Ständen mit exotischen Gewürzen, appetitlich drapierten Früchten und Gemüsen und köstlich duftendem Brot. Alles, was die Sinne anspricht, lockt ihn. Wenn ihn die Lust zu kochen überkommt, bereiten Sie sich auf ein fulminantes Geschmackserlebnis vor. So mancher männliche Skorpion hat seine Partnerin mit einem exquisit gedeckten Tisch ebenso in Erstaunen versetzt wie durch das servierte Menü. Stürzt er sich in die Küche, hält er sich entweder an das Kochbuch eines Drei-Hauben-Kochs oder an die eigene Fantasie. Genüsslich wird an der Zusammenstellung des außergewöhnlichen Mahls gefeilt, der passende Wein mit Hingabe ausgewählt.

Nichts im Wesen eines Skorpions ist lau, flau oder flach! Mit Leidenschaft, »Feuer und Flamme« oder eiskalter Ablehnung sollten Sie rechnen – aber nie mit Gleichgültigkeit. Es sei denn, er setzt sie bewusst ein, um ein gesetztes Ziel zu erreichen.

Exzessiv ist DAS Skorpionwort – egal ob Sport oder Gartenarbeit, Beruf oder Liebesleben! Ein Skorpion verschreibt sich einer Aufgabe mit Haut und Haar. Kompromisslosigkeit bis zum Fanatismus gehört zu jenen typischen Skorpioneigenschaften, die den Grund für das dunkle Image dieses Sternzeichens legen. Erbarmungslos bis zur Grausamkeit – vor allem auch sich selbst gegenüber – verfolgt er seine Ziele ohne viel Rücksicht auf Verluste. Dabei Widerstände überwinden zu müssen, spornt ihn zusätzlich an.

Das gilt auch für private Beziehungen: Die Wahl eines Skorpions fällt sicherlich auf eine Person, deren Eroberung für ihn eine Herausforderung darstellt. Die gebundene Geliebte, das unerreichbare Idol, der Liebhaber, der in einem anderen Land lebt – all das hindert den Skorpion nicht an der Tiefe seiner Gefühle, sondern steigert sie ins Unermessliche. Leid wird von ihm als angemessener Preis für Glückseligkeit und überirdische Ekstase akzeptiert. Seine glühende Leidenschaft kann auch eine destruktive, sogar selbstzerstörerische Seite haben. Die potenziell sadistischen Anlagen sind bei Skorpionen oft stärker ausgeprägt als bei anderen Sternzeichen.

Trotz seiner Dominanz, seinem besitzergreifenden Wesen kann er mit Macht sehr humorvoll, geradezu spielerisch umgehen: Kluge Wortgefechte, intellektuelle Auseinandersetzungen und geistreiches Scherzen schätzt der Skorpion sowohl im Liebeswerben als auch im Konflikt.

Auch in entspanntesten und intimsten Momenten kann er sich nie ganz fallen lassen, weil Kontrollverlust für ihn ein seelischer Offenbarungseid wäre. Unter seinem Panzer, geschützt durch den Stachel, verbirgt der Skorpion seine große Sensibilität, die er kaum jemals preisgibt.

Achten Sie den Stolz eines Skorpions! Er will immer ernst genommen werden, in all seinen Empfindungen. Kritisieren Sie Ihn nicht vor anderen – schon gar nicht, wenn die nicht seine Anerkennung genießen. Seine Rache ist zwar nicht glühend, sondern eiskalt, aber dafür anhaltend. Ein Skorpion trampelt auf seinem Opfer nicht herum – er dosiert seine kalte Wut, denn durch seinen scharfen Verstand kann er nachvollziehen, was in anderen vorgeht.

Ein Skorpion kann vielleicht verzeihen – aber nicht vergessen!

Seine Erfahrungen, sein Wissen speichert er in seinem Gedächtnis ab, um sie auch nach langer Zeit bei einer winzigen Querverbindung auftauchen zu lassen. Von einem Skorpion können Sie noch nach Jahren hören: »Du hast doch damals gesagt, ... wie hast du das gemeint?« Sein Gedächtnis ist dem eines Elefanten ebenbürtig. Dabei ist er nicht nur nachtragend, sondern vergisst auch Positives nicht. Seine innere Verbundenheit und Dankbarkeit mögen schlummern, aber auf die Unterstützung eines Skorpions dürfen Sie auch noch nach Jahren zählen. In seinen Freundschaften ist er – wie in allen seinen Beziehungen – wählerisch. Nicht die Menge an Freunden zählt, sondern die Qualität und Tiefe der freundschaftlichen Beziehung. Seine Menschenkenntnis leistet ihm gute Dienste, sein Misstrauen hindert ihn aber manchmal daran, spontan auf andere Menschen zu reagieren.

Die Skorpion'sche Aufrichtigkeit kann für seine Freunde zur Herausforderung, ja Prüfung werden: Überzeugt von der Richtigkeit seiner eigenen Meinung, lässt er andere Standpunkte – wenn überhaupt – oft nur nach harten Auseinandersetzungen gelten. Allerdings erkämpfen Sie sich durch sachliche, klare Argumentation die Achtung des Skorpions. Vielleicht wird er Ihnen sogar eines Tages sein Herz ausschütten ... Auch die stärksten Skorpione wollen sich manchmal anlehnen!

Eines sind Menschen dieses Sternzeichens nie: dumm oder naiv. Ihre geistige Wendigkeit sucht sich ein Ventil – auch wenn sie sich in seltsamen Begabungen äußert, vielleicht sogar in beinahe kriminellen Ambitionen. Einen kleinkarierten Spießbürger werden Sie unter Skorpionen wahrscheinlich nicht finden!

Ihre Vorliebe für Extreme zeigt sich auch in den Skorpion-Farben: Schwarz und dazu Weiß als Kontrast – vor allem im Wohnbereich, sehr kräftiges Rot, wie Glutrot – entsprechen ihm am besten. Auch metallisches, kühles Grau findet sich unter seinen Lieblingsfarben. Was er nicht wählt: verwässerte Farbtöne, Pastell oder gar Braun!

HERR SKORPION – ein unangepasster Rebell!

Stille Wasser sind tief – aber vertrauen Sie nicht darauf, dass die Wogen bei diesem Wasserzeichen auch still BLEIBEN!

Am Anfang seines Werbens sondiert er das Terrain – schließlich will der Feldzug wohl geplant und überlegt geführt sein! Dabei mag er vielleicht sogar verhalten wirken.

Unbeirrbar, konsequent und ausdauernd kämpft der Skorpion um seine Traumfrau, wenn ihm die Eroberung tiefe Liebe, große Leidenschaft wert ist und die Hoffnung auf Erfüllung immer wieder durch kleine Zeichen genährt wird. Er liebt mit Haut und Haar, aus tiefster Seele, wenn aber diese Qualität verraten wird – wehe! Vergebliche Liebesmüh oder gar verratene Liebe hinterlassen sein Selbstwertgefühl völlig zerstört. So wie er Selbstbestätigung durch Liebe findet, kann die Enttäuschung ihn zur selbstzerstörerischen Raserei treiben.

Geradezu sprichwörtlich sind Erotik und Sex sein Lebenselixier, ohne dass er deshalb zwanghaft wahllose Triebbefriedigung sucht.

Häufig fallen Skorpion-Männer durch ihr gutes Benehmen auf, sie sind ganz Kavalier. Ihr Skorpion wird Ihnen die Türe aufhalten, Ihnen den Vortritt lassen und doch manchmal unvermutet von solchen Alltagsritualen ablassen, um seine Unangepasstheit auch in Kleinigkeiten auszuleben.

Trotz seiner Dominanz ist seine Wunschpartnerin keine passive Frau, kein sanftes Heimchen, sondern idealerweise eine gleichwertige Partnerin, die er ernst nehmen kann, die ihn immer wieder aufs Neue herausfordert.

Mit hysterischen Ausbrüchen oder Heulorgien kann ein Skorpion nichts anfangen – wohl mit tiefen Emotionen. Er fordert von sich und anderen Disziplin und Selbstdisziplinierung. Zerrissen zwischen heißer Leidenschaft und kühlem Verstand könnte ihm ein solcher Ausbruch sein Spiegelbild vorhalten. Offenheit und Festigkeit hingegen schätzt er sehr.

Einstecken, Fehler eingestehen kann und will ein Skorpion nicht. Nein, er ist nicht unversöhnlich – nur: Der andere muss kapitulieren, bevor er ihm einen Schritt entgegenkommen und auch seinerseits eine kleine Unzulänglichkeit eingestehen kann – aber erst, wenn der andere schon »vor ihm kniet«!

Frau Skorpion – eine rätselhafte Frau!

Ihr Sexappeal zieht Männer magnetisch an, der Mann ihrer Wahl ist aber kein Softie, sondern eher Superman persönlich. Die Einsätze der passionierten Spielerin, die aber niemals verspielt ist, sind hoch. Setzt sie Aktionen, um ihre Gefühle auszudrücken, muss die Tat der Intensität entsprechen. Das wird kein Blumensträußlein vor der Tür – besser gleich ein heimlich mit einer Unzahl roter Rosen übersätes Bett! Sie sind bei Ihr eingeladen? Achten Sie auf den Aufwand, den sie auf das Menü verwendet: Genießen Sie ein mehrgängiges Galamenü, sollten Sie beginnen, Ihre Kräfte für die folgende Nacht zu sammeln!

Mit Leib und Seele liebt die Skorpion-Frau den aktuellen Partner für immer und ewig – nehmen Sie das aber nicht wörtlich! Dennoch: Flatterhaft ist sie nicht.

»Unterordnen« hat sie sich nicht auf ihre Fahnen geheftet. Sie will sich profilieren, zeigen, was sie kann, und duldet keinerlei Bevormundung. Ihre Unabhängigkeit aufzugeben, sollte man von ihr tunlichst nicht verlangen. Die eigene Berufstätigkeit ist für sie immens wichtig, um ihre Eigenständigkeit zu wahren. Sollte sie sich dennoch entschließen, ihren Beruf aufzugeben, wird sie Haus und Familie als Managerin perfekt zu führen wissen.

Weiblich-aggressiv präsentiert sich Frau Skorpion in ihrer Mode: Unübersehbar, aber unterschwellig erotisch hüllt sie sich vielleicht in ein hochgeschlossenes, dunkelgraues Rollkragenschlauchkleid, unter dem sich bei jeder Bewegung Strapse erahnen lassen. Leder und Seide zählen zu ihren bevorzugten Materialien – im selbst gestrickten Pullover würde sie schließlich kaum jemanden umgarnen!

Geradezu sprichwörtlich ist die glühende Eifersucht dieser Frau. Sehen Sie sich vor, wenn Sie einmal nicht standhaft bleiben konnten und Ihrer Skorpionin Grund dazu gegeben haben! Sie ist nicht im mindesten konfliktscheu – das gilt für jeden Lebensbereich.

In dunklen Momenten kann sie auch ein feines Netz aus Intrigen spinnen und Konkurrenz auf subtile Weise vergraulen.

Skorpion-Frauen geben alles – aber sie fordern auch alles – erbarmungslos.

Liebe, Partnerschaft und Erotik

»Auf Liebe und Tod« – das Drehbuch zu diesem Kultfilm von François Truffaut könnte ein Skorpion geschrieben haben. Ihn muss es ins Mark getroffen haben, bis aufs Blut erwischt, wenn er sich für Sie entscheidet. Seichte, nur an der Oberfläche dahinplätschernde Beziehungen sind für ihn reine Zeitverschwendung. Seine Beziehungen müssen intensiv sein. Er will seine kostbare Lebenszeit nicht mit farblosen, reizlosen Menschen vertrödeln.

Tiefe Gefühle, dramatische Emotionen, enorme Leidensfähigkeit und eine – im wahrsten Sinn des Wortes – überwältigende Sinnlichkeit zeichnen den Skorpion aus. Dabei entwickelt er manchmal eine Art »abstrakte Erotik«, die ihm auch der Duft von Rosen oder der Gedanke an seidig glatte Haut vermittelt.

Seine tiefen Empfindungen schützt der Skorpion durch seinen Panzer. Wenn er sich öffnet, dann ganz. Schwarz oder weiß – vor allem bei Skorpion-Frauen zeigt sich diese Kompromisslosigkeit häufig in besonders ausgeprägter Form. Der Skorpion glaubt an das Prinzip der Entsprechung. In seinem Weltbild, das die Idee der idealen, tiefen Beziehung mit einschließt, gibt es keinen Platz für Niederlagen. Daher versucht er mit Beharrlichkeit daran festzuhalten – es kann nicht sein, dass seine Wertigkeit ins Wanken gerät.

Seine Kompromisslosigkeit im Gefühlsleben äußert sich in seiner rasenden Eifersucht – Othello muss Skorpion gewesen sein! Dabei ist nicht moralische Empörung die Wurzel, sondern Fassungslosigkeit. Der Gedanke, dass Sie als sein Partner mit einem anderen Menschen Ähnliches erleben, ist ihm unerträglich. Besitzanspruch und Ausschließlichkeit – zwei Begriffe, die mit diesem Sternzeichen eng verbunden sind. Schließlich sieht er sich mit dem erwählten Partner als elementar verschmolzen und empfindet es als Verrat an der – für ihn naturgemäß – idealen Beziehung.

Aber bitte: Kein blindes Vertrauen in einen Skorpion! Wohl ist ein Grundvertrauen für Ihre Beziehung zu ihm angebracht und für Sie selbst notwendig, wenn Sie sich nicht »aufarbeiten« lassen wollen. »Das hat nichts mit dir zu tun, das war nur ein One-Night-Stand. Ich liebe nur dich allein!«, diesen Satz sagt der Skorpion aus tiefster Überzeugung, weil er für ihn die reine Wahrheit ist. Ein triebhafter Heißhunger hatte ihn überfallen, der sofort gestillt werden musste. Freiwillig wird er einen Seitensprung nie gestehen – nicht aus Feigheit, sondern weil er ihm keinerlei Bedeutung beimisst. Tut er es dennoch, steckt Kalkül dahinter.

Wittert ein Skorpion Grund zu Eifersucht oder Misstrauen, wird er seinem Hang zu Heimlichkeiten gerecht und entwickelt sich zum raffinierten Detektiv: Kleidung wird beschnuppert, ob der Geruch zum Lokal passt – oder haftet gar an Ihrem Pulli von gestern noch der Duft eines fremden Aftershaves? Der kleine Fleck an seinem Taschentuch – ist das Ihr Lippenstift? Wer meldet sich unter den zuletzt gewählten Nummern im Handy? Wenn er schon Schwächen eingestehen muss, dann spektakulär. Und so, dass Sie Ihrem Skorpion doch wenigstens widerwillig Bewunderung für seine Geschicklichkeit, seinen Einfallsreichtum und seine Raffinesse zollen müssen.

Hat sich Ihr Skorpion entschlossen, mit Ihnen in einer Ehe oder festen Beziehung zu leben, wird er – in der Regel – treu sein. Zumindest solange er immer wieder einen neuen Reiz entdeckt, Herausforderungen annehmen kann und die Spannung erhalten bleibt. Wenn sich der sprichwörtliche Ehealltag einschleicht, die Intensität und Tiefe in der Beziehung fehlen, steigt er aus. Und: Jede noch so emanzipierte Frau möge bedenken, dass sie einen dominanten Partner hat, dem sie seine Bereiche als Alpha-Mann zugestehen muss. Andernfalls sucht er sich ein neues Herrschaftsgebiet, wo er seinen Machtanspruch ausleben kann!

Zeigt sich der Skorpion tolerant und nachgiebig, gilt »Alarmstufe rot«. Entweder er hat jedes Interesse verloren oder: Vorsicht – Falle! Hat er vielleicht ein Netz ausgelegt und wartet genüsslich, bis die Beute darin zappelt und sich immer tiefer verstrickt?

Die Liebe mag für andere Sternzeichen ein festliches Galamenü sein, für den Skorpion ist sie wie der berüchtigte Kugelfisch: richtig zubereitet eine sagenhafte Köstlichkeit – oder tödlich.

Gestern Abend im Lokal – ein Augenpaar hat sie fixiert und Sie können den Blick nicht mehr vergessen? Ein Skorpion hatte Sie im Visier!

Der leidenschaftliche Jäger erfasst blitzschnell die Persönlichkeit seines Gegenübers, analysiert und erobert Sie mit Strategie. Dabei geht er gleich aufs Ganze, denn wochenlang nur Händchen zu halten und sich tief in die – zugegeben oft faszinierenden – Augen zu blicken, ist dem Skorpion zu wenig. Sein exzessives Liebesleben ist nichts für zart besaitete Gemüter oder vorsichtige Frauen: Er liebt die Ekstase, ist ein heißblütiger, ausdauernder Liebhaber, dessen Fantasie kaum Grenzen kennt. Immer wieder verblüfft er seine Partnerin mit neuen Spielarten und Ideen. Schließlich will er nicht nur die Höhen, sondern auch die (Un-)Tiefen der Leidenschaft mit ihr durchleben!

Dennoch ist er kein Don Juan, der Eroberungen um der imposanten Anzahl willen sammelt. Er erobert im Sturm, aber nicht wahllos. Frisch nach Kernseife duftende Frauen, die zum Frühstückskakao im Flanellnachthemd erscheinen könnten, übersieht er.

Die Frau, die den Skorpion fasziniert, braucht Charisma, sie soll intelligent und gewandt sein. Erotisch gefärbte Wortgefechte gehören für ihn zum Kampf und feuern ihn an. Genüsslich will er Sie zur Strecke bringen, hält aber nicht immer viel von romantischen Spielereien. Wenn er sein Ziel vor Augen hat, bietet er alle erdenklichen Tricks, die seine schillernde Persönlichkeit zu bieten hat, um Sie zu erstaunen. Er kann sich auf Sie einstellen und inszeniert strategisch einen unglaublichen Abend, wenn ihm das zielführend scheint. Vor allem dann, wenn Sie selbst es faustdick hinter den Ohren haben und kein Engelchen sind, setzt er alles dran, Sie zu überraschen und zu verwirren, und läuft zur Höchstform auf.

Schon zum Date mit ihm dürfen Sie bei den Vorbereitungen ruhig etwas großzügiger in die Farbtiegel greifen. Vergessen Sie nicht: Er liebt es feminin! Die Ahnung, was sich an heißen Dessous unter Ihrem coolen Outfit verbirgt, lässt ihn Funken sprühen. Wählen Sie aber lieber die schwarzen Strapse als den pastellfarbenen Body! Denn es darf ruhig etwas vordergründiger sexy sein …

Seien Sie generell nicht schüchtern: Nicht umsonst wird dem Skorpion astrologisch die Körpermitte zugeordnet – seine erogenste Zone ist nicht schwer zu finden!

DER SKORPION UND DIE ANDEREN

Widder – Skorpion

Eine explosive Mischung!

Langeweile kommt bei diesem leidenschaftlichen Paar ganz sicher keine auf! Ein erotisches Dauerfeuer, das die Partner glühen lässt. Ein tiefgründiger Skorpion und ein feuriger Widder werden sich im Gefühlsbereich mit unterschiedlichen Ansätzen konfrontiert sehen: Der manchmal unsensible Widder kann dem verletzlichen Kern des Skorpions arge Wunden zufügen! Seine ausschließliche Dominanz trifft beim freiheitsliebenden Widder auf einen starken Widerpart. Für Funkenflug ist also nicht nur in der Erotik gesorgt!

Stier – Skorpion

Eine gute Ergänzung

Der risikofreudige Skorpion kann den vorsichtigen Stier aus seiner Behäbigkeit locken und sich bei dem Erdzeichen erholen, Ruhe finden. Die Bewunderung und Bestätigung des stabilen Stiers ist wohltuend für den Skorpion, der nach Anerkennung giert.

Treue ist beiden enorm wichtig – darin sind sie sich ebenso einig wie in der Sinnlichkeit. Genuss kommt nicht zu kurz!

Zwillinge – Skorpion

Partner im Geistigen

Wie soll ein Skorpion an der Seite eines rastlosen Zwillings Zeit finden, den Dingen oder ihrer Beziehung auf den Grund zu gehen? Die geistreichen Gespräche und amüsanten Wortgefechte ziehen den Skorpion an. Gemeinsam ergehen sie sich in spannenden Diskussionen.

In einer Liebesbeziehung erwartet der Skorpion von seinem Partner absolute Treue. Das wird dem flatternden Zwilling nicht leicht fallen! Eine schwierige Aufgabe für den Skorpion, den schwer fassbaren Zwilling zu zähmen und zu halten!

Krebs – Skorpion

Wasserzeichen unter sich

Das gemeinsame Element wirkt sich positiv auf die Beziehung der beiden aus. Sie vertiefen sich in Gefühle und sind bereit, an einer Liebesbeziehung zu arbeiten. Der selbstständige, starke Skorpion kann dem Krebs Halt geben. Dafür wird er mit kuscheliger Häuslichkeit und liebevoller Fürsorge belohnt. Vorsicht aber bei der Dosierung der Fürsorge, sonst wehrt sich der Skorpion mit seinem Stachel gegen erzieherische Ambitionen des Krebses.

In ihrem Schlafzimmer herrscht erotische Übereinstimmung. Ob es bei einer heißen Affäre bleibt oder mehr wird?

Löwe – Skorpion

Ein starkes Paar

Sie sind einander gewachsen! Als starke, ebenbürtige Partner erreichen sie auch die höchsten Lebensziele, sowohl privat als auch beruflich. Großzügigkeit und Genuss verbinden den Löwen mit dem Skorpion. Mit Kleinkram halten sie sich nicht lange auf.

Ihre erotischen Begegnungen lassen keine Wünsche an Leidenschaft und Sinnlichkeit offen. Der Skorpion wird seine Eifersucht zügeln müssen ...

Jungfrau – Skorpion

Eine intellektuelle Verbindung

Ein heißblütiger Skorpion könnte sich an der vernünftigen Jungfrau abkühlen ... Mit intellektuellen Gesprächen und klugen Diskussionen bauen sie eine Freundschaft auf.

Dass sich diese platonische Beziehung zu einer Liebesbeziehung erweitert, scheint unwahrscheinlich. Wie soll der Leidenschaftliche mit der nüchternen Jungfrau einen gemeinsamen Nenner in der Erotik finden?

Waage – Skorpion

Zwei Welten

Schönheitsempfinden und ästhetischer Anspruch der Waage ziehen den Skorpion an. Auch das Mitgefühl, die soziale Kompetenz teilen die beiden miteinander.

So mancher Skorpion könnte sich aber bemüßigt fühlen, die luftige Waage unter Druck zu setzen, um sie für ihn fassbarer zu machen. »Wo ist die Hintertür?«, wird sich die Waage fragen, und bevor ihr der Skorpion die Luft zum Atmen nehmen kann, löst sie sich in ihr Element auf.

Die Potenz des Skorpions ergänzt die Waage mit subtiler Verführung und Einfühlsamkeit zu einem sinnlichen Gesamtkunstwerk.

Skorpion – Skorpion

Himmel und Hölle

Eine faszinierende Beziehung – hier wird alles extrem ausgelebt. Kommt es zur Krise, droht ein endloser, unerbittlicher Kampf. Die Waffengleichheit und das Wissen darum, welche Wirkung ihre taktischen Manöver haben, lassen die beiden oft unversöhnlich und zutiefst verwundet am Schauplatz zurück.

In der positiven Begegnung ergeben Skorpion und Skorpion die perfekte Vereinigung.

Schütze – Skorpion
Ein sprühendes Feuerwerk

In der Erotik eine Bereicherung für beide! Alltagstauglich wird diese Beziehung aber schwerlich sein ... Der spielerische Umgang des Schützen mit der Liebe stößt beim Skorpion auf Unverständnis, während umgekehrt der Schütze sich den kleinen Machtspielchen und der Kontrolle des Skorpions entzieht. Vielleicht gelingt es dem leidenschaftlichen Skorpion, den Schützen zur Treue zu bekehren? Ein schwieriges Unterfangen!

Steinbock – Skorpion
Ein Fall für die Aszendenten

Zwei Herrscher, die ihren Machtanspruch aus unterschiedlichen Gründen nähren: Der Steinbock versucht, seinen eisernen Ordnungswillen durchzusetzen, während der Skorpion unbedingt die Fülle des Lebens genießen und fühlen will. Dem kann das nüchterne Erdzeichen kein Verständnis entgegenbringen.

Absolute Treue fordern beide in einer Beziehung ein – es kann aber sein, dass der Steinbock manchmal unterschiedliche Bewertungen vornimmt ...

Wassermann – Skorpion
Freiheit kontra Ausschließlichkeit

Mit dem exzessiven Ausleben der »skorpiösen« Leidenschaft hat der luftige Wassermann seine Probleme. Die Dominanz raubt ihm die Luft zum Atmen. Auf rein geistiger Basis verstehen sich Wassermann und Skorpion hervorragend, verlieren sich in hitzigen Wortgefechten und brillieren in Diskussionen.

Ihre Beziehung kann erfolgreich sein, wenn der Skorpion seinen Aszendenten in einem Luftzeichen hat und so dem ebenfalls luftigen Wassermann auf halbem Wege entgegenkommt.

Fische – Skorpion
Totale Verschmelzung

Gefühlsbetont, empfindsam und ernsthaft sind sie alle beide. Der Skorpion findet im Fisch-Geborenen genug Geheimnisvolles, das er ergründen kann! Und trotzdem wird immer noch ein weiteres Rätsel bleiben ...

Fisch und Skorpion schenken einander unbedingte Treue. Was gibt es für den Fisch Schöneres, als im geliebten Menschen aufzugehen?

Schwelgerisch, genießerisch und sinnlich ist der Fisch ein verständnisvoller Partner für den emotionalen Skorpion.

Beruf

Erfolg misst sich für den Skorpion nicht nur im materiellen Erfolg. Ausschlaggebend sind für ihn die Anerkennung seiner Leistung und seiner Person. Seine Motivation kann durch die Aussicht auf Karrieremöglichkeiten beträchtlich erhöht werden. Ebenso wichtig ist ihm das Bewusstsein, gebraucht zu werden.

Am besten kann der Skorpion seine Qualitäten entfalten, wenn er weitgehend selbstbestimmt arbeiten und eigene Ideen entwickeln und umsetzen kann. Sich unterordnen ist nicht seine Stärke. Daher sind Skorpione sehr schnell in besonderen Positionen zu finden: als Leiter eines Teams – ob als Vorarbeiter auf einer Baustelle oder als Abteilungsleiter – können sie neben ihren Führungsqualitäten auch ihre Menschenkenntnis einbringen. Allerdings kann seine Kompromisslosigkeit immer wieder zu Auseinandersetzungen führen, denen er auch nicht ausweicht. Eine offene, sachliche Diskussion schätzt er – sie kann schließlich sehr befruchtend wirken! Nachgiebigkeit kommt in seinem Wortschatz nicht vor – wenn er doch Kompromisse eingeht, dann nur, wenn es ihm wirklich sinnvoll scheint, aber nicht nur der Ruhe wegen!

Geht er in seinem Job auf, beschränkt sich sein Einsatz nicht auf einen Achtstundentag. Belastungen begegnet er mit kühlem Kopf, Stress ist für ihn kein Schreckgespenst.

Ein Skorpion als Vorgesetzter – das lässt sich in drei Worte fassen: hart, aber gerecht! Sicher, seine Direktheit, seine Unnachgiebigkeit und sein Anspruch, die einzig wahre Sichtweise zu haben, mögen anstrengend und gewöhnungsbedürftig sein. Aber Mitarbeiter werden seine Fairness und Aufrichtigkeit durchaus zu schätzen wissen.

Skorpione lieben auch im Beruf den Wettstreit, den Kampf. Durch ihre extrem guten strategischen Fähigkeiten finden sich viele Skorpione bei Militär, Geheimdienst oder auch als Detektiv.

Einem charakteristischen Wesenszug ihres Sternzeichens – dem »Aufden-Grund-Gehen« – folgen viele Chirurgen. In diesem Beruf sind Skorpione zu einem überdurchschnittlich hohen Prozentsatz vertreten. Ebenso finden sich unter ihnen häufig Forscher und Wissenschaftler. Als Künstler verleihen sie Emotionen Ausdruck, setzen ihre tief empfundenen Gefühle – manchmal allerdings sehr makaber – um.

Gesundheit

Wenn es um seine Gesundheit geht, ist der Skorpion nicht weniger exzessiv: Entspannung findet er eher durch völlige Verausgabung, durch Entladung aller Energie als gemütlich dösend in der Sonnenliege! Lieber geht er in die Kraftkammer und trainiert bis zur Erschöpfung. Wohl genießt er es, am Strand zu sitzen und auf SEIN Element – das Wasser – zu schauen, die typischen Gerüche wahrzunehmen, die Unergründlichkeit und Kraft des Wassers zu spüren, zu erfassen und aufzunehmen. Bald aber springt er auf und joggt den Strand entlang ...

Seiner Gesundheit könnte er einen guten Dienst erweisen, wenn er sich nicht nur bis zur völligen Erschöpfung verausgabt, sondern seinem Körper das rechte Maß an Anstrengung und Erholung gönnt.

Für ein Ziel wird er sich bereitwillig »martern« und an sich leiden. Entschließt er sich für eine Diät, wählt er nicht die Gourmetdiät, sondern lieber gleich die Null- oder Saftdiät, allerdings um anschließend wieder genauso heftig zu genießen!

Gefährdete Organe: Laut astrologischer Zuordnung sollen Skorpione besonders auf ihre Unterleibsorgane achten. Auch wenn es nicht ihrem Naturell entspricht: Vorsorgen und entsprechende Untersuchungen sind immer zu empfehlen.

Sport

Wie in allen Lebensbereichen suchen Skorpione auch hier die Herausforderung, wollen sich messen und vorzugsweise gewinnen! Sportarten, wo er siegen oder andere durch seine Leistung in die Schranken weisen kann, während er fit wird, bevorzugt der Skorpion. In einem Team findet man ihn als Kapitän oder in einer anderen taktisch wichtigen, tonangebenden Position.

Sportarten, in denen er als Einzelkämpfer antritt – wie im Tennis, entsprechen seinem Naturell besser als Mannschaftssport.

Manch einer ist begeisterter Waffensportler geht zum Beispiel Tontauben schießen oder gehört der Zunft der Jäger an.

Jedes erreichte Ziel treibt ihn zu weiteren Höchstleistungen. Aber Vorsicht, lieber Skorpion: Der Sport soll nicht nur Anstrengung, sondern auch Erholungsphasen bieten! Also nicht nur Ausdauer- und Kraftsport! Sie sollten sich auch Sportarten suchen, die Sie zur Ruhe kommen lassen, dafür aber vielleicht mit Präzision verbunden sind.

Umgang mit Skorpion-Kindern

Als Eltern sind Ihre Geduld und Nervenstärke gefragt!

Der starke Wille des Skorpion-Kindes lässt sich schon im Babyalter feststellen. Mit Strenge ist dem auch später nur schwer zu begegnen – also heißt es hier: diskutieren, argumentieren, erklären. Hat das Skorpion-Kind eingesehen, warum es etwas tun oder unterlassen soll, stehen dem Einvernehmen kaum noch Hindernisse im Wege …

Lassen Sie dem jungen Skorpion die Möglichkeit, seine Entscheidungen möglichst selbstverantwortlich zu fällen, nehmen Sie ihn ernst und lenken ihn, ohne ihn zu zwingen. Er wird sich leichter zu einem selbstbewussten, verantwortungsvollen Menschen entwickeln und Ihnen das mit seiner ganzen Zuneigung danken. Seine Familie ist ihm extrem wichtig!

Als Schulkind entwickelt das Kind oft einen gesunden Ehrgeiz, seine Wissbegierde und sein Lernwille machen die meisten kleinen Skorpione zu guten Schülern.

Für Skorpion-Kinder ist der Ausgleich durch Bewegung und Sport besonders wichtig. Die Kraft, die große Energie, die in diesen Kindern steckt, braucht ein Ventil!

Der Sinn des Skorpions für Strategie zeigt sich schon früh – Schach und Mühle sind bevorzugte Spiele der Kinder dieses Sternzeichens.

Prominente Vertreter

Prinz Charles, Kronprinz von Großbritannien
Wolf Biermann, deutscher Dichter
Boris Becker, deutscher Tennisstar
Bill Gates, Gründer von Microsoft
Eros Ramazotti, italienischer Sänger
Gilbert Bécaud, französischer Chansonier
Diego Maradona, argentinischer Fußballstar
Curt Goetz, deutscher Schauspieler, Autor und Regisseur
Jodie Foster, amerikanische Schauspielerin und Regisseurin
Goldie Hawn, amerikanische Schauspielerin
Astrid Lindgren, schwedische Kinderbuchautorin
Jil Sander, deutsche Modedesignerin
Hillary Clinton, Senatorin von New York
Sophia, Königin von Spanien
Nadja Comaneci, rumänische Turnerin

DER SCHÜTZE

23. November bis 21. Dezember

Persönlichkeit

Wenn Sie sich nach Ruhe sehnen, geregelte Abläufe zu schätzen wissen und extravagante Eskapaden für Sie unter »unnötige Hirngespinste« abgehakt werden, dann werden Sie sich kopfschüttelnd abwenden, wenn Sie einen Schützen kennen lernen!

Er begegnet seiner Umwelt mit Offenheit, Toleranz und Verständnis. Alles Neue will er ausprobieren, egal ob es sich um private Neugier oder um berufliche Neuerungen handelt. Selbstbewusst streift er durchs Leben, nimmt nicht immer den geraden Weg, sondern lieber einen verheißungsvollen Umweg, um das Ziel zu erreichen. Alles Neue, alles Ungewöhnliche nimmt er auf, jede Erfahrung bereichert ihn, ist eine stets willkommene Erweiterung seines Horizonts und wird bei Gelegenheit zu einer bemerkenswerten Äußerung verarbeitet.

Teilnahmsvoll hört der Schütze zu, hat großes Verständnis für Schwächen und auch Probleme anderer, auch wenn er sich nicht persönlich involviert. Gerne diskutiert er mit Ihnen die verwickeltsten Probleme, und dort, wo Sie selbst immer wieder stecken bleiben und nicht weiterwissen, hat er die Lösung parat. Meist einen sehr pragmatischen einfach anmutenden Vorschlag.

Der Schütze hat ganz und gar nichts biedermeierlich-spießbürgerliches an sich. Nichts liegt ihm ferner, als sich einem engen Korsett aus gesellschaftlichen Regeln und Zwängen zu fügen. Seine großzügige Art erzeugt Wärme, sein unerschütterlicher Optimismus ist durch nichts zu bremsen. Wenn Sie aber ein Problem mit etwas aufbrausenden Charakteren haben, die in ihrem Jähzorn verbal über die Stränge schlagen und dann Dinge sagen, die sie überhaupt nicht so meinen, dann schlagen Sie einen Haken, damit Sie nicht vom nächsten Ausbruch umgeworfen und angesengt werden! Er ist eben ein temperamentvolles, hitziges Feuerzeichen …

Nichts macht er halbherzig, er ist voll Begeisterung und Leidenschaft bei der Sache, was immer es sei. Alles interessiert ihn – wenn es nur ungewöhnlich ist und außerhalb der durchschnittlichen, normalen Lebenserfahrung und Handlungsweise liegt. Er schenkt keine vorgebundenen Blumensträuße, sondern ein von seiner Vorstellung inspiriertes Bukett, das seinesgleichen sucht. Als Mitbringsel eine Schachtel Pralinen aus dem Supermarkt werden Sie von ihm nicht bekommen! Lieber die handgemachten Schokoladentrüffel in extravaganten Formen …

Er liebt es, seine Umwelt durch seine Phantasie und sein höchst ungewöhnliches Verhalten zu schockieren. Ein Herr, der abends an einer Baustelle vorbeikommt, sich ein Stück rot-weißes Absperrungsband abschneidet und es sich anschließend als Gürtel um seinen Kaschmirmantel schlingt, kann kaum als durchschnittlich bezeichnet werden. Wenn Sie dann noch bemerken, dass er einen Pflasterstein ausgräbt, um ihn anschließend als Gastgeschenk zu überreichen, wissen Sie: Der Herr ist nicht »verrückt«, sondern Schütze!

Vielleicht provoziert er auch eine spannungsgeladene Situation, um ein seriöses Abendessen in Schwung zu bringen – Sie sollten auf alles gefasst sein, wenn Sie ihn einladen! Mit dem Finger die Sauce in Nachbars Teller zu probieren – das hat seinen Reiz für ihn! So kann er einerseits prächtig provozieren und schockieren, andererseits demonstrieren, wie exzentrisch er ist. Sie haben ihn aber sicher gerne zu sich gebeten, denn als Charme sprühender, unterhaltsamer Gast ist er eine wahre Bereicherung für jede Gesellschaft und stets willkommen.

Seine Anpassungsfähigkeit und Flexibilität lassen ihn jede Situation meistern, ihn kann nichts überraschen oder überrumpeln. Wie ausweglos oder sonderbar es scheinen mag, den Schützen erschüttert nichts. Trotzdem ist er nicht oberflächlich! Er ist durch seinen schier grenzenlosen Optimismus, sein Vertrauen auf das Glück und seine geistige Beweglichkeit fähig, sich blitzschnell auf neue, veränderte Umstände einzustellen. Warum sollte man sich ja wirklich mit Dingen belasten, die jetzt plötzlich anders sind, als sie sich vorher darstellten?

Zwischen all diesen Hoch-Phasen taucht immer wieder ein Tief auf, in dem der Schütze grübelt und zweifelt. Da findet er dann, dass er sich niemandem zumuten kann, dass er Sie nicht verdient, ...

Langeweile ist ein Zustand, ein Wort, das im Leben eines Schützen absolut nicht vorkommt! Die lernen Sie an seiner Seite weder als Kollege noch als Freund, noch als Lebenspartner kennen! Dafür werden Sie ganz genau wissen, was alles NICHT langweilig ist ...

Reisen, unterwegs sein, von einem Ort zum anderen gondeln ist seine Leben spendende Quelle. Sie denken, er geht ins nächste Reisebüro, blättert in Katalogen und bucht eine Pauschalreise? Weit gefehlt! Er fährt zum Flughafen und kauft sich ein Ticket für den nächsten Flug – egal wohin. Gepäck? Wozu – überall kann man sich die Zahnbürste und ein Paar Socken oder Strümpfe kaufen! Abenteuer heißt sein Lieblingswort, es nur zu denken, lässt ihn vibrieren. Egal, was er auch tut, alles kann mit ihm zum aufregenden Ereignis werden, selbst ein Sonntagsspaziergang …

Seine bedingungslose Ehrlichkeit erweckt manchmal den Eindruck, er sei taktlos. Aber er will nicht aus Höflichkeit sagen, der Pullover sei schick, wenn er findet, dass Ihnen die Farbe nicht steht. Diplomatische Verklausulierungen sind ihm zuwider, er bringt keine beschönigenden Worte über seine Lippen. Bestenfalls verkneift er sich den Kommentar ganz – ausnahmsweise. Am wohlsten fühlt er sich unter seinen Freunden, dort braucht er sich nicht zu verstellen, schließlich wissen sie, was sie an ihm haben.

Freunde findet er überall. Seine Offenheit erschließt ihm den Zugang zu Menschen, die vielleicht manch anderem zu ungewöhnlich, zu exzentrisch oder skurril sind. Ihn hindern keine gesellschaftlichen Konventionen, auf seine Intuition zu hören und in das Innere eines Menschen hineinzusehen. Entsprechend bunt ist der Kreis seiner Freunde. Berechnung und Kalkül sind ihm völlig fremd. Und die Meinung anderer oder gar »der Gesellschaft« schert ihn wenig!

Berechenbar ist er selbst auch nicht, Ihr Schütze! Er kann sich Ihnen innerhalb kürzester Zeit unkonventionell, flexibel fröhlich und aufbrausend präsentieren. Es gelingt ihm mühelos, aus jeder Situation das Beste zu machen. Wer prinzipiell zuerst einmal postiv an eine Sache herangeht, hat schon halb gewonnen! Im nächsten Monat eine neue Existenz in einem exotischen Land aufbauen zu müssen, dessen Sprache und Kultur er nicht kennt, birgt für ihn keinen Schrecken, sondern ist für ihn ein neues Abenteuer, auf das er sich freut. Ihm kann so schnell nichts die gute Stimmung verderben! Als »Jäger« ist er ja immer auf der Suche nach neuen Herausforderungen, altbekannte Muster und Abläufe lassen ihn kalt und machen ihn gähnen.

Was er anpackt, möchte er in Eigenverantwortung und ohne Oberaufsicht tun. Das Feuerzeichen in ihm wehrt sich gegen jede Bevormundung. Ständig Rechenschaft ablegen zu müssen ist ihm zuwider und lässt ihn rasch verschwinden … Unabhängigkeit und Freiheit sind ihm wichtig. Ihm legt niemand Zügel an, wenn er vorpreschen und seine Ideen in die Tat umsetzen will!

Von Misserfolgen lässt er sich nicht unterkriegen. Wie ein nasser Hund schüttelt er sich ab und macht weiter. Es findet sich schnell ein anderer Weg oder eine neue Herausforderung.

Dem Schützen eilt der Ruf voraus, ein sehr abwechslungsreiches Liebesleben zu führen. Er liebt den Zustand des Verliebtseins über alles. Ein

Mensch, der sich unbedingt binden will, ist er bestimmt nicht! Daraus macht er auch kein Hehl. Hat er sich entschieden, eine fixe Bindung einzugehen, bleibt er vielleicht auch treu – wenn er sich nicht langweilt! Farblosigkeit, Fantasielosigkeit und tierischer Ernst sind Killer-Kriterien für eine Beziehung mit dem Schützen.

Er geht gern auf Partys, nicht auf riesige Megaveranstaltungen, sondern auf kleine, feine Feste mit überschaubarer Gästezahl. Dort kann er mit seiner Persönlichkeit Eindruck machen.

Wie die richtigen Jäger ist er gerne in der Natur, entspannt sich bei einem ausgiebigen Spaziergang durch den Wald. Vielleicht wandert der tierliebende Schütze in Begleitung eines Hundes durch Wiesen und Felder. Alles, was in freier Natur stattfindet, genießen Schützen besonders ...

Welche Farben dem Feuerzeichen Schütze gut tun und gefallen? Das knallige Royalblau, aber auch ein kräftiges Türkis ziehen ihn an. Gerne umgibt er sich mit Blautönen, die einen leisen Grünstich haben. Sie beruhigen sein impulsives Wesen. Das absolute Knallrot entzückt das Feuerzeichen, Pastelltöne kommen nicht in Frage.

HERR SCHÜTZE – ein impulsiver Fantast!

Achtung, nichts für sensible, zarte Gemüter mit zerbrechlicher Seele! Das Rezept: Sie brauchen ein großes Herz, eine Extraportion Toleranz und Verständnis und eine nimmermüde Fantasie als Basiszutaten für den Umgang mit Ihrem Schützen! Und natürlich Nerven wie Stahlseile ...

Also dann: auf ins Abenteuer!

Dieser Herr träumt nicht nur von der wahren, großen, erfüllenden Liebe – er sucht sie auch. Nicht, dass er ihr gleich morgen begegnen will und dann für immer in einer Beziehung mit ihr verschwinden! Im Gegenteil: zuerst ausgiebig suchen, viele verschiedene Menschen und Frauen kennen lernen, das Leben und die Liebe in aller Vielfalt genießen. Das will er und tut er.

Auf dem Weg zur richtigen Partnerin wird auch ganz schön idealisiert. Er ist immer begeistert von Ideen. Tritt die Wirklichkeit zu Tage, macht sich Herr Schütze gleich wieder weiter auf die Pirsch. Außerdem fehlt ihm die Geduld, um an einer Beziehung zu arbeiten – vor allem, wenn es nicht die »richtige« Liebe ist. Solange er nicht in einer fixen Beziehung lebt, hält er sich an den Spruch: »Kannst du nicht bei dem Mädchen sein, das du liebst, liebe das Mädchen, bei dem du bist!«

Witzig und charmant präsentiert er sich, mit unkonventionellen Ideen macht er auf sich aufmerksam. Wollen Sie bei ihm ankommen, verwickeln Sie ihn in eine amüsante, spritzig-kluge Plauderei. Wenn Sie dabei auch noch mit Wissen und geistiger Wendigkeit auftrumpfen können, Ihre Reize ins rechte Licht setzen, dann haben Sie sein Interesse gewonnen!

Die Faszination für den anspruchsvollen »Jäger« aufrechtzuerhalten, wird ein Meisterstück von Ihnen verlangen. Immer neue, regenbogenbunte Ideen, fantasievolle kleine Events, aufregende Entdeckungsreisen, abenteuerliche Spiele reizen den Schützen-Mann.

Und nicht vergessen: Wer ihn binden will, zeigt ihm das ganz und gar nicht!

Hoffentlich leiden Sie nicht an der Reisekrankheit! An seiner Seite sind Sie ständig unterwegs. Am liebsten würde der Schütze an vielen verschiedenen Orten leben – am besten gleichzeitig! Wenn möglich, hat er jedenfalls ein Wochenenddomizil im Grünen. Jede Gelegenheit nützt er, um eine Reise zu machen – die Dauer spielt dabei keine Rolle. Auch der Ort ist nicht so wichtig. Hauptsache, ein neuer Reiz, ein neues Abenteuer lockt!

FRAU SCHÜTZE – eine eigenständige Frau!

Die Dame am Nachbartisch unterhält sich prächtig mit ihrem Begleiter und lacht immer wieder schallend, so dass das ganze Lokal aufmerksam wird? Wer mit Frau Schütze ausgeht, muss darauf gefasst sein aufzufallen, darf keine Angst haben vor dem, was sich die anderen denken könnten ... Darauf achtet sie überhaupt nicht, es ist ihr vollkommen egal.

Sie ist genauso unkonventionell wie ihr männliches Pendant.

Auf der Suche nach Prince Charming, der außer charmant auch noch intelligent, geistreich, witzig, fantasievoll, großzügig, tolerant etc. ist, begegnet sie natürlich auch »ganz normalen Männern«. Frau Schütze sieht ihre Liebhaber so lange romantisch idealisiert, bis das erste falsche Wort fällt. Zum Beispiel »Beziehung«. Bevor der Herr das richtig begriffen hat, ist sie bereits dabei, dem nächsten Kandidaten – unbewusst – das Herz zu brechen. Sie nimmt ihre Affären nicht sonderlich ernst, sie ist verliebt in Verliebtsein. Niemand kann ihr vorwerfen, sie wäre unehrlich. Nicht jeder Mann glaubt der interessanten Frau, dass sie tatsächlich noch keine Lebensgemeinschaft eingehen, sich auf ewig binden will, obwohl sie daraus kein Hehl macht. Und muss ihr mit gebrochenem Herzen hinterherschauen ...

Die Schützen-Frau nimmt nicht den erstbesten Galan, der ihr über den Weg läuft! Sie selbst hat ja einiges zu bieten. Eine witzige, charmante Frau, die im Beruf ihre »Frau« steht, emanzipiert und selbstständig ist, eine fantasievolle, leidenschaftliche Geliebte – die darf unter vielen Bewerbern wählen! Ihrem Mann ist sie obendrein noch eine gute Freundin, mit der er nicht nur stundenlang diskutieren, sondern auch herzhaft lachen kann.

Hat die Schützen-Frau DEN Mann erwählt, wird sie ihm eine Frau sein, die ihm Freiheiten lässt. Während er im Sportverein ist, trifft sie ihre Freunde. Kommt er später vom Büro, wird sie ihn nicht mit lästigen Fragen quälen. Sie brauchen auch keine Sorge zu haben, von ihr umgekrempelt zu werden! Das liegt ihr fern. Sollten Sie an ihr Seiten entdecken, die Sie gerne geändert wüssten, verlangen Sie das lieber nicht von ihr! Es sei denn, Sie wollen diese Wunderfrau schnell loswerden!

Wer eine wirklich gleichberechtigte Partnerin schätzt, die eigenständig, temperamentvoll und großzügig ist, der wird in ihr eine ideale Ergänzung finden.

In Sicherheit zu verfallen und sich ab dem Tag der Hochzeit gehen zu lassen, sie nicht mehr zu verwöhnen, lieber vor dem Fernseher zu sitzen und sie zu tyrannisieren – das führt unweigerlich zu Krise und Trennung! Aber keine Sorge: Sie wird es Sie in ihrer unverblümten Art sicher wissen lassen!

Ihre Art, ungeschminkt und unbeschönigt zu sagen, was sie denkt, ist für manche Zeitgenossen nur mangelndes Taktgefühl, ihre Freunde verstehen es als das, was es ist: ihre kompromisslose Ehrlichkeit. Gepaart mit ihrer zuweilen auftretenden Gedankenlosigkeit verletzt sie damit andere Menschen sehr leicht. Nicht jeder ist gut im Einstecken ...

Wenn Frau Schütze ihren Auftritt hat, besticht sie durch schicke Kleidung. Obwohl das nicht ihr hervorstechendstes Merkmal ist. Unauffällig ist an ihr gar nichts!

Liebe, Partnerschaft, Erotik

Des Schützen Planet ist Jupiter, benannt nach dem Göttervater, der höchst erfindungsreich und fantasievoll die unterschiedlichsten Gestalten annahm, um ein hübsches Mädchen zu verführen. Sogar in einen Schleier verwandelte er sich ...

Wer wundert sich, dass seine »Schütz-linge« es ihm gleichtun? Sich zu verlieben, in geistigem Gleichklang aufzugehen, die körperliche Vereinigung in ideenreicher Umsetzung folgen lassen, das ist des Schützen Art. Hat das Abenteuer an Esprit, am Glanz des Neuen, Aufregenden verloren, bietet sich unschwer und baldigst Gelegenheit, ein neues Ziel ins Visier zu nehmen. Neugier und Wissbegierde treiben die Schützen beiderlei Geschlechts durch ihre Affären.

Den Anfang macht dabei selten nur die rein körperliche Anziehungskraft eines »Opfers«. Die Initialzündung der Schützen-Rakete findet im Kopf statt – auf geistiger Ebene. Charisma und sexy – dabei nennt er »sexy« alles, was die Sinne reizt. Schützen lieben erotische Augenweiden. In einem Gespräch, mit viel Lachen und Scherzen durchsetzt, mit provokanten Äußerungen gewürzt und brillanten Statements durchzogen, hat der Schütze sein Gegenüber für sich eingenommen und Parallelen festgestellt. Eng umschlungen beim Tanz hat auch der Rest Feuer gefangen …

Auf einem größenmäßig überschaubaren Fest kann er sein Ziel am besten ausmachen. Dort entfaltet er alle seine großen, zahlreichen Pluspunkte. Großzügig, charmant, sprühend und gut gelaunt gibt er Ihnen das Gefühl, ganz besonders interessant zu sein. Sie haben sicher viel gelacht an seiner Seite!

Ein Schütze ergreift auch nicht pikiert die Flucht, wenn Sie schon sehr bald zur Sache kommen oder ihm einen romantischen Kurztrip vorschlagen. Vorausgesetzt, er interessiert sich tatsächlich für Sie! Seine manchmal rein freundschaftliche, aber intensive Annäherung kann auch missverständlich sein! Dann wird er Ihnen ungeniert und nicht durch die Blume sagen, dass ihre wunderbare Freundschaft doch wirklich nicht um den Aspekt einer Affäre erweitert werden muss. Auch wenn Sie im ersten Moment aus allen Wolken fallen – wenigstens bestehen so keine Zweifel, entstehen keine fantastischen Luftschlösser, aus denen man später umso schmerzlicher in die Tiefe fällt.

Einfallsreiche Liebhaber, genüssliche Geliebte – aber wenn Sie Wert auf Ausdauer legen … nobody is perfect! Der Schütze vereint Qualität und Quantität … Auf Spielereien legt er gesteigerten Wert, vor allem auf Vorspiele – und: Die Sache sollte auch ein Nachspiel haben!

Sie wollen Ihren Schützen loswerden? Nichts leichter als das: Eine winzige Eifersuchtsszene und ehe Sie zum Finale ansetzen, hat er das Weite gesucht. Nichts hassen diese Bindungsflüchtlinge mehr, als jede Form des Unter-Druck-gesetzt-Werdens. Für ihn ist das Freiheitsberaubung, er fühlt sich dann wie ein Kettenhund. Sie sollten die Toleranz und Offenheit Ihres Schützen nicht als Desinteresse auslegen, er selbst gibt Eifersucht nicht zu, um sie sich nicht gefallen lassen zu müssen.

Nicht eine Affäre, nein, gleich zwei oder gar drei aktuelle Verhältnisse zu haben, ist bei einem Schützen keine Seltenheit. Natürlich wird alles geheim gehalten und niemand weiß vom anderen.

In seinen Anforderungen ist er nicht großzügig – da darf es nur ein Königskind sein: klug, witzig, Charme sprühend, fantasievoll, immer in Bewegung – geistig wie körperlich, tolerant, offen, jemand zum Pferdestehlen und Ausgehen, interessiert an allem, sprachgewandt, amüsant und ein äußerst reizvoller Anblick und was noch alles die Traumprinzen, die Traumprinzessinnen ausmacht!

Hat ein Schütze endlich, nach langem, gründlichen Suchen den richtigen Partner gefunden, kann er vielleicht sogar treu sein. Das heißt nicht, dass er seine Blicke nicht auch weiterhin schweifen lassen würde ... Dennoch: Wenn er sich entschlossen hat, den Schritt zu wagen und mit Ihnen eine Lebensbeziehung einzugehen, können Sie sogar auf seine Treue zählen. Dann wird er zum Familienmenschen, zum fairen Partner an Ihrer Seite. Die Beziehung zu seinen Kindern ist von Freundschaft und Toleranz geprägt, autoritär wird er nicht. Gerne übernimmt er die Organisation des Familienlebens, das unter seinem Einfluss bestimmt nie eintönig und fade sein wird! Das Freizeitprogramm, gestaltet vom Schützen, bietet Abwechslung, reichlich Aufenthalt in der Natur und viel Spaß mit Freunden.

Taucht in seiner Beziehung ein Konflikt auf, reinigt ein heftiges Gewitter die Atmosphäre sehr rasch. Allerdings sollten Sie die Worte, die dabei fallen, nicht auf die Goldwaage legen!

Haben Sie ein Date mit einem Schützen? Ihr erstes mit ihm alleine? Geknistert hat es auch schon zwischen Ihnen beiden? Sie finden in Ihrem Kleiderschrank sicher etwas Schickes, Extravagantes, das Sie für diesen Abend wählen könnten. Nur nicht brav und bieder! Herr Schütze hat eine Schwäche für Beine ... Gewähren Sie gekonnt Einblicke, aber zeigen Sie Ihr Interesse am Schützen nicht zu offensichtlich – er ist Jäger und will »Beute machen«!

Wenn genug nicht genug ist und Sie den Schützen neben Ihnen aufmuntern und in Stimmung bringen möchten, wenden Sie Ihre Aufmerksamkeit und Ihre Liebkosungen den Innenseiten seiner Oberschenkel, seinen Hüften und seinem Rücken zu. Wohlige Schauer wecken müde Schützen-Frauen und -Männer!

Der Schütze und die anderen

Widder – Schütze

Die Funken fliegen!

Feuerzeichen unter sich – sie werden einander in ihrer Abenteuerlust, ihrem Tempo und Temperament nicht nachstehen! Unkonventionelle Ideen werden privat und beruflich in die Tat umgesetzt.

Für das feurige Paar ist eine extravagante Abendgestaltung selbstverständlicher als ein ruhiger Fernsehabend. Ihr Liebesleben gestaltet sich aufregend und spannend. An Fantasie und Feuer mangelt es nicht!

Stier – Schütze

In der Kürze liegt die Würze

Süchtig nach Abenteuern, nach neuen und spannenden Erlebnissen, führt der Schütze ein bewegtes Leben. Der Stier sieht das mit Schaudern. Für den Schützen ist die Lebensweise des konservativen Stiers zu ruhig, zu beschaulich und zu wenig spontan. Er flieht vor der Verbindlichkeit und dem Treueanspruch des Stiers.

Lieber eine sinnliche und genussvolle Affäre als eine wirklich feste Partnerschaft!

Zwillinge – Schütze

Extravaganz

Sie suchen um die Wette nach Neuem. Das tolle Leben übt eine starke Faszination auf das freiheitsliebende Paar aus. Beständigkeit und Ausdauer sind Reizworte für den Zwilling und für den Schützen. Esprit und Wortwitz lassen ihre Unterhaltung zum geistreichen Feuerwerk werden. Etwas mehr Vorsicht in ihrem sorglosen Umgang mit Geld sei ihnen ans Herz gelegt!

Von Beziehungen im klassischen Sinn halten beide nur wenig.

Krebs – Schütze

Entgegengesetzte Ziele

Während es den Krebs drängt, ein gemütliches, trautes Heim zu schaffen und dort seine Liebsten zu umsorgen, sucht der unruhige Schütze auf Reisen nach neuen Herausforderungen und Eindrücken. Sein unbändiger Freiheitswille und seine unstillbare Abenteuerlust lösen beim Krebs Unverständnis aus und verletzen ihn.

Der experimentierfreudige Umgang mit Erotik kann einen gefühlvollen Krebs vergraulen. Zumindest eine kleine Chance bleibt aber auch diesem ungleichen Paar!

Löwe – Schütze
Ein ideales Paar

Der unabhängige, freiheitsliebende Schütze lässt sich vom warmherzigen, sinnlichen Löwen gerne zum Abenteuer Liebe verführen. Wenn es jemand schafft, den Schützen von der Richtigkeit einer Bindung zu überzeugen, dann der Löwe. Die täglichen Herausforderungen meistert das feurige Paar spielend, mit Schwung und Elan. Lebenslustig finden sie immer neue Reize, so dass sich ihre Partnerschaft nie eintönig gestaltet.

Weder im Alltag noch im Schlafzimmer kommt Langeweile auf.

Jungfrau – Schütze
Gegenpole

Wenn sich Gegensätze anziehen, könnten Jungfrau und Schütze nicht aneinander vorbeigehen! Der unkonventionelle Schütze findet in der konservativen Jungfrau viele Eigenschaften, die er nicht hat: Sie ist vernünftig, zurückhaltend und bewahrend. Er selbst ist spontan, exzentrisch und extrem beweglich. Wenn er ihren Ordnungssinn schätzen kann und ihm ihre Kopflastigkeit nicht die emotionale und erotische Stimmung verdirbt, könnte auch diese Verbindung funktionieren.

Waage – Schütze
Gute Unterhaltung!

Neugierig begleitet die Waage ihren Schützen in seinen Abenteuern. Fantastische Gedankengebäude, angeregte Diskussionen und ein geselliges Leben bereichern ihre Verbindung. Freiheit lautet die Parole des Schützen, der bei der Waage damit auf offene Ohren stößt. Halt zu geben und Halt zu finden wird in dieser Partnerschaft nicht leicht sein.

Die Flirtbereitschaft der Waage ist für den Schützen kein Problem, darüber kann er amüsiert lächeln. In der Erotik bleiben kaum Wünsche offen.

Skorpion – Schütze
Brandwunden vorprogrammiert!

Wenn sie im alltäglichen Umgang nicht solche Probleme hätten! Die Kontrolle und die Eifersucht des leidenschaftlichen Skorpions beengen den Schützen, dessen spielerischer Umgang mit der Liebe den Skorpion brüskiert und verletzt. Für Machtspiele hat der Schütze kein Verständnis. Von Treue hält der feurige Schütze wenig – der Skorpion dafür umso mehr. Im Bett herrscht leidenschaftliche Übereinstimmung!

Schütze – Schütze
Shocking!

Den beiden ist gar nichts peinlich! Mit Genuss provozieren sie ihre Umgebung, benehmen sich mit Wonne daneben und finden immer einen Grund zu lachen. Andere mögen das kindisch oder unreif finden, bei »Schützes« steht Humor an oberster Stelle der Werteskala. Möglicherweise sind die beiden aber ohnehin nur selten im Lande – ihre Reiselust potenziert sich zum Vagabundenleben.

Gibt es Unstimmigkeiten, fliegt das Porzellan. Dafür ist die Versöhnung inkludiert und hat ihre Qualitäten …! Hält einer den anderen wirklich aus?

Steinbock – Schütze
Ebbe und Flut

Wenn der Steinbock Aufregung und Fantasie sucht, soll er sich vertrauensvoll an den Schützen wenden. Umgekehrt tut dem Schützen ein bisschen Ruhe ganz gut, zumindest für kurze Zeit! Die verfliegt sofort beim Thema Geld: Steinbock spart, Schütze »verschwendet«. Wenn das nicht viel Stoff für Zoff gibt!

Und die Leidenschaft – an Steinbocks pragmatischer Art der Erotik findet der erfindungsreiche Schütze wenig Gefallen. Aber Menschen, die reine Steinböcke und reine Schützen sind, die gibt es ja nur selten! Also nicht verzagen …

Wassermann – Schütze
Die ewig Reisenden

Auf ihren Reisen geht ihnen der Gesprächsstoff nie aus, gemeinsame Interessen sorgen für viele verschieden Themen. Ihre geistige Regsamkeit sorgt für Abwechslung, Langeweile ist für beide ein Fremdwort. Abenteuer im Freien, Freiheit in einer Beziehung – das ist ganz nach dem Geschmack der beiden! Provokant-unkonventionell zu sein ist unverzichtbar.

Viel versprechend auch ihre erotische Begegnung, in der die Fantasie und das Feuer regieren. Eine vergnügliche Beziehung mit Aussicht auf Haltbarkeit.

Fische – Schütze

Brandwunden vorprogrammiert

Der umtriebige Schütze könnte den Fischen gut tun – wenn sie mit ihm Schritt halten könnten. Seelenvoll aber überfordert schauen die Fische dem feurigen Energiebündel nach, wenn es zu ihrem Leidwesen wieder einmal heftig flirtet. Alles bringt der Schütze durcheinander, in den Tiefen des Wassers! Jede Menge Liebe und Zuneigung kommt dem Schützen entgegen, aber wo bleiben Lachen, Liebe, Nächte?

Fische könnten unter einer Beziehung zum Schützen sehr viel leiden und ihm mit gebrochenem Herzen nachschauen, wenn er ihr Leben wieder verlässt.

Beruf

Unabhängigkeit ist sein Credo – auch im Beruf. Kein Wunder, dass sich ein Schütze lieber selbstständig macht, als sich nach den strikten Vorgaben eines Vorgesetzten zu richten und sie zu erfüllen. Ein Teil des Schützen strebt aber sehr wohl nach Sicherheit. Wer sich durchsetzt? Schwer zu sagen, denn der Schütze hat die Qualitäten eines Stehaufmännchens. Rückschläge steckt er zwar schwer weg, aber er nimmt auch immer wieder einen neuen Anlauf. Sein Optimismus leistet ihm dabei wertvolle Dienste.

Sie wollen nicht nur glücklich, sondern auch erfolgreich sein. Ist er Chef und Vorgesetzter, pflegt er den partnerschaftlichen Führungsstil. Autoritäre Vorgesetzte sind keine Schützen! Er kann delegieren und ermuntert seine Mitarbeiter, eigene Entscheidungen zu treffen und Verantwortung zu übernehmen. Für Fragen und Probleme hat er immer ein offenes Ohr und Verständnis.

Als Vorgesetzter steht er voll und ganz hinter oder vor seinem Team. Es kann darauf vertrauen, dass er nicht katzbuckelnd seine Ansichten vergisst, sondern kämpft.

Arbeitskollegen schätzen den gut gelaunten, amüsanten Schützen. Schwierig ist für ihn das Unterordnen. Autoritäten hinterfragt er und akzeptiert sie nur aufgrund der Leistung oder Qualifikation. Chefs schätzen ihren Mitarbeiter trotzdem. Solche Begeisterung, so viel Engagement lassen auch einmal über Fehler hinwegsehen …

Ideale Berufe sind für den abenteuerlustigen, interessierten Schützen alle jene, die viele Reisen verlangen. Ob in der Reisebranche oder als Flugbegleiter kann er seine Passion zum Beruf machen. Berufe, in denen häufige Dienstreisen ein wesentlicher Bestandteil sind, locken ihn. Nach getaner Arbeit findet er immer Zeit, sich in fremden Städten umzusehen und Neues zu entdecken. In Jobs, die Kommunikation zur Aufgabe haben, fühlt er sich wohl. Werbung liegt dem vielseitigen Schützen ebenso. Seine Kreativität entfaltet er als Designer, Dekorateur oder Künstler. Berühmte Musiker, Schauspieler und Maler finden sich in diesem Sternzeichen.

Gesundheit

Von einem Abenteuer zum nächsten, immer unterwegs, nie ruhen – das haut den stärksten Schützen um! Als Feuerzeichen hat er alles gerne ungestüm, viel und schnell. Über all dem vergisst er, dass man Gesundheit nicht wechseln kann wie ein zerschlissenes Hemd. Es gibt kein Reservestück!

Seine Nerven sind oft zum Zerreißen gespannt. Wahrscheinlich sind sie auch deshalb sein wundester Punkt neben allen Stellen, an denen Verspannungen auftreten können.

Sorglosigkeit und Leichtsinn, gepaart mit Optimismus, ergeben oft skurrile Situationen. Den Zusammenhang zwischen Außentemperaturen und passender Kleidung zu sehen, ist nicht immer selbstverständlich für ihn. Notfalls friert er im dünnen Hemd bei Schneetreiben oder verschenkt Wollpullover in der Karibik.

Dass bei einem Schützen, der auf sein Glück vertraut, Bruder Leichtsinn das Sagen hat, versteht sich von selbst. Sie wollen doch kein Abonnement auf ein Bett in der Unfallabteilung? Also bitte Vorsicht! Seien Sie manchmal wenigstens ansatzweise vernünftig, wenn Sie Schütze sind!

Sport

Hochleistungssportler werden Sie unter Schützen wenige finden. Zwei wichtige Kriterien müssen erfüllt sein, um den Schützen zum Sport zu animieren: Geselligkeit und Natur. Er will sich während oder zumindest davor und danach gut unterhalten, Kontakte pflegen und sich amüsieren. Sport hat für ihn nichts mit Leistung zu tun! Also lieber Reiten, Wandern, Jagen und Tennis spielen als sich im stickigen Fitness-Studio stundenlang abrackern. Tierliebe, Geselligkeit und Natur verbinden sich ideal im Reitsport. Schützen finden dabei Entspannung und Erholung. Manch einer macht seinem Namen alle Ehre und ist ein begeisterter Jäger.

Die verbissenen Spitzensportler, die eifrig nach Ruhm und Ehre streben finden Sie in diesem Sternzeichen nicht!

Umgang mit Schützen-Kindern

Liebenswert und fast immer zufrieden lächeln Schützen-Babys aus ihrem Kinderwagen. Charmant zeigen sie sich schon im zarten Alter. Allerdings hören ihre Eltern immer wieder den Vorwurf der schlechten Planung: Kurz vor Weihnachten Geburtstag zu haben gefällt den wenigsten! Lebhaft und neugierig erkunden sie ihre Umgebung. Manche starten ihre Entwicklungen später, dafür aber mit Turbo! Ihre Entdeckungsfreude macht vor nichts Halt. Vergessen Sie nicht, alles kindgerecht abzusichern! So ganz ohne Verletzungen wird der Forscherdrang nicht ausgelebt werden können. Behalten Sie die Nerven – Sie brauchen Sie auch später noch ...

Geistige Herausforderungen und Denkaufgaben reizen den kleinen Schützen, seine Neugier nach Wissen scheint grenzenlos. Deshalb wechseln seine Interessen und Hobbys auch so häufig!

Trotz seiner Lesefreude wird Ihr Kind kein blasser Stubenhocker sein! Ein großes Interesse für die Natur hat das Schützen-Kind in sich. Es wird im Zweifel lieber den Bach umleiten und im Schlamm graben, als die ganze Zeit am Fußballplatz zu verbringen. Ein Haustier zu haben ist vor allem für diese Kinder ein Herzenswunsch. Es muss ja nicht gleich ein Pferd sein ...

Heftiges Tadeln ist zwecklos. Den jungen Schützen behutsam und verständnisvoll lenken wird viel mehr Erfolg zeigen, als autoritär eine Strafe aufzuerlegen!

Kontaktfreudig, offen und vertrauensselig gehen sie auf andere Menschen zu. Ihr gesundes Selbstbewusstsein leidet unter auftretenden Enttäuschungen wenig. Rückschläge bringen Schützen nicht zur Verzweiflung, sie rappeln sich wieder auf und wenden ihr Interesse einer anderen lohnenden Beschäftigung zu.

In der Pubertät kommt der Zeitpunkt für Ihre früher geschonten Nerven: Der ungeheure Freiheitsdrang und die Auflehnung gegen jede Autorität stellen große Anforderungen an Eltern und Schule. Mancher heranwachsende Schütze erscheint nach außen als Träumer, an den nichts herankommt. Eine gesunde Portion anerzogene Skepsis kann den Junior-Schützen vor allzu herben Enttäuschungen bewahren.

Prominente Vertreter

Curd Jürgens, deutscher Schauspieler
Rudi Carrell, holländischer Entertainer und TV-Star
Horst Buchholz, deutscher Schauspieler
Woody Allen, amerikanischer Regisseur
José Carreras, spanischer Startenor
Walt Disney, amerikanische Zeichentrick-Legende
John Malkovich, amerikanischer Filmschauspieler
Steven Spielberg, amerikanischer Starregisseur
Tom Waits, amerikanischer Sänger
Alice Schwarzer, deutsche Feministin und Autorin
Katarina Witt, deutsche Eiskunstläuferin
Tina Turner, amerikanische Popsängerin
Kim Basinger, amerikanische Filmschauspielerin
Eva Mattes, deutsche Schauspielerin
Monika Seles, serbische Tennisspielerin
Bette Middler, amerikanische Schauspielerin und Sängerin
Petra Kelly, deutsche Politikerin

DER STEINBOCK

22. Dezember bis 20. Januar

Persönlichkeit

Sprudelnde Wortkaskaden, spontane Abenteuer und Schwelgen in Fantasie? Das sind Worte, die ein Steinbock zwar buchstabieren kann, aber nicht mit Leben erfüllen wird! Er bietet Solides: Festigkeit, Besonnenheit, Integrität.

Auf ihn können Sie getrost zählen. Sofern er nicht von seiner Arbeit, die ihm tatsächlich über alles geht, zurückgehalten wird. Nichts, aber auch nichts kann ihn von seinem Job loseisen, wenn Wichtiges ansteht. Selbst wenn Sie Ihren Steinbock seit Wochen nicht gesehen haben, kann er in letzter Minute das Date mit Ihnen absagen, weil ein Geschäftstermin ihn aufhält oder die Präsentation für morgen noch überarbeitet werden muss ... Dafür widmet er sich Ihnen, wenn er endlich da ist, voll und ganz. Sie können seine ungeteilte Aufmerksamkeit genießen, sich seiner Anteilnahme sicher sein und auf sein Zuhören zählen.

Wenn Sie seinen Rat brauchen – wunderbar! Als Ratgeber ist er prädestiniert. Sein Realitätssinn und seine hervorragende Beobachtungsgabe lassen ihn Situationen sehr genau und unvoreingenommen beurteilen und analysieren. Sie brauchen sich auch keine Sorgen um die Durchführbarkeit seiner Anweisungen zu machen: Er hat einen ausgesprochen gut entwickelten Sinn für alles Praktische. Durch logisches Denken brilliert er. Er erfasst schnell Zusammenhänge und ist bestens geeignet, abstrakte Konzepte zu entwerfen, die systematisch durchdacht und aufbereitet sind. Spirituelles oder Fantasievolles laufen für ihn unter »Exotik«. Für ihn zählen Tatsachen statt Träume, Fakten statt Ideen. Was immer er tut, alles hat eine fest gefügte Struktur und Ordnung. Dadurch entsteht für ihn Sicherheit.

Nach kurzer Analyse der Lage zeigt der Steinbock die Lösungsmöglichkeiten auf und gibt die nötigen Anweisungen zur Durchführung. Sie werden feststellen, dass diese – bindenden – Vorschläge mit seiner natürlichen Autorität vorgebracht und auch durchgesetzt werden. Kritik oder Widerstand zwecklos!

Beweglichkeit zählt nicht zu seinen Stärken. Eine gefasste Meinung wurde ja vorher gründlich durchdacht und ist so hieb- und stichfest für ihn, dass sie unverrückbar und felsenfest steht. Das Argument, das seine Ansicht noch ins Wanken bringen kann, gibt es dann einfach nicht. Damit haben sich Steinböcke den Ruf erworben, starrsinnig und uneinsichtig zu sein. In besonders negativer Ausformung kann sich sein Verbohren in eine Haltung auch als Fanatismus äußern.

Entscheidungsfreude kennzeichnet den Steinbock ebenso wie Durchsetzungsvermögen und Führungskraft. Auch wenn er seine Entscheidungen wohl überlegt fällt und nicht seinem »Bauchgefühl« vertraut, ist er alles andere als zögerlich.

Wichtig ist ihm, dass alles in seinem Leben abgesichert ist. Seien es Entschlüsse, Handlungen oder gar seine Finanzgebarung. Niemals werden Sie auf einen Steinbock treffen, der mit vollen Händen Geld ausgibt, teure Geschenke macht und nicht darauf achtet, was sein Kontoauszug dazu meint! Es ist nicht unbedingt Geiz, aber eine ausgeprägte Sparsamkeit zeichnet ihn aus. Er kann sich monatelang, sogar jahrelang kasteien, um ein materielles Ziel zu erreichen. Dann besteht Gefahr, dass der Steinbock sich in den kargen Felsen versteigt und nicht mehr zur Lebensfreude zurückfindet! Das wäre doch zu schade ... Den Hang zur Askese tragen die meisten Vertreter des Sternzeichens in sich. Oder kennen Sie einen Steinbock, dem es ein echtes Bedürfnis ist, zu schlemmen und völlern, sich jeglichen Genüssen hinzugeben? Kaum vorstellbar!

Schon deshalb nicht, weil ihm das seine Selbstkontrolle verbietet. Er hat sich immer in der Gewalt, verliert so gut wie nie die Selbstbeherrschung. Dadurch wirkt er auf den ersten Blick wohl reichlich kühl. Aber hinter dieser nüchternen, klaren Fassade aus Realitätssinn und Beherrschung verbirgt sich die eine oder andere Tiefe. Auch wenn er es nicht offensichtlich zeigt, sich nicht vordrängeln würde und sich auf die Brust klopfend rufen: »Seht her, das habe ICH geschafft, das ist MEIN Verdienst, so gut bin ich!« Seinem Gesprächspartner wird er so ganz nebenbei beeindrucken und ihm vermitteln, was seine Leistungen und Vorzüge sind.

Der Steinbock heischt nach Anerkennung seiner tatsächlich beachtlichen Leistungen. Wird ihm diese Würdigung verweigert, ist er zutiefst gekränkt. Das Lob und der Beifall werden registriert und festgehalten – nach außen hin selbstverständlich unmerklich. Nicht, dass er in falscher Bescheidenheit abwehren würde, wenn ihm sein Anteil an Bewunderung gezollt wird, aber er wird seine Freude nicht lauthals zeigen, sondern sie in sich konservieren. Falsche, geheuchelte Anerkennung entlarvt er sofort. Damit kann man ihn nicht ködern, obwohl er recht selbstgefällig sein kann.

Als Verhandlungspartner, beruflich wie privat, ist er gefürchtet. Ausdauernd und zäh vertritt er seine Position und rückt davon nicht ab. Vielleicht kommt er Ihnen in Worten und kleinen Gesten entgegen, aber in der Sache selbst bleibt er unnachgiebig. Die einzige Chance, ihn »zu knacken«, ist, ihm zu zeigen, dass man ihn wirklich schätzt, auch wenn er seine Meinung ändert oder davon abrückt. Das ist im privaten Bereich etwas leichter als in der Berufswelt. Sie haben schließlich die Möglichkeit, ihm auf einer ganz anderen Basis zu begegnen und ihm diese Sicherheit zu beweisen!

Diese Sicherheit braucht der eigentlich so starke Steinbock. In seinem Innersten ist er sehr verletzbar und kann so richtig beleidigt sein. Wer ihn verwundet hat, darf nicht darauf rechnen, dass ihm vergeben wird! Sein Elefantengedächtnis bewahrt alle Kränkungen auf und fördert sie bei Gelegenheit zu Tage. Wann immer das auch sein mag ... Geahndet werden sie auf alle Fälle!

Niemals stürzt sich der Steinbock kopfüber in ein Abenteuer, ganz gleich welcher Art! Spontane Begeisterung lässt er gar nicht zu, fällt im Gegenzug aber auch keine vorschnellen Urteile. Seien Sie ihm nicht böse, wenn er seiner Begeisterung über Ihr Geschenk nicht so überschwänglich Ausdruck verleiht, wie Sie sich das vorgestellt haben! In seiner Seele freut er sich riesig, nur das Zeigen seiner Gefühle ist seine Sache nicht.

Misstrauisch begutachtet er Menschen, die sich seinem Herzen nähern wollen. Erst wenn Sie die eingehende Prüfung auf Herz und Einstellung bestanden haben, öffnet er sich Ihnen langsam. Haben Sie diese Hürde genommen und das eiserne Tor passiert, dürfen Sie mit einem treuen, zuverlässigen und absoluten Freund und Partner rechnen.

Aktiv und stürmisch auf andere zuzugehen, überlässt er lieber anderen. Wollen Sie ihn gewinnen, brauchen Sie Geduld, Ausdauer und Beharrlichkeit. Phasenweise könnten Sie das Gefühl haben, der Steinbock habe seinen Namen daher, dass er ein Tier aus Stein sei ... Oder unter seiner steinernen Fassade ein tragisches Schicksal schlummere. In Wahrheit ist er nur extrem vorsichtig.

Wenn Sie einem Freund etwas anvertauen wollen – bei ihm sind Sie richtig. Außer, es handelt sich um höchst intime Themen oder zu persönliche Details. Geheimnisse sind bei ihm bestens aufgehoben. Verschwiegen wie ein Grab, absolut integer und resistent gegen Versuchungen wird er nichts von seinem – vielleicht brisanten – Wissen preisgeben. Sein Pokerface ist undurchdringlich ...

Idealistische Vorstellungen zu hegen, den anderen zu idealisieren, ist ihm vollkommen fremd. Er weiß, was er will, und dank seiner ausgeprägten Beobachtungsgabe und seines präzisen Urteilsvermögens wird er selten enttäuscht. Legen Sie deshalb seine vorsichtige Zurückhaltung nicht als

Desinteresse oder gar Kaltherzigkeit aus! Hat er für gut und richtig befunden, was er sehen konnte, wird er sich als warmherziger und zugänglicher Mensch zu erkennen geben, der Ihr Herz verdient! Seine Geduld und Gutmütigkeit sind beinahe unerschütterlich. Treue verlangt er aber unabdingbar. Er selbst ist natürlich auch unerschütterlich in seiner Treue und Aufrichtigkeit Ihnen gegenüber.

Für seine Umgebung ist es nicht immer einfach, seinen unbeugsamen Willen zu ertragen. Es empfiehlt sich auch, rechtzeitig, am besten von Anfang an, zu verstehen zu geben, dass man seinen Rat zwar schätzt, aber einen eigenen Willen und eine eigene Persönlichkeit hat. Sonst sind Sie schnell umgekrempelt und Ihrer Selbstständigkeit beraubt! Im Nachhinein um die eigene Position und einen gewissen Handlungsspielraum zu kämpfen ist schwierig, wenn Sie es mit den mächtigen Hörnern eines Steinbocks aufnehmen müssen …

Verantwortung zu übernehmen ist für ihn keine Bürde, sondern wonniges Vergnügen! Da fühlt er sich so richtig in seinem Element. Pflichtbewusst handeln, entscheiden, führen, lenken, durchsetzen – das ist nach seinem Geschmack.

Auch wenn ein Steinbock nicht lustfeindlich ist, ein vergnügungssüchtiger, genießerisch in Sinnenfreuden schwelgender Menschentypus ist er nicht!

Um sich wohl zu fühlen, umgibt er sich gerne mit allen Brauntönen. Er bevorzugt generell ruhige Erdtöne. Aber auch Ocker und Olivgrün sind Farben, die dem Steinbock gefallen. Das klassische Anthrazit und Schwarz treffen seinen Geschmack ebenso.

HERR STEINBOCK – ein willensstarker Mann!

Selbstsicher, beherrscht und sehr maskulin wirkt er schon auf den ersten Blick. Redselig plaudernd, auch mit fremden Menschen heiter scherzend, sich in fröhlicher Runde produzierend – so werden Sie Herrn Steinbock nicht erleben! Trotzdem ist er kein trübsinniger Langweiler! Oberflächliches Geplapper ist ihm eben zuwider.

Er schaut sich alles erst einmal in Ruhe genau an. Sein Gegenüber wird scharf beobachtet. Danach zieht er in Ruhe seine Schlüsse, bevor er weitere Schritte plant oder zulässt. Er ist nicht der Gruppe der »Jäger« zuzurechnen, die um eine Frau kämpfen, die erobern wollen und die das Geplänkel lieben.

Frauen sind für ihn rätselhaft. Bewunderung hegt er wohl für die Vertreterinnen des schönen Geschlechts, aber sie zu verstehen …

Nach außen gibt er sich gern als liberaler, moderner Mann. In Wahrheit hängt er einer konservativen Weltsicht an, in der die Rollenverteilung klar definiert ist und in der der Mann die Entscheidungen trifft. Mancher hat das Zeug zum Pascha und Patriarchen …

Selbstbewusste Frauen imponieren ihm sehr, trotzdem stellt er seinen Machtanspruch und seinen Durchsetzungsanspruch nicht hintan. Wenn Sie einen Mann wollen, der sich als ihr »Herr und Meister« sieht, der Ihnen in jeder Lebenslage seine starke Schulter leiht und Ihnen gerne Entscheidungen abnimmt, dann ist Herr Steinbock Ihr Mann! Wenn nicht: Schultern Sie Ihre Handtasche und legen Sie den Sturmschritt ein! Er wird in jedem Fall versuchen, Ihnen seinen Willen aufzuzwingen – mehr oder weniger subtil. Ob das durch verständnisvolle Einsicht oder lautstarke Auseinandersetzungen geschieht, ist Charakter- und Erziehungssache.

Sie können sich aber kaum einen verlässlicheren und treueren Partner vorstellen und wünschen als ihn! Hat er Sie lange genug beobachtet und sich dafür entschieden, Sie als Partnerin an seiner Seite haben zu wollen, stürzt er sich dennoch nicht in stürmisches Werben. Unterschätzen Sie sein Interesse also nicht!

Haben Sie sich gefunden und Ihrer gegenseitigen Wertschätzung versichert, erwarten Sie nicht, dass er Ihnen vor der Haustür nur einen flüchtigen Kuss auf die Wange drückt! Herr Steinbock ist ein sehr viriler Mann, der seine erotischen Qualitäten hat und weiß, was er will. Sein Durchsetzungsvermögen wurde schon erwähnt …

Was Sie sich von ihm nicht erwarten dürfen, sind kleine Aufmerksamkeiten, geflüsterte Liebesworte oder verzückte Äußerungen. Dass man an einer dauerhaften Beziehung, einer Ehe, stetig arbeiten muss, ist für Herrn Steinbock nicht selbstverständlich. Er neigt dazu, sich ein wenig gehen zu lassen, wenn geklärt ist, dass Sie ein Paar sind. Mit ein bisschen Unterstützung Ihrerseits wird er aber vielleicht lernen, hin und wieder zu zeigen, was er fühlt, dass ein zärtliches Wort, eine liebevolle Geste Wunder wirken können …

Herr Steinbock hat wenige, aber auserwählte Freunde. Es ist nicht der laute, bunte Freundeskreis, in dem ständig gescherzt, gelacht und gefeiert wird. Auf oberflächliche Bekanntschaften verzichtet er. Erst wenn er Vertrauen gefasst hat und die Freundschaft sich bewähren konnte, lässt er andere an sich heran. Allzu große Nähe macht ihm Angst.

Im Berufsleben wie im Privatleben verfolgt er seine Ziele energisch. Ihn bringt nichts vom Weg ab, er lässt sich nicht ablenken. Daran kann sich so mancher ein Beispiel nehmen ... Aber Vorsicht, dass daher nicht die Lebensfreude auf der Strecke bleibt!

FRAU STEINBOCK – eine ernsthafte Schöne!

Sollten Sie eine vergnügungssüchtige Begleiterin für ausgedehnte Touren durch die Nachtlokale suchen, Frau Steinbock wird Sie nicht begleiten! Vielleicht lässt sie sich zu einem guten Abendessen ausführen und anschließend auf einen Drink einladen, aber auch das nicht fünf Tage die Woche.

Auch wenn sie nicht so konventionell ist, wie sie auf den ersten Blick scheinen mag, ein leichtlebiger Schmetterling wird nie aus ihr. Sie windet sich nicht in Lachanfällen oder kichert hemmungslos vor sich hin. Was nicht heißen soll, sie sei humorlos!

Frau Steinbock zu gewinnen, stellt Sie auf die Geduldsprobe. Bevor sie sich erlaubt, verliebt zu sein, muss sie das Gefühl haben, den »Richtigen« vor sich zu haben. In Herzensdingen braucht sie ebenso Ordnung und Übersicht wie in allem anderen. Chaos in der Seele erträgt sie nicht – zu groß ist die Gefahr, verletzt zu werden.

Erotische Spielereien sind nicht ihr Lieblingsthema. Sie entflammt schnell und weiß ausdauernde Liebhaber zu schätzen.

Einmal erobert, wird sie Ihnen eine treue und verantwortungsvolle Gefährtin sein. Selbstverständlich erwartet sie diese Treue auch von Ihnen. Kleine Kontrollen können schon vorkommen, um sicherzugehen ... Neben der starken, dominanten Gefährtin und Mutter steckt aber auch die liebesbedürftige und anschmiegsame Frau in ihr. Zärtlichkeit ist ihr nicht fremd, wohl aber die großen, dramatischen Gefühlsäußerungen. Egal ob glühende Liebesschwüre oder hitzige Streitereien – sie bevorzugt ein klares Wort, ohne Schnörkel, ohne Dramatik.

Liebend gerne übernimmt sie Verantwortung – für alles. Wenn es zu viel wird, kann das als Bevormundung empfunden werden. Verpflichtungen nimmt sie sehr ernst, egal ob Beruf, Kinder oder andere Engagements. Sie erledigt alle Aufgaben sehr gewissenhaft und konsequent. Dasselbe erwartet sie von anderen. Wird dieser Anspruch nicht erfüllt, kommt Ärger auf. Ihre Enttäuschung zeigt sie, indem sie viel und ausdauernd kritisiert ...

Ihren Beruf aufzugeben sollten Sie nicht von ihr verlangen. Sie ist eine starke Persönlichkeit, die sagen können will, sie hat in ihrem Leben etwas geleistet und bewirkt.

Frau Steinbock beweist in ihrem Styling Geschmack. Sorgfältig geschminkt und adrett gekleidet ist sie geradezu vorbildlich für die typische »Business-Mode«. Kleidung, die ihre Reize zu sehr betont, mit der Weiblichkeit spielt und sie zum erotischen Blickfang macht, ist ihr verpönt.

Liebe, Partnerschaft, Erotik

Drum prüfe, wer sich ewig bindet! Das ist eindeutig der Leitsatz des Steinbocks, wenn es um Beziehungen geht!

Leicht zu erobern sind sie nicht, die Starken. Es gehört viel Beharrlichkeit dazu, sie so weit zu bringen, dass sie ein Interesse an Ihnen zeigen. Erwarten Sie sich nicht, dass ein Steinbock die Initiative ergreift! Auch Männer dieses Zeichens werden lieber hofiert als selbst aktiv zu werden. Blumen, Liebesgedichte, schummriges Licht und romantische Musik werden Ihnen von ihm nicht geboten – zumindest nicht als Mittel zum Zweck des Bezirzens! Romantik ist überhaupt nicht Steinbocks Sache. Viel zu sehr Realist, fällt es ihm schwer, die Wirklichkeit draußen zu lassen und in weich gezeichnete Stimmungen zu fallen.

Ein Steinbock plant auch erotische Begegnungen. Spontan und ohne nachzudenken einer Laune, einer momentanen Empfindung nachzugeben, das kann er nicht. Er behält – fast – immer die Kontrolle und den Überblick.

Beharrlich ist er auch, wenn es gilt, Sie zu gewinnen.

Hinter der rauen Schale seines kühlen Auftretens verbirgt sich die verwundbare Seele. Um sie zu schützen, zeigt der Steinbock sein Interesse nur sehr wohl dosiert. Geborgenheit geben und schenken sind für ihn wichtiger als erotische Höhenflüge.

In dieser Hinsicht ist ein Steinbock seiner Linie sehr treu und eher konservativ. Denn, obwohl sehr ausdauernde Liebhaber und Geliebte, die niemand als sexuell desinteressiert bezeichnen kann, sind Steinböcke nicht die erfindungsreichen, fantasievollen und experimentierfreudigen Liebenden. Potenz und Ausdauer sind ihre Kriterien ...

Wenn Sie die richtigen »Knöpfe« finden, ist die Sinnlichkeit eines Steinbocks leicht zu entfachen.

Als Partner ist ein Steinbock wie guter Wein: Seine Qualität entfaltet sich mit den Jahren, unter der richtigen Pflege. Steinböcke sind extrem lernfähig und nehmen Anregungen gerne auf. Diskrete Hinweise sind ihnen aber auch in trauter Zweisamkeit lieber als allzu direkte Forderungen mit der Holzhammermethode! Bringen Sie nicht versteckte Kritik an, sondern sagen Sie offen, was Sie meinen. Weder um den heißen Brei reden, noch mit dem Zaunpfahl winken, ist die richtige Methode.

Spezialisten für One-Night-Stands finden sich unter Steinböcken selten. Sie brauchen die Sicherheit und das Wissen, geliebt zu werden, um die Intimität zuzulassen und ein bisschen aus sich herauszugehen. Deshalb ist auch die Kunst des Flirtens nicht Steinbock-Metier.

Ständige Liebesbeteuerungen mögen die meisten anderen liebend gerne hören, den Steinbock verunsichern sie, machen ihn misstrauisch. Wozu das »Theater«, wenn man doch in tiefer Verbundenheit weiß, dass man einander schätzt und liebt?

Seine Treue ist unverbrüchlich, seine Eifersucht enorm. Jeden Ihrer Blicke wird er verfolgen, wenn Sie im Gespräch mit einem anderen Mann zu laut lachen, oder wenn der Blick der Tischnachbarin zu lange vielsagend auf Ihnen ruht, kann das recht unangenehme Folgen haben! Er lässt sich von Streit und Missstimmung nicht aufreiben, hält aber, so lange es möglich ist, an der Beziehung fest. Wenn er sich doch zur Trennung entschlossen hat, gibt es kein Zurück. Wie in allen seinen Lebensbereichen bleibt auch sein Blick in Beziehungen sehr klar. Wenn das Verhältnis nur noch Kraft kostet, statt Energie und Sicherheit zu spenden, zieht er die Konsequenz. Ohne Wenn und Aber.

Sie haben einen Steinbock an Ihrer Seite? Dann gibt es jemanden in Ihrem Leben, der Ihnen Verantwortung abnimmt, Ihnen zur Seite steht – in guten wie in schlechten Tagen, und der die Organisation des gemeinsamen Lebens in die Hand nimmt.

In der Familie hat der Steinbock das Heft fest in der Hand. Er fällt die Entscheidungen, will seinen Lieben ein schönes Leben bieten. Allerdings ist Herr Steinbock nicht der Mann, der seine Frau gerne im Haushalt entlastet …

Eines sollten Sie nie vergessen: Sein Job geht dem Steinbock über alles! Dafür versetzt er sogar Sie!

Wenn Ihr Steinbock müde und lustlos ins Bett sinkt, wecken Sie ihn auf, indem Sie ihm rechts und links der Wirbelsäule mit den Fingernägeln über den Rücken fahren. Er wird seine Müdigkeit vergessen! Für raffinierte Verführungskünste, Duftöle oder heiße Dessous haben Steinböcke nicht überdurchschnittlich viel übrig!

Der Steinbock und die anderen

Widder – Steinbock

Zwei Dickköpfe

Die Ausdauer eines Steinbocks sucht ihresgleichen, das Temperament des Widders ist kaum zu übertreffen. Man könnte meinen, die beiden seien die ideale Ergänzung füreinander. Weit gefehlt! Ihr starker Wille und ihr Anspruch auf die Führungsrolle führen sie immer wieder in Auseinandersetzungen, in denen hart gekämpft wird.

Eine dauerhafte Beziehung zwischen zwei so dominanten Persönlichkeiten ist sehr unwahrscheinlich.

Stier – Steinbock

Die Vernunft regiert

Ein vernünftiger Steinbock geht mit einem sicherheitsbewussten Stier eine Verbindung ein, in der Werte ihren festen Platz haben. Sie sind auch in geschäftlichen Dingen ideale Partner, die sich über die beruhigende Wirkung eines gut gepolsterten Kontos im Klaren sind.

Seine romantische Seite wird der Stier nur schwer ausleben können, denn dafür hat der Steinbock wenig Sinn.

Zwillinge – Steinbock

Seltenheitswert

Wie immer, wenn sich zwei gegensätzliche Typen gegenüberstehen, besteht eine Anziehungskraft. Der nüchterne Steinbock ist fasziniert vom flippigen Zwilling und bestaunt ungläubig dessen fantasievollen, Ideen sprühenden Geist. Widmet sich der Zwilling neuen Einfällen, lenkt der zielstrebige Steinbock die Gedanken lieber seinem Job zu.

Erotische Spielereien oder Fantasien erstaunen den potenten Steinbock. Er bevorzugt den schnörkellosen Sex.

Wenn die Aszendenten harmonieren und andere Planetenkonstellationen günstig sind, könnte die Beziehung Zukunft haben.

Krebs – Steinbock

Vernunft und Gefühl

Ein sensibler Krebs findet im Steinbock den Halt und die starke Schulter, an die er sich anlehnen kann. Gerne gewährt ihm das der Steinbock, findet er selbst doch Frieden und Entspannung an der Seite des Gefühlvollen. Im gemeinsamen Heim schafft der Krebs die Insel der Ruhe für seinen Liebsten. Ihren unterschiedlichen Interessen gehen die beiden getrennt nach – das hält auch die Beziehung lebendig.

Mit viel Einfühlungsvermögen führt der Krebs seinen Steinbock zu erotischen Erlebnissen.

Löwe – Steinbock

Unterschiedliches Temperament

Nichts kann den Steinbock davon abbringen, sich seiner beruflichen Laufbahn und seiner Arbeit zu widmen. Mit ungläubigem Staunen beobachtet das der Löwe, der keine Gelegenheit verstreichen lässt, bei der er faul seine Augen schließen und genießen kann. Die Extravaganzen des Löwen geben dem Steinbock Rätsel auf.

Die erotische Temperatur kann in der Beziehung zwischen heiß und kalt pendeln und somit nur lauwarm ergeben.

Jungfrau – Steinbock

Endlich Sicherheit!

Glücklich in den Armen des Steinbocks gelandet, ist die Welt für die Jungfrau in Ordnung. Der Starke bietet ihr Sicherheit in emotionaler und in materieller Hinsicht. Sie verstehen einander hervorragend in ihrer praktischen Veranlagung und in ihrer ablehnenden Haltung gegenüber der Romantik. »Endlich jemand, der mich wirklich versteht!«, freuen sie sich über ihren Partner.

Hinter der verschlossenen Schlafzimmertüre kann die kühle Jungfrau vorerst über Herrn Steinbock erstaunt sein, denn er steuert direkt und ohne Umschweife auf sein Ziel los.

Waage – Steinbock

Konträre Lebenssicht

Der starke Steinbock übt eine gewisse Faszination auf die schwankende Waage aus. Seine zielorientierte, ehrgeizige Art imponieren ihr wohl, sind ihr aber so fremd, dass sie schlussendlich an seiner praktischen Nüchternheit frustrieren kann. Und erst die Kontoführung! Der Disziplinierte zuckt aus, wenn er feststellt, dass seine Waage wieder einmal nach Herzenslust schöne Dinge für die gemeinsame Wohnung eingekauft hat. Völlig unnötiger Tand, befindet er und tobt.

Ob die körperliche Anziehungskraft genügt, um eine harmonische Beziehung zu führen, oder ob sie sich doch »zusammenreden« können?

Skorpion – Steinbock

Machtansprüche regieren

In diesem Paar treffen zwei Menschen aufeinander, die beide ihren Willen durchsetzen wollen. Der Skorpion will mit allen Sinnen genießen, der Steinbock versucht, seinen rigorosen Ordnungswillen durchzusetzen. Bei derart verschiedenen Ansichten und Einstellungen wird es nicht leicht sein, eine gemeinsame Basis zu finden.

In einer Beziehung fordern beide absolute Treue ein. Die Interpretation der unbedingten Treue ist für den Steinbock selbst unter Umständen anders lautend als für seinen Partner …

Schütze – Steinbock

Feuer und Erde

Ein Schütze bringt Leben, Schwung und Aufregung in das ruhige, geordnete Leben eines soliden Steinbocks. Eine kurze Ruhepause an der Seite des Steinbocks tut dem Schützen sicher gut. Der Frieden ist gebrochen, wenn es um das Thema »Geld« geht: Der Schütze verschwendet, der Steinbock spart eisern.

Der Steinbock lebt eine pragmatische Erotik, an der ein Schütze wenig Gefallen findet. Aber es gibt ja nur wenige Menschen, die reine Steinböcke oder Schützen sind! Als kein Grund, zu verzagen – Liebe macht vieles möglich …

Steinbock – Steinbock

Harmonieren die Aszendenten?

Sehr bald endet die kurze Phase des Verliebtseins in einer höchst genügsamen freundschaftlichen Beziehung. Das ist die bessere Variante. In der weniger friedlichen Version kommt es zum Dauerkampf. Keiner der beiden will das Heft aus der Hand geben, jeder seinen Führungsanspruch durchsetzen. Gemeinsam ist ihnen die Liebe zum Job.

Was geschieht, wenn sich die Schlafzimmertür hinter den Steinböcken schließt? Sie gehen zu Bett und schlafen den Schlaf der Gerechten und Müden ... Ob das ein erfülltes Leben bedeutet, muss jeder für sich entscheiden.

Wassermann – Steinbock

Spontanität gegen Planung

Nichts liegt dem Wassermann ferner, als ein wohl geordnetes, asketisches Leben zu führen. Dem Steinbock hingegen bereitet nichts so viel Unbehagen wie spontane Entschlüsse und Reaktionen. Zwang lässt den Erdigen beglückt rufen: »Endlich Sicherheit!«, während der Luftige nach Freiheit schreit. Nicht nur Verständigungsschwierigkeiten machen den beiden das Leben schwer.

Die manchmal unorthodoxen erotischen Ideen des Wassermanns können einen Steinbock vor den Kopf stoßen.

Trotzdem kann durch viel Beziehungsarbeit eine funktionierende Beziehung entstehen.

Fische – Steinbock

Ausgelebter Beschützerinstinkt

Der Fisch freut sich, dass er einen starken, verantwortungsvollen Steinbock an seiner Seite hat, weil ihm dieser Halt und Sicherheit gibt. Endlich ist da jemand, der die Führung übernimmt! Der Steinbock hat im romantischen und gefühlvollen Fische-Geborenen einen Ausgleich für seinen besonders ausgeprägten Realitätssinn.

Der freudige und erfrischende Austausch der Qualitäten des anderen setzt sich auch im Liebesleben fort. Mit etwas Rücksicht darauf, dass ein zu heftiges Wort viel zerstören kann, stehen die Chancen nicht schlecht!

Beruf

Das ist des Steinbocks liebstes Thema! Hier blüht er auf, lebt sich und seine Stärken aus. Den Begriff »Workaholic« muss wohl ein Steinbock geprägt haben!

Führungsqualitäten hat er im Blut. Zielstrebigkeit und Durchsetzungsfähigkeit machen ihn zur beinahe idealen Führungskraft. Er bringt auch Organisationstalent und eine ungeheure Willenskraft mit in sein Berufsleben. Risikobereitschaft ist nicht eine seiner besonders ausgeprägten Seiten.

Ob als leitender Angestellter in einem großen Unternehmen oder als sein eigener Chef leistet er enorm viel. Seine Mitarbeiter mögen manchmal stöhnen: Was er sich abverlangt, will er auch von ihnen sehen – hundertprozentigen Einsatz und Fleiß – und entsprechende Ergebnisse! Delegieren sollte er zu seinem eigenen Vorteil noch lernen ...

Viele Steinböcke fühlen sich von der relativen Sicherheit eines großen Konzerns oder eines politischen Verbandes angezogen. In Versicherungen oder Banken fühlen sie sich auch deshalb wohl, weil das planvolle Arbeiten ihrem Wesen entspricht. Zusätzlicher Nutzen für ihr Selbstwertgefühl ist der prestigeträchtige Name eines großen Unternehmens.

Ehrgeizig verfolgt der Steinbock seine beruflichen Ziele. Auch wenn er nicht der typische Senkrechtstarter ist, erklimmt er mit Beharrlichkeit und Fleiß Stufe um Stufe der Karriereleiter.

Viele Kollegen schätzen die Ruhe, die er ausstrahlt. Auch in heiklen Situationen kann er andere zum Innehalten und zum Neustart bewegen. Er selbst könnte manchmal etwas Nachhilfe in Teamarbeit gebrauchen ...

Bestens geeignet sind für ihn Berufe, die seinem logischen Denken, seiner Fähigkeit, abstrakte Konzepte zu entwickeln und übergreifende Zusammenhänge zu erkennen, entgegenkommen. Zuallererst natürlich solche Berufe, in denen Zahlen eine Rolle spielen: Finanzwelt und Versicherungsbranche bieten da ein weites Feld. Mathematiker und andere Naturwissenschaftler gehören zu den Lieblingsberufen der Steinböcke. Als Juristen bringen sie gerade Linien in jede verworrene Rechtssache. Aber auch in Werbeagenturen, Architekturbüros sind ihr systematisches und trotzdem kreatives Arbeiten gefragt.

Als Bürgermeister oder als Funktionär in politischen Gruppierungen entfaltet er seine besten Seiten.

Trotz aller Liebe zur Arbeit sollten Sie Ihrem Steinbock sachte vermitteln, dass auch außerhalb des Jobs Freuden auf ihn warten ...!

Gesundheit

Wer weiß nicht, dass sich unterdrückte Gefühle und aufgestauter Ärger auf den Magen schlagen? Steinböcke fressen zu viel in sich hinein, können ihren Emotionen zu wenig Luft machen und keinen Dampf ablassen. Erkrankungen des Magens und der anderen Verdauungsorgane sind die unausbleiblichen Folgen von nicht verdauten Ereignissen. Nicht zu vergessen, dass sie zu denen gehören, die es kaum schaffen, vom Beruf abzuschalten. Das Handy klingelt noch während der Verabredung mit der Liebsten, das knifflige Problem verfolgt sie bis in den Schlaf!

Dazu kommt, dass Steinböcke Wert auf Essen legen. Und wenn schon, denn schon – es darf schon eher deftig sein ...

Das Naschen als Problem erscheint beim sparsamen, maßvollen Steinbock vielleicht seltsam, aber auf einen Sitz eine Tafel Schokolade vor dem Schlafengehen zu vertilgen ist durchaus auch Steinbock-Art. Schließlich gönnt er sich ja sonst fast nichts ... Das Ergebnis können natürlich Gewichtsprobleme sein.

Wer sich so viel auf die Schultern lädt, darf sich über Verspannungen nicht wundern! Schmerzen an der Wirbelsäule als Folge von Stress und ständig »Haltung bewahren« sind bei einem Steinbock keine Seltenheit.

Sport

Zwei Lager gibt es unter den Steinböcken. Auf der einen Seite diejenigen, die es mit Churchill halten und überzeugt die These »no sports« verfechten. Vielleicht verspotten oder belächeln sie die Aktiveren auch wegen ihres unverständlichen Herumhampelns in verschiedenen Sportarten und finden: Sport ist Mord.

Auf der anderen Seite die Steinböcke, die in sportlicher Betätigung eine Herausforderung an ihren Ehrgeiz sehen und ihn fast so ernst nehmen wie ihren Job. Beharrlich trainieren sie mit eisernem Willen. Ob sie dies nur für sich im Fitnesscenter oder in einer Mannschaft für den Sieg beim nächsten

Wettkampf tun, hängt von der individuellen Vorliebe ab. Fast könnte man meinen, sie sehen Sport betreiben wie arbeiten an ...

Ideal sind Sportarten, die Ausdauer und Strategie vereinen und einen Sieg verheißen.

Umgang mit Steinbock-Kindern

Willenskraft und eigene Meinung machen sich schon in der Wiege recht lautstark bemerkbar! Auch und gerade wenn es »bockig« ist, braucht das Steinbock-Kind viel Wärme und Geborgenheit, damit es auf die Sicherheit Ihrer Liebe bauen kann. Schnell wird es sich verselbstständigen und alleine essen, aus dem Bett turnen und Schuhe anziehen. Als Erzeuger von Chaos sind die kleinen Böcklein schon recht gut, wenn sie es schaffen, alleine Schubladen und Türen zu öffnen!

Wird es ungerecht oder für seinen Geschmack zu viel getadelt, verbohrt es sich in seiner Abwehrhaltung und wird bockig und verstockt. Es aus dieser Haltung herauszulocken erfordert sehr, sehr viel Geduld und Fingerspitzengefühl. Bevor ein kleiner Steinbock Unsicherheit zugibt, lässt er lieber den starken »Mann« durchblicken oder spielt die unerschütterliche, coole »Frau«. Dahinter steckt die Angst, nicht zu genügen und die elterliche Liebe nicht wert zu sein.

Fixe Ordnungen und ein reglementiertes System helfen dem kleinen Steinbock, sich zurechtzufinden. Vor allem bei Veränderungen, die er so sehr hasst, ist es wichtig, einige Konstanten beizubehalten.

Ein Haustier ist der Traum vieler junger Steinböcke. Verantwortungsbewusst und voll Stolz versorgen sie ihre Lieblinge und spielen glücklich mit ihnen.

Jugendliche aus diesem Tierkreiszeichen und ihre Eltern erleben die Pubertät meist weniger problematisch als andere. Werden die einen etwas stiller, tun sich die anderen bereits als »Nachwuchs-Führungskräfte« hervor. Gemeinsam ist ihnen der Wunsch, sich hin und wieder in ihre eigenen vier Wände zurückzuziehen. Viele von ihnen wirken sehr vernünftig und entschlossen. Eine Herausforderung an die Eltern stellt sich nicht etwa durch besonders rebellisches Verhalten oder die Freude am Schockieren ihrer Umwelt, sondern durch den Hang zum Eigenbrötlerischen. Kontaktscheu ziehen sich einige Steinböcke immer mehr von ihren Kameraden zurück.

Sprechen Sie mit Ihrem jugendlichen Schweiger, mit etwas Geduld und Verständnis und einer Elefantenhaut in der richtigen Größe können Sie Ihren Sprössling auftauen.

In der Schule und am Lehrplatz tun sich jugendliche Steinböcke durch Fleiß und Ausdauer hervor. Sie wissen schon sehr früh, in welche Berufsrichtung sie ihre Strebsamkeit und ihren Ehrgeiz lenken.

Prominente Vertreter

Gérard Dépardieu, französischer Schauspieler
Denzel Washington, amerikanischer Schauspieler
Anthony Hopkins, britischer Schauspieler
Michael Schumacher, Formel-1-Weltmeister
Henry Maske, deutscher Boxer
Elvis Presley, Rock-'n'-Roll-Legende
David Bowie, britischer Rocksänger
Martin Luther King, amerikanischer Bürgerrechtskämpfer
David Lynch, amerikanischer Regisseur
Maria Schell, Schweizer Schauspielerin
Desiree Nosbusch, deutsche Sängerin und Schauspielerin
Diane Keaton, amerikanische Schauspielerin
Königin Silvia von Schweden
Hanna Schygulla, deutsche Schauspielerin
Annie Lennox, britische Popmusikerin
Marlene Dietrich, deutsche Schauspiel-Legende
Barbara Karlich, österreichische Talk-Lady

DER WASSERMANN

21. Januar bis 19. Februar

Persönlichkeit

»Freiheit, Gleichheit, Brüderlichkeit!« Das Motto der Französischen Revolution passt hervorragend zum idealistischen, engagierten und freiheitsliebenden Wassermann.

Er vereint die beiden grundsätzlich verschiedenen Prinzipien Chaos und Ordnung in sich. Und da wundern Sie sich über sein widersprüchliches Wesen, seine sprunghaft wechselnden Stimmungen?

Flexibel nennen es die einen, wankelmütig und unzuverlässig die anderen. Interessiert an allem Neuen, stürzt sich ein Wassermann mit Begeisterung auf eine Sache. Voll Enthusiasmus vertieft er sich in die Idee, plant in langen Gesprächen und Diskussionen, beginnt vielleicht sogar ansatzweise mit der Realisierung, um jedoch schon bald den Schwung und das überschäumende Interesse daran zu verlieren. Ausdauer ist ein Fremdwort für den spontanen Wassermann. Oft überschätzt er Zeitaufwand, nötige Disziplin oder einfach das Ziel seiner Idee und verliert das Interesse, weil ihm die Umsetzung zu viel Einsatz und Durchhaltevermögen abverlangen würden. Ausnahme: Wenn ihm die Tätigkeit wirklich entspricht, entwickelt er sogar Ausdauer und gibt Zweitrangiges zugunsten von Erstrangigem auf.

Zeitplanung ist eine Kunst, die dem Wassermann wohl immer verschlossen bleiben wird. Er kommt mit der Einteilung der verfügbaren Zeit klar, glaubt immer, es wird sich schon ausgehen, und gerät gegen Ende fürchterlich ins Trudeln. Als Meister der unfertigen Projekte steht er im Ruf, unzuverlässig zu sein. Mit einem fröhlichen Lied auf den Lippen beginnt er voll Schwung seine Wohnung zu sanieren, lässt aber nach dem ersten Fehlversuch im Tapezieren das Vorhaben sein und bleibt in der teilrenovierten Wohnung sitzen. Mit seinen Freunden vereinbart er einen Rückruf – sofort Anfang nächster Woche. Wer sich nicht meldet, ist der Wassermann. Wahrscheinlich macht er gerade eine Ballonfahrt!

Eine gewisse Zerstreutheit angesichts der vielen verschiedenen Aktivitäten, die er sich fast gleichzeitig vornimmt, lässt sich nicht leugnen. Mitreißend und ansteckend sind seine beinahe kindliche Begeisterungsfähigkeit und der schwungvolle Enthusiasmus in jedem Fall.

Kein anderer verlässt sich so ausschließlich auf seinen Verstand. Nicht nur, dass er ein geborener Philosoph und Denker ist. Jede, aber auch wirklich jede Entscheidung trifft der Wassermann mit dem Kopf. Das mag viele Vorteile haben, aber in Gefühlsangelegenheiten schafft die intellektuelle

Annäherung nicht nur Distanz und Unverständnis, sondern auch Probleme. Alle seine Beziehungen starten über den Intellekt. Liebend gerne hört er sich Ihre Lebensgeschichte an, interessiert sich für Details aus Ihrer Kindheit. Aber wenn Gefühle an die Oberfläche drängen, wird er unsicher. Er kann mit tragischen Emotionen nicht umgehen, sie machen ihm Angst. Wenn andere bei romantischen Filmen schluchzen, wird sich ein Wassermann nur kopfschüttelnd abwenden und sich vielleicht sogar darüber lustig machen. Großes Unverständnis löst auch ein Freund aus, der nach der Trennung von seiner Geliebten monatelang leidet. Einmal, zweimal wird der Wassermann sicher tröstend zuhören, aber sich wegen so einer Lappalie immer wieder die Zeit stehlen zu lassen – das findet er höchst unnötig! Vielleicht reagiert er sogar mit einer etwas spitzen Bemerkung.

Wassermänner haben eine scharfe Zunge, achten Sie darauf, sich nicht verletzen zu lassen! Für eine gute Pointe ist er bereit, ein Sensibelchen verbal über die Klinge springen zu lassen. Dennoch geht er niemals so weit, jemanden tief zu verletzen. Wer ihm wirklich zu nahe kommt, muss damit rechnen, dass seine Gefühle seziert werden.

Ehrlichkeit zeichnet den Wassermann aus. Dabei bedient er sich meist keiner Höflichkeitsfloskeln und kann in seiner kompromisslosen Aufrichtigkeit sehr verletzend sein. Trotzdem gehört er zu den besonders mitfühlenden Menschen! Sein Einsatz gegen Ungerechtigkeit, gegen das Elend oder für Freiheit und Gleichberechtigung auf der Welt führt ihn oft zur Mitarbeit in Hilfsorganisationen oder politischen Gruppierungen.

Wenn es um längerfristigen Beistand geht, ist er trotzdem nicht der Richtige. Spontane Aktionen, die ein rasches Ergebnis bringen, können Sie von ihm jederzeit haben. Für Dauerhaftes wenden Sie sich lieber an einen anderen Freund!

Wie bei allen Luftzeichen wird im Leben eines Wassermannes Kommunikation groß geschrieben. Als sprühender Unterhalter ist er gern gesehener Gast auf allen Partys, Diskussionen belebt er durch seine Wortmeldungen und mit seinen trockenen Scherzen kann er die steifste Runde auflockern. Sein liebenswürdiger Charme, seine flippigen Ideen und seine aufgeschlossene Art lassen ihm die Sympathien nur so zufliegen. Wie ein Magnet zieht er die unterschiedlichsten Menschen an. Ein so kunterbunter Freundeskreis sucht seinesgleichen! Der Wassermann kann sich mit jedem unterhalten, interessiert sich für die revolutionären Ideen einer Umweltbewegung genauso wie für die heißen Erlebnisse einer Freundin und die gewerkschaftlichen Überlegungen zum Thema Arbeitslosigkeit. Ein Kommunikationstalent wie er steckt immer mitten im Geschehen. Lebensfreude zu vermitteln scheint seine Mission zu sein!

Abwechselnd zu seiner extremen Offenheit in Kommunikation und Interesse braucht er introvertierte Rückzugsphasen. In so einer Zeit fällt ihm plötzlich ein, dass er stricken muss, weil er doch so einen schicken, teuren Pulli in der Auslage gesehen hat! Neben seiner unterhaltsamen, sehr geselligen Seite verbirgt sich im Wassermann ein nachdenklicher Teil, der nicht tiefe emotionale Seelenforschung betreibt, sondern intellektuelles Zerpflücken. Stundenlang kann er alleine sitzen und vor sich hin denken. Wenn es nicht wie ein Widerspruch klänge, könnte man sagen, er sei ein geselliger Eigenbrötler. Beides stimmt, er braucht viele Freunde, laute Partys, Trubel, Lachen und Scherzen genauso wie die einsamen Stunden mit sich allein, in denen er zu ernster, hochgeistiger Literatur greift und niemanden sehen will.

Freiheit ist sein Lebensmotto. Nicht nur, dass er für die Freiheit anderer zu kämpfen bereit ist, auch seine eigene geht ihm über alles. Hat er den Eindruck, in ein Schema oder auch nur in eine bestimmte Gruppe eingeordnet zu werden, verhält er sich bestimmt nonkonform und spielerisch unberechenbar. Er ist ein Gemeinschaftsmensch, aber nur im freien Rudel! Er tut alles, um weiterhin originell zu sein. Vor scharfen Worten und bizarren, eigenartigen Aktionen schreckt er nicht zurück. Er kann sehr mitleidlos werden. Winzigkeiten, Worte und Gesten können dem Ungebundenen schon das Gefühl vermitteln, er sei eingesperrt – in Konventionen, Routine oder gar Emotionen! Als hätten sich eiserne Bande um seine Brust geschlungen, fühlt er sich dann und ringt nach Luft – bevor er sich mit einem Satz daraus befreit und sich entzieht. In einem Moment noch strahlender Mittelpunkt, die Aufmerksamkeit und Zuneigung anderer genießend, holt er bei drohender Nähe zu einem drastischen Schlag aus und zieht sich kommentarlos zurück.

Spontan ist er, allzu tiefe, tragisch-leidenschaftliche Gefühle wird er nicht ohne weiteres zulassen – es ist nicht schwer vorstellbar, dass der Wassermann sich daher leicht und schnell verliebt, aber diesen emotionalen Ausnahmezustand nicht in die Tiefe seiner Seele dringen lässt! Er verliebt sich selten nur in ein äußeres Bild oder in die Warmherzigkeit einer Person, sondern nimmt den Weg über die geistige Annäherung. Ist er von Witz, Geist, flirrender Fantasie und gedanklicher Brillanz seines Gegenübers entzückt, verirren sich vielleicht ein paar Schmetterlinge in seinen Bauch …

Er schließt von sich auf andere, wenn er davon ausgeht, dass Emotionen, auch wenn sie noch so hohe Wellen schlagen, nicht von langer Dauer sein müssen. Schon deshalb wehrt er sich gegen alles, was ihm zu nahe kommt und ihm die Luft zum Atmen rauben könnte. Vorsorgen ist besser als heilen, scheint seine Devise in zwischenmenschlichen Beziehungen zu lauten. Ihn als gefühlskalt zu bezeichnen ist dennoch nicht zutreffend. Er HAT Gefühle, aber möchte nicht zur »Ewigkeit« gezwungen werden, nur weil eine wunderschöne Stimmung herrscht. Wenn schon »ewig«, dann freiwillig, von sich aus. Wer versucht, in sein Innerstes zu schauen, sollte sich auf Überraschungen gefasst machen!

Wassermänner sind meist sehr umschwärmt. Schon ihr Erscheinungsbild kann das andere Geschlecht auf sie aufmerksam machen. Im braven, dezent klein gemusterten Anzug oder in einem biederen Kleid werden Sie einen Wassermann nicht sehen! Farben und Muster werden mutig gemixt – das Resultat ist immer bemerkenswert schick und geschmackvoll. Vor allem für exotische Stoffe, Farben und Designs haben viele von ihnen eine ausgesprochene Schwäche. Eleganz und Stil – und zwar ihr eigener – fallen immer auf.

Welche Farben würden Sie als typisch für den Wassermann bezeichnen? Vor allem die Farbe, die für Kreativität steht: Orange. Wenn er sich schon durch eine Krawatte einengen lassen muss, dann wählt er zum edlen anthrazitgrauen Anzug von Armani ein knallorangès Modell.

Herr Wassermann – ein freiheitsliebender Chaot!

Wenn er nicht so geistreich, intelligent, unterhaltsam und unwiderstehlich witzig wäre, hätten ihn sicher schon einige seiner weniger engen Freunde verlassen!

Viele Frauen fühlen sich von Herrn Wassermann angezogen. Die Mischung aus fantasievoll-geheimnisvollem Philosophen und charmant-amüsantem Draufgänger verführt zu den tollsten Fantasien! Wenn Sie aber seiner Seele auf den Grund gehen und in sein Allerheiligstes vordringen wollen, werden Sie womöglich Ihr blaues Wunder erleben. Das ist ohnehin nur möglich, wenn er das zulassen will!

Ihn begeistert die Idee von der augenblicklich perfekten Liebe. Das Momentglück, die optimale Variante eines emotionalen Höhenflugs einer abgehoben Romanze. Spannend ist verlieben immer!

Seine Traumfrau ist eine geistreiche, originelle Frau, mit er Pferde stehlen kann, die Rollenspiele mitspielt, die ihn nächtens zu inspirieren versteht. Fantasie und vor allem Experimentierfreude sollte sie schon beweisen, denn eine 08/15-Begegnung wird es mit ihm auf keinem Gebiet sein! Bei Mrs. Right wird er charmant, galant und ein hinreißender Liebhaber sein.

Kommt Ihnen das bekannt vor? Herr Wassermann kennt eine Dame schon seit einiger Zeit, sie gehen zusammen ins Kino, verbringen den Rest der Nacht in geistig herausfordernder Unterhaltung, unter viel Lachen und im besten Einvernehmen in einer Bar. Zu vorgerückter Stunde fragt er seine Begleiterin höflich, ob er sie küssen darf. Er gesteht ihr, dass er schon lange von ihrer Intelligenz und ihrem Charme bezaubert ist. Ihr Erstaunen ist hörbar, als er am nächsten Tag anruft, um sich »für sein Verhalten zu entschuldigen«!

Hat er die Richtige gefunden, muss er mit ihr ein Team sein können. Die Freundschaft zwischen Herrn Wassermann und der Frau in seinem Leben muss tragfähig sein. Die romantisch-erotische Seite ist lediglich eine Zugabe. Und Vorsicht: Sobald der Wassermann glaubt, er sei eingesperrt oder an der Leine – egal wie lang –, wird er sich in Luft auflösen. Jeder Druck lässt ihn sofort entfliehen. Geben Sie ihm das Gefühl, dass er jederzeit frei ist, dann entwickelt er am ehesten Bindungsfähigkeit.

Wassermann-Väter sind nicht die, die immer da sind, wenn der Nachwuchs ruft. So wie er selbst Freiheit beansprucht, will er auch seinen Kindern Freiheit zugestehen, ihnen Werte wie Toleranz und Gerechtigkeit vermitteln. Wenn er da sein WILL, ist er der fantasievollste, kumpeligste Vater, den man sich vorstellen kann.

Sie pflegen einen herzlicher Umgang mit Menschen, die sie mögen. Dann werden sie sehr mitteilsam. Liebeserklärungen verpackt Herr Wassermann bestenfalls in Geschichten. Wenn er Ihnen lange und breit in schillerndsten Regenbogenfarben von der tollsten Frau erzählt, die er jemals getroffen hat, und Sie wegen dieser Zumutung kurz vor dem Aufspringen sind, sagt er wahrscheinlich: »Ach ja, hab ich dir schon gesagt, dass du um Klassen besser bist als diese sagenhafte Frau!«

Was nicht nur seiner Partnerin, sondern auch seinen Freunden zu schaffen machen kann, ist seine zeitweilige Launenhaftigkeit. Wer ihn wirklich liebt, wird verständnisvoll tolerieren, wenn er sich urplötzlich wort- und kommentarlos zurückzieht. Es haben seine wunderbaren, interessanten Seiten unbestreitbar das größere Gewicht für alle, die ihn kennen!

FRAU WASSERMANN – eine egozentrische Idealistin!

Freiheit für jederfrau und -mann heißt ihr großes Anliegen. Dafür kämpft sie. Ob in einer Gefangenen-Hilfsorganisation, bei der Frauenbewegung oder für etwas, das auch ihr persönlich zusätzlichen Freiraum schafft, wenn es realisiert werden kann.

Mitläufer, unoriginelle Persönlichkeiten lehnt sie ab. Wenn Sie diese emanzipierte Frau erobern wollen, muss Ihr Verstand blitzen, Ihre Worte sollten klar und passend sein und natürlich auch von Charme und Galanterie eingerahmt. Sie schätzt eine gewisse Grundeuphorie, die ihr entgegengebracht wird.

Sie haben eine Wassermann-Frau »an der Angel«? Eine Unterhaltung über Reisen, mit Pointen gespickte Wortspiele entzücken und fesseln Sie. Sie hat einen ausgeprägten Sinn für kreativen Unsinn. Gerne wird sie mit Ihnen auch über Kultur und Kunst, über Mode und Sport plaudern. Hauptsache, der Kontakt findet auf Verstandesebene statt. Fürs Erste ...

Unberechenbar, verrückt, unkonventionell – wenn eine Frau dadurch auffällt, ist sie mit hoher Wahrscheinlichkeit im Zeichen des Wassermanns geboren.

Ihr Freiheitsbedürfnis steht dem ihres männlichen Pendants in nichts nach. In der Ehe will sie weiterhin Spaß haben, will viel unternehmen. Für sie ist die gleiche Wellenlänge ausschlaggebend in der Partnerwahl, weil sie das gemeinsame Leben leichter macht. Es ist doch entschieden unterhaltsamer, schöner und besser gemeinsam zu genießen, als die Zeit damit zuzubringen, Gräben zu überwinden!

Hinter Begriffen wie Ehe und Beziehung wittert sie anfangs immer ein Gefängnis und läuft sicherheitshalber lieber weg.

Ihren Freund(inn)en lebt sie ganz selbstverständlich vor, was emanzipiert sein heißt. Ein Mann, der versucht, sie an Heim und Herd zu fesseln, wird bald die Rechnung präsentiert bekommen: Entweder sie ist weg oder so launisch und nörglerisch, dass er sich wünscht, sie wäre tatsächlich weg ... Ihren Beruf würde sie selbstverständlich niemals ganz aufgeben – außer für eine kurze Babypause.

Eine Mutter, mit der ein Begriff wie »langweilig« verbunden ist, werden ihre Kinder nie in ihr sehen! Vielleicht vermissen sie manchmal eine spontane, liebevolle Zärtlichkeit, eine Umarmung. Im Grunde sind sie aber stolz auf ihre tolerante und engagierte Mutter!

Unter der Führung einer Wassermann-Frau wird die Wohnung richtig poppig eingerichtet. Ein roter Kühlschrank oder Pop-Art-Möbel sind keine Seltenheit.

Sie selbst gibt sich gern gestylt. Zu Hause tritt sie allerdings sehr individuell auf, zum Beispiel im heißen Minirock mit Plüschpantoffeln an den kalten Füßen.

Wenn sie ihre Freiheit aufgibt, will sie vorher doch wenigstens die Nerven des künftigen Partners ein bisschen testen. Vielleicht eine Woche vor der Hochzeit noch einmal kurz »nein« sagen? Na, da wissen Sie doch gleich von Anfang an, dass Sie als Partner von Frau Wassermann ein verstärktes Nervenkostüm brauchen werden! Im Gegenzug ist sie in der Partnerschaft sehr tolerant. Sie wird nichts dagegen haben, wenn Sie um Mitternacht mit Freunden noch eine Kochorgie veranstalten wollen.

Ihre Kinder dürfen die Wände bemalen, sie ist bestimmt keine Glucke, sondern bevorzugt eher die antiautoritäre Erziehungsmethode und kümmert sich um den Nachwuchs, ohne zu betüteln. Weil sie selbst Freiheit und Toleranz fordert, will sie das auch geben. Sie macht aus ihrem Leben ein buntes Ereignis. Wenn sie ihrer Familie ein Picknick versprochen hat, es draußen aber hagelt, verlegt sie das Ganze eben nach drinnen und es gibt ein Picknick auf dem Wohnzimmerteppich!

Falls Sie einer Frau begegnen, die in extravagante Stoffe, exotische Farben und abenteuerliche Modelle gehüllt ist, können Sie getrost davon ausgehen, dass Sie einer Wassermann-Frau gegenüberstehen. Ihre Kleidung entspricht ihrem Wesen: unkonventionell. Trotzdem beweist sie jedenfalls Stil und Geschmack. Trägt sie ein klassisches Kostüm in Schwarz oder Weiß, lackiert sie sich aber die Nägel in Regenbogenfarben. Sie als Frau Wassermann darf eben Exzentrisches tun!

Liebe, Partnerschaft, Erotik

Hat den Begriff der offenen Beziehung vielleicht ein Wassermann erfunden? Könnte gut sein! Wie quirliges Quecksilber perlt Ihnen Ihr Wassermann durch die Finger, wenn er sich eingesperrt fühlt. Und das geht schnell! Dabei verlieben sie sich so oft und rasch, die Wassermänner – und -frauen natürlich.

Bevor er den idealen Partner gefunden hat – was dauern kann –, hat er viele Affären. Er wird aber niemals von Liebe sprechen, wenn es nur eine Tändelei ist! Unehrlich ist er auch auf diesem heiklen Gebiet nicht. Eifersucht? Das müssen Sie einem Wassermann schon buchstabieren – er kennt sie nicht. Toleranz ist sein Credo.

Hat er den Traumpartner gefunden, ist er treu. Obwohl er gerne und viel flirtet, ist an den Gerüchten über seine Seitensprünge meist nicht viel dran. Es muss nur der Grad der Aufmerksamkeit stimmen, der ihm entgegengebracht wird. Langeweile, Routine und ausgehenden Gesprächsstoff empfindet er als verletzend und zieht daher bald die Konsequenzen.

Schwierig für seinen Partner und seine Familie ist die Tatsache, dass er in seinem Engagement für andere seine Liebsten benachteiligt. Vor allem dann, wenn die Beziehung nur noch kameradschaftlich ist und er sein Seelenleben nicht mehr offenbart.

Die Zweiergemeinschaft ist für ihn weniger wichtig als gemeinsame Ideale. Es kann schon vorkommen, dass er ein Rendezvous erst für zwei Uhr früh ansetzt, weil er vorher noch auf eine Demo gehen muss und anschließend zu einer Diskussion! Aber er wird Sie wahrscheinlich fragen, ob Sie nicht mitkommen wollen! Sollten Sie sich beschweren, dass sie so selten zusammen seien, wird er ihnen zur Antwort geben: »Wieso? Wir waren doch gestern gemeinsam mit den Freunden dort, auf der Veranstaltung, ...« Gemeinsam bedeutet für ihn nicht automatisch ein romantischer Abend zu zweit!

Es ist für die beweglichen Wassermänner nicht einfach einzusehen, dass in eine Lebensgemeinschaft auch Beziehungsarbeit investiert werden soll.

Wer fantasievolle Erotik zu schätzen weiß, wird sich an einen Wassermann als Liebhaber erinnern! Die Geliebte, die einfühlsam auch auf Probleme im Intimleben eingeht, ist die Wassermann-Frau.

Wassermänner begeistern sich vor allem für die Ouvertüre. Da kann die ganze Fantasie entfaltet werden, bevor es wirklich »zur Sache« geht. Dann spielt er womöglich das Kamasutra oder Vergleichbares systematisch durch. Wenn Sie ihn in erotische Fahrt bringen wollen, ziehen Sie im Restaurant die Schuhe aus und liebkosen Sie mit der Zehenspitze seine Fesseln und Waden, bis der Zug abfährt! Sichtbarer Sex in der Öffentlichkeit, ohne ertappt werden zu können, versetzt ihm einen erotischen Kick.

DER WASSERMANN UND DIE ANDEREN

Widder – Wassermann

Prickelnd

Mit einem durchsetzungsstarken Widder an seiner Seite fällt es dem Wassermann leicht, seine zündenden, immer neuen und idealistischen Ideen in die Tat umzusetzen. Der Widder ist begeistert von den nie versiegenden Einfällen des Luftzeichens und stürzt sich mit Feuereifer in die gemeinsamen Unternehmungen. Die Verwirklichung großer Pläne rückt in greifbare Nähe!

In ihrer erotischen Beziehung lässt das Knistern nicht nach ... Der heißblütige Widder und der fantasievolle Wassermann tragen einander durch die Euphorie des Verliebtseins. In einer dauerhaften Beziehung wird der Widder lernen müssen, seine Eifersucht zu zähmen.

Stier – Wassermann

Verständnisprobleme

Freiheit ist das Lebensmotto des Wassermanns. Er will jederzeit flexibel sein, ist vielseitig interessiert und scheut Bindungen. Im Gegensatz dazu sucht der Stier nichts mehr als Sicherheit, feste Abläufe und ein geregeltes Leben. Wie soll er dem flirrenden, flüchtigen Wassermann Verständnis entgegenbringen?

Besser, sie erkunden gemeinsam erotisches Neuland und lassen es dabei bewenden!

Zwillinge – Wassermann

Chaos im Luftschloss

Was für ein geistig quirliges Paar! Spaß und gute Gespräche genießt das Paar. Ihre Seelenverwandtschaft bildet die Basis für bestes Einvernehmen.

Intellekt und Fantasie beleben die Beziehung, Eintönigkeit und Routine entstehen erst gar nicht. Nur der Alltag und die langweiligen, aber notwendigen Verrichtungen kümmern das luftige Paar wenig. Daraus folgt – Chaos!

Die Initialzündung für erotische Erlebnisse findet beim Zwilling und beim Wassermann im Kopf statt, ausgelebt wird sie allerorten ...

Krebs – Wassermann

Unterschiedliche Lebenssauffassungen

Definiert sich der liebevolle Krebs über das Gefühl, steht für den intellektuellen Wassermann Verstand im Vordergrund seines Wesens. Für die romantische Ader des Krebses hat der Wassermann wenig Verständnis, er bevorzugt ausgefallene Spielereien – auch in der Erotik. Das kann den Krebs verunsichern.

Eine berufliche Verbindung zwischen den beiden Wasserzeichen scheint fruchtbringender und für beide Seiten erfreulicher als eine partnerschaftliche Liebesbeziehung.

Löwe – Wassermann

Außergewöhnlich

In dieser Verbindung regiert die Freiheit. Der Wassermann spielt den Unterhalter für den Löwen, der sogar Kritik akzeptiert, wenn sie entsprechend charmant und witzig angebracht wird. Der Löwe gibt dem Wassermann jenen Halt und jene Zuverlässigkeit, die auch ein freiheitsliebender Mensch wie er manchmal braucht, um nicht im Chaos zu versinken. Gemeinsam sind sie stark. Es vereinen sich Ideenreichtum mit Tatkraft und Umsetzungsstärke.

Leidenschaftliche Glut und fantasievolle Spielereien ergeben eine erregende erotische Mischung im Liebesleben.

Jungfrau – Wassermann

Geistige Anregung

Planung ist für die Jungfrau das Wesentliche in ihrem Leben. Sie will immer den Überblick bewahren und möglichst wenig Unvorhergesehenes erleben. Ganz anders der Wassermann: Überraschungen sind für ihn an der Tagesordnung, er schöpft Kraft daraus, seine Umgebung immer wieder in Erstaunen zu versetzen. Im gedanklichen Austausch und intellektuellen Auseinandersetzungen begegnen sie einander und beflügeln sich.

Ihr Sexleben findet eher im Kopf statt als im Schlafzimmer ... Exotisch – so sieht einer den anderen. Eine amüsante Affäre, basierend auf fantasievollen Theorien, ist sicher reizvoll – aber eine Beziehung? Die Haltbarkeit darf bezweifelt werden.

Waage – Wassermann

Luftige Höhen

Viele gemeinsame Interessen, nie versiegende Gespräche und jede Menge Unternehmungslust – die beiden sind wenig zu Hause! Der Waage fantasievolle Ideen setzt der tatkräftigere Wassermann um. In der Seele bleiben sie treu. Für das Freiheitsbedürfnis des anderen bringen beide großes Verständnis auf. Mit ihrem Einfühlungsvermögen fällt es ihnen nicht schwer, die Empfindungen und Stimmungen des anderen nachzuvollziehen.

Anregende erotische Nächte verbringen die beiden miteinander und führen sich gegenseitig von Höhenflug zu Höhenflug! Eine insgesamt harmonische Beziehung scheint sich abzuzeichnen!

Skorpion – Wassermann

Dominanz gegen Unabhängigkeit

Ein leidenschaftlicher Skorpion raubt dem Wassermann die Luft. Die Forderung, sich ausschließlich dem Skorpion zuzuwenden, beschneidet den Wassermann in seinem Freiheitsbestreben. In hitzigen Wortgefechten und interessanten Diskussionen brillieren beide. Auf geistigem Gebiet verstehen sie einander hervorragend und genießen diese Form der Auseinandersetzung.

Greifen die Aszendenten mildernd in die Persönlichkeit ein, kann die Beziehung Erfolg versprechend sein.

Schütze – Wassermann

Immer unterwegs

Abwechslung lautet ihre Devise! Das Paar ist ständig unterwegs, immer in Bewegung – geistig und körperlich, Langeweile hat keine Chance. Gemeinsame Interessen lassen die Gesprächsthemen nicht versiegen. Sie suchen Abenteuer in der Natur und intellektuelle Anregungen auf Reisen. Provokant und unkonventionell zu sein beflügelt die beiden.

Fantasie und Feuer bestimmen ihre erotischen Begegnungen, die zur Zufriedenheit sowohl des Wassermanns als auch des feurigen Schützen verlaufen.

Steinbock – Wassermann
Geplant oder spontan?

Der Steinbock schüttelt seine mächtigen Hörner, wenn er sich dem unkonventionellen Wassermann gegenübersieht. Ein solides, sogar asketisches Leben zu führen, ist das Ideal des konservativen und vernünftigen Steinbocks. Völlig konträr der Wassermann: Spontane Entschlüsse, schillernde Ideen und aufregende Fantasien will er ausleben. Entgeistert sieht er dem Steinbock zu, wie der Sicherheit in Konventionen sucht und findet.

Der kraftvolle Steinbock findet die fantasievollen erotischen Ideen des Wassermanns theoretisch interessant – aber ob er sie tatsächlich ausleben will?

Wassermann – Wassermann
Unberechenbarkeit zum Quadrat

Alles verändert sich – ständig. Wassermann ist nicht gleich Wassermann, nicht einmal innerhalb ihrer eigenen Reihen lassen sie sich so genau festlegen! Ob Spiegelbild oder doch konträr – alles ist möglich. Warum also nicht Wassermann im Doppelpack? Sie können sich prächtig ergänzen, sind idealistisch, engagiert und suchen alles, nur nichts Bindendes. Darin ist man sich ja schon einig. Wohnungssuche können sie sich sparen: Ein fliegender Teppich genügt!

Der erotische Rest kann wunderbar übereinstimmen. Zwei fantasievolle Liebende!

Fische – Wassermann
Schäumende Brandung!

Zwei, die die Fantasie gepachtet haben, finden sich natürlich sehr aufregend und spannend! Investiert der Fisch Gefühle, wird es dem Wassermann zu eng und er kann seine spitze Zunge nicht mehr im Zaum halten. Damit verletzt er den empfindsamen Fisch zutiefst, der geglaubt hat, die Emotionen des Coolen ans Tageslicht befördern zu können.

Begonnen hat alles in erotischer Harmonie. Aber ob Kuscheln oder ironische Wortspiele die gemeinsamen Abende dominiert …?

Beruf

Vielfältig sind seine Interessen, spontan seine Entscheidungen und binden will er sich auch nicht? Das schlägt auch bei der Berufswahl durch. Nicht jeder Wassermann findet auf Anhieb den Job, in dem er alles findet, was ihm wichtig ist. Vor allem Abwechslung muss er in seinem beruflichen Leben ebenso finden wie im privaten. Wichtig ist ihm auch der kommunikative Umgang mit Menschen.

Sein fröhliches Wesen macht ihn bei Kollegen allgemein beliebt. Fair und engagiert setzt er sich für jeden ein, dem Ungerechtigkeit widerfährt. Er scheut kein offenes Wort! Und er beugt sich auch dem Druck »von oben« nicht, wenn es um Gerechtigkeit geht. Mobbing lässt er nicht zu. Seine Selbstsicherheit bleibt ungebrochen.

Besonders auffallend ist seine extreme Teamfähigkeit.

Jobs, in denen er fixe Dienstzeiten hat, die mit der Stechuhr nach genauer Uhrzeit kontrolliert werden, sind für einen Wassermann ungeeignet. Gleitzeit ist das richtige Arbeitszeitmodell für ihn, wenn er sich seine Arbeitszeit nicht völlig frei wählen kann. Es macht ihm nichts aus, ein paar Überstunden einschieben müssen, um ein Projekt rechtzeitig fertig zu stellen. Erfolg und Anerkennung motivieren ihn, der Glanz des Lobes schmückt ihn.

Als Chef hat er klare Vorstellungen von seinen Zielen, an Durchsetzungsvermögen und Problemlösungskompetenz mangelt es ihm nicht. Geduld und Ausdauer würde er mehr brauchen ... Seine Mitarbeiter schätzen die Toleranz und Offenheit, die er ihnen entgegenbringt.

Für ihn eignen sich kreative Berufe besonders gut. Extravagante Modelle und Ideen entstehen bei Wassermann-Designern. Schauspieler aus diesem Sternzeichen lernen ihre Rollentexte im Nu und können sich wunderbar in die verschiedenen Charaktere hineinversetzen. Models können ihre Schönheit und Grazie Gewinn bringend einsetzen.

Für den kommunikativen Wassermann sind Jobs mit viel Kontakt zu Menschen bestens geeignet. Ob als Portier im Hotel oder in der Reisebranche kann er seinem Wunsch nach Wechsel gut nachgeben. Journalisten und Moderatoren finden sich unter ihnen häufig. Werbung ist ein ideales Wassermann-Metier, das seiner Kreativität entgegenkommt.

Ihre soziale Ader können sie in Berufen ausleben, die sich um das Wohl der Menschen sorgen. Ob Entwicklungshelfer oder Arzt – ein Wassermann kann sich trotz seines intensiven Engagements distanzieren, sodass die Sorgen und Probleme anderer vor seiner eigenen Seele Halt machen und ihn emotional nicht belasten. Er weiß, dass er durch abstraktes Durchdenken des Problems mehr helfen kann als durch Mit-leiden.

Gesundheit

Wenn der Wassermann doch endlich Zeitmanagement lernen könnte! Dann müssten seine Nerven nicht so schrecklich unter dem ungeheuren Zeitdruck leiden, dem er sich aussetzt.

Seine Ernährungsgewohnheiten sind reichlich unorthodox. Er isst irgendetwas, ob Fastfood oder Gourmetmenü, dazwischen etwas aus der Dose oder ein Sandwich. Am nächsten Tag ist vielleicht Bio-Essen angesagt ... Dass der Magen da nicht mitmacht und eines Tages streikt, ist kein Wunder.

Wird ihm von ärztlicher Seite eine Diät für seinen Magen-Darm-Trakt verordnet, beginnt er wie immer sehr enthusiastisch. Aber: So viel versprechend der Beginn war, so schnell kommt das Ende und damit die Rückkehr zu den schlechten Gewohnheiten.

Leben ist eben lebensgefährlich.

Sport

Die große Sportskanone ist der Wassermann nicht. Aber wenn er Freunde hat, die ihn mitreißen, wagt er sich noch als flotter Fünfziger auf Rollerblades oder auf ein Skateboard! Gibt es eine Squash-Runde, ist er mit dabei. Und wenn er Gelegenheit hat, in den Winterferien das Snowboarden auszuprobieren, wird er das tun. Überhaupt ist ihm Wintersport das Liebste: Eislaufen begeistert ihn total! Vielleicht über einen See flitzen oder einen zugefrorenen Bach entlanggleiten ...

Während Frau Wassermann gerne tanzt – egal ob Aerobic oder Bauchtanz –, widmet sich Herr Wassermann begeistert jenen Sportarten, die mit gleiten, schweben oder fliegen zu tun haben. Wassersport übt auf Wassermänner eine starke Faszination aus. Surfen, tauchen oder Wasserschi fahren werden sie begeistert versuchen.

Wer Schach spielen als Sport bezeichnet, dem sei gesagt, wie gerne Wassermänner eine Partie spielen!

Alle Sportarten, für die ihn seine Freunde begeistern können, macht er gerne mit. Kann sein, dass die anfängliche Begeisterung nicht von Dauer ist ...

Umgang mit einem Wassermann-Kind

Ist Ihr Nervenkostüm reißfest? Ein kleiner Wassermann sprüht vor Lebensfreude und Energie, die er vor allem dazu verwendet, um alles zu entdecken und zu erkunden, was ihm neu ist. Und das ist für ein kleines Kind bekanntlich das meiste ... Alles muss angegriffen und vor allem ausprobiert werden. Es entgeht ihm nichts, was aufregend sein könnte. Sobald der kleine Wassermann laufen kann, haben Sie ihr Fitnessprogramm für Körper und Nerven im Haus! Machen Sie sich dennoch keine Sorgen, wenn das Energiebündel plötzlich mucksmäuschenstill und in sich gekehrt in einer Ecke sitzt und vor sich hin schaut. Auch das ist Wassermann. Glücklicherweise sind die meisten Kleinen dieses Sternzeichens recht ordentlich, auch wenn manchmal alle Spielsachen über sein Zimmer verteilt sind. Irgendwann wird es ihm zu viel und es räumt auf. Befehle prallen an einem so freiheitsbewussten Kind ab. Fördern und motivieren lässt es sich sehr gut. Vor allem seine musischen Talente wie musizieren verdienen Unterstützung. Von Ihnen werden eines Tages die Qualitäten und das Wissen eines wandelnden Lexikons erwartet! Alles will der kleine Wassermann genau wissen, Sie werden über seine Fragen staunen!

Seine rasche Auffassungsgabe macht das Lernen und die Schule leicht. Sein besonderes Talent liegt in der Sprachbegabung. Fremdsprachen lernt es schnell, seine Aufsätze sind lesenswert.

Bis zum ersten Verliebtsein während der Pubertät sollte ein jugendlicher Wassermann gelernt haben, dass man sich seiner Gefühle nicht zu schämen braucht, dass man sie zulassen darf und auch Zärtlichkeit geben und annehmen kann. So überschwänglich wie manch anderer wird er dennoch nie sein. Manche Mädchen neigen dazu, Empfindungen als Schwächlichkeit abzutun. Ein pubertärer Wassermann ist eine besondere Herausforderung für seine Eltern. Er lebt die Wirren des Erwachsenwerdens aus – nach allen Regeln der Kunst ...

Am Ende kommt aber trotzdem oder gerade deshalb ein reifer junger Mensch heraus!

Prominente Vertreter

Placido Domingo, spanischer Tenor
Willy Bogner, deutscher Designer und Schistar
Wolfgang Amadeus Mozart, österreichischer Komponist
Phil Collins, britischer Sänger
Paul Newman, amerikanischer Filmstar
Franz Schubert, österreichischer Komponist
Nick Nolte, amerikanischer Filmschauspieler
James Dean, amerikanische Filmlegende
Falco, österreichischer Sänger
Dieter Bohlen, deutscher Popsänger
Wolfgang Lippert, deutscher Showmaster
Caroline von Monaco
Nastassja Kinski, deutsche Schauspielerin
Vanessa Redgrave, politisch aktive britische Schauspielerin
Hella von Sinnen, deutsche Exzentrikerin
Rita Süssmuth, deutsche Politikerin, Ministerin
Jeanne Moreau, französische Schauspielerin

DIE FISCHE

20. Februar bis 20. März

Persönlichkeit

Schwimmen und abtauchen in Gefühl, Fantasie, Träume und Harmonie. Wohlig und ruhig im See der Ideale baden, im rauschenden Bach dem Alltäglichen, Lästigen und Durchschnittlichen davonspringen – das ist Fische-Leben!

Machen Sie einen Bogen um Fische, wenn Sie tiefe Emotionen verunsichern, Sie mit Idealen nichts am Hut haben und Fantasie Ihrer Meinung nach nur etwas für Künstler ist! Realitätssinn ist nicht die große Stärke der Fische. Im Gegenteil: Rechnungen, unangenehme Briefe und auszufüllende Formulare in dreifacher Ausfertigung lassen sie verständnislos verzweifeln. Wozu das Ganze? Dafür haben sie keinen Sinn! Bürokraten sind Fische absolut nicht! So lange als möglich verstecken sie sich vor unangenehmen Realitäten oder vergraben den Kopf im Sand. Briefe, die einen Absender haben, der nichts Gutes verheißt, landen oft ungelesen im Papierkorb ...

Was Sie von einem Fisch nicht verlangen sollten, ist die Erledigung alltäglicher Dinge, Kleinkram. Geben Sie ihm lieber nicht die Telefon- und Stromrechnung, um sie zu bezahlen! Es kann schon sein, dass Sie wenig später ohne Telefon bei Kerzenschein sitzen und sich ärgern, statt die Romantik zu genießen.

Fische neigen dazu, Entscheidungen unnötig hinauszuzögern und sich dadurch Probleme zu schaffen. Entschlussfreudig kann sie niemand nennen.

Zugegeben: DEN Fisch – oder astrologisch korrekt: die Fische – gibt es nicht. So wie bei allen anderen Sternzeichen kann es sich nur um den kleinsten gemeinsamen Nenner der »typischen« Eigenschaften handeln. Der ist bei ihnen aufgrund der großen Bandbreite dieser Kennzeichen ziemlich klein. Fische sind nun einmal besonders vielschichtig! Während die einen dem landläufigen Bild des schüchternen, etwas zögerlichen Träumers entsprechen, sind andere Vertreter durchaus selbstbewusste Karrieretypen, die es verstehen, sich in den Vordergrund zu spielen.

Dass sich Fische nicht über ihren Verstand, sondern über ihre emotionalen Ebenen definieren, ist kein Geheimnis und meist auf den ersten Blick zu erahnen. Jeder, der einen Fisch kennt, wird zustimmen, wenn als eine der hervorstechendsten Eigenschaften seine Hilfsbereitschaft genannt wird. Einfühlsam kann er sich in andere Menschen sehr gut hineinversetzen und spürt ihren Seelenzustand. Intuition ist in diesem Zeichen eine besonders häufig anzutreffende Gabe. Mit seiner feinen, sensiblen Antenne hat der Fisch einen guten Draht zu Übersinnlichem, Okkultem und Mystischem – auch wenn es nicht jeder erkennt oder auslebt. So mancher Fisch würde zu gerne in einem richtigen Spukschloss übernachten und die »Weiße Dame« kennen lernen ... Sollte sie ihm aber in einem Schlosshotel begegnen, wird er aber der Erste sein, der schallend lacht oder sie zum Kaffee einlädt!

In diesem kreativen Kopf tummeln sich viele Ideen, nur fehlen den Fischen ein bisschen das Selbstvertrauen und die Tatkraft, sie in die Realität umzusetzen. Auch das hat ihnen den Ruf der Träumer eingebracht. Fehlschläge tun ihr Übriges, um die Fische von weiteren Unternehmungen abzuhalten. Unterstützen Sie Ihren Fisch, damit er nicht in Depressionen versinkt! Je mehr Anerkennung und Akzeptanz er von seiner Umgebung erhält, desto eher kann er Leistungen erbringen. Fast noch wichtiger ist es, den berührungssüchtigen Fisch in den Arm zu nehmen!

Manche Fische entziehen sich Konflikten gerne durch die Flucht in ihre eigenen Welten. Oder sie teilen sehr dezidiert und scharf mit, dass sie in ihrer Umgebung keine Konflikte dulden.

Fischen wohnt ein Bedürfnis nach Sicherheit inne. Aufgrund ihrer vielen verschiedenen Stimmungen und ihrer Labilität in sich selbst, suchen sie oft eine starke Schulter, ein Fangnetz, das sie hält, wenn sie fallen. Das hilft ihnen auch im Umgang mit ihrer Beeinflussbarkeit. Nur allzu gerne nehmen sie von ihrer Umgebung an, was sie zu bieten hat. Ob lustige, unkomplizierte Freunde, exaltierte Persönlichkeiten oder auch sinistre Menschen können Fische sehr in ihren Bann und zu ihrer eigenen Grundstimmung hin ziehen. Wenn das Leben allzu hart wird, versucht mancher der Wirklichkeit durch Flucht in Alkohol oder Drogen zu entkommen. Bei Fischen ist der Anteil an Suchtkranken besonders hoch.

Ihr Hang und ihre Fähigkeit zum Mitleiden zwingt die Fische zum Handeln. Eine Frau, die ihre Schwiegereltern bis zur Selbstaufgabe pflegt, Paare, die ein Kind aus einem Kriegsgebiet adoptieren, Familien, die behinderte Kinder in Pflege nehmen – da ist sehr oft ein Fisch im Spiel. Sie wollen tätige Hilfe leisten und sich nicht auf anonymes, unpersönliches Spenden beschränken.

Neben all den altruistischen Aspekten in den Fischen verbirgt sich unter ihren manchmal wasserklaren Blicken ein pointierter Sarkasmus. Sie können als regelrechte Pointenschleudern Furore machen. Mancher scharfzüngige Liedermacher wurde unter diesem Zeichen geboren. Ihr Humor kann zuweilen sehr makaber sein!

Stellt sich ein Fisch vor, tut er das gerne mit dem Satz: »Ich bin ein sensibler Fisch.« Damit holt er sich einen Freibrief für alle seine skurrilen Eskapaden.

Fantasievolle Spiele sind für ihn Selbstzweck und so real wie die Wirklichkeit. Ein Herr, der am Wasser sitzt und fischt, ohne eine Schnur an der Angelrute zu haben – dieser Herr ist Fisch!

Changierende, seidige Stoffe, am besten in »Sonnenuntergangsfarben«, faszinieren Fische. Die typischen Farben der Fische sind Lilatöne wie Flieder oder auch ein sehr zartes Hellblau.

HERR FISCH – ein gefühlvoller Mann!

Lassen Sie sich nichts vormachen: »Softie« ist er keiner! Aber ein Mann ohne emotionale Defizite, er scheut sich nicht, Gefühle zu haben und zu zeigen. Wen wundert es, dass er in der Damenwelt Erfolg hat?

Sollten Sie unbedingt haben wollen, dass ein Mann um Sie kämpft, Sie geradezu belagert oder Sie bestürmt wie eine Festung, wenden Sie sich lieber an einen Herrn aus einem anderen Sternzeichen! Herr Fisch ist nicht die Kämpfernatur, kein Eroberer. Er wird Ihnen jede Verehrung zuteil werden lassen, Sie charmant in Gesprächen beeindrucken und zu gewinnen suchen und Sie zum gegebenen Zeitpunkt mit Zärtlichkeiten überschütten!

Die erste erotische Begegnung wird sich vielleicht an einen romantischen Winterspaziergang oder an eine Bootsfahrt unter Sternen anschließen. Sie wird aber kaum von langer Hand geplant sein! Sein Wunschtraum ist es, mit der Partnerin in Harmonie zu verschmelzen und in Liebe zu schwimmen. Dann kann er all seine Qualitäten als fantasievoller Liebhaber ausspielen ...

Herr Fisch ist ein Romantiker. Nicht nur im Zustand der Verliebtheit! Sein ganzes Leben lang versetzt ihn ein Sonnenuntergang in Verzückung, reißt ihn der Anblick eines idyllischen Bergdorfs in der Toskana zu Begeisterungsstürmen hin.

Auch die Frau seines Lebens wird er immer wieder durch kleine Aufmerksamkeiten, ob Gedichtbändchen, Blumen oder zartes Schmuckstück, verwöhnen und ihr sein Gefühl ausdrücken. Er kann wunderbar auf seine Geliebte eingehen und spürt durch sein Einfühlungsvermögen genau, was sie sich wünscht. Ein Traummann?

Glauben Sie nicht, er sei ein Mann der Vernunft! Wenn die Fantasie und die Neugier mit ihm durchgehen, können Sie mit ihm die tollsten, irrwitzigsten Dinge erleben! Ein Fisch kann seine Geliebte zu manchmal geradezu absurden Verrücktheiten hinreißen. Nicht nur geistiger Natur ...

Wütende, rasende Eifersucht kennt er nicht. Ein allzu heftiger Flirt seiner Partnerin verletzt ihn aber zutiefst. Ob er sich von diesem Schlag gegen sein Vertrauen erholt, ist fraglich. Er will nicht wahrhaben, dass er betrogen wurde. Erst wenn er den Liebhaber mit eigenen Augen im Kleiderschrank entdeckt hat, stellt er sich der Realität.

Mit Herrn Fisch haben Sie einen modernen Mann an Ihrer Seite, für den Gleichberechtigung nicht nur ein Schlagwort ist. Die Bitte, den Mülleimer mitzunehmen, ist für ihn kein Angriff auf den Mannesstolz! Vielleicht ist er sogar bereit, für eine Zeit bei den Kindern zu bleiben und sich von seinem Beruf für diese Zeit karenzieren zu lassen. Sein Heim muss Gemütlichkeit ausstrahlen und bequem sein. Dafür engagiert er sich auch gerne selbst!

Wenn er in einer Freundesrunde sitzt, unterhält er sich blendend mit allen. Ob Erzählungen von seinen – manchmal recht abenteuerlichen – Reisen, Diskussionen über tagesaktuelle Themen oder einfach nur philosophisches Geplänkel, für schrullige Kommentare ist er immer gut! Herr Fisch ist ein geschätzter Gesprächspartner. Wenn dazu gutes Essen und ein hervorragender Wein kredenzt werden, ist der Genießer rundum zufrieden.

Entweder er ist der Typ Mann, der sich im Geist von Woodstock alternativ kleidet, oder der sehr modebewusste Mann. Er selbst geht gerne auf Einkaufstour – ob er Sie zum Shopping begleiten will?

FRAU FISCH – eine fantasievolle Seele!

So einfach zu durchschauen ist sie nicht! Zwischen offen und kontaktfreudig einerseits und dünnhäutig und introvertiert andrerseits bewegt sie sich. Von ihrem Partner erwartet sie, dass er ihre momentane Stimmung sofort errät und entsprechend darauf reagiert. Es wird Ihnen viel an Einfühlungsvermögen und nahezu hellseherischen Fähigkeiten abverlangt, wenn Sie sich für Frau Fisch interessieren und sie gerade ihre rätselhafte Phase hat!

Ihre Domäne ist eindeutig das Gefühlsleben. Romantische Stimmungen machen sie für Träume empfänglich. Wenn Sie sie erobern wollen, winken Sie ihr aber auch mit ein wenig verwegeneren Ideen – eine Abenteurerin ist sie nämlich auch! Geben Sie ihr das Gefühl, dass sie mit Ihnen an ihrer Seite jedes Erlebnis wagen kann – starke Männer imponieren ihr. Sicher haben Sie auch eine zündende Idee, mit der Sie Frau Fisch überraschen könnten – das liebt sie! Ob der Wochenendtrip in eine Stadt oder ein romantischer Ausflug mit Lagerfeuer – ihr beglücktes Lachen, ihre überschäumende Freude sind Ihnen sicher.

Sie vergibt ihr Herz nicht an einen wilden, wüsten Eroberer, sondern an einen Mann, der Gefühle haben, zeigen und mit ihr ausleben kann. Sie ist so lange auf der Suche nach der großen Liebe, bis ihr der Mann mit Fantasie, Herz und Charakterstärke begegnet. Ihr Ideal ist eine Mischung aus Albert Schweitzer und romantischem Dichter. Dabei will sie aber nicht gleich eine Beziehung auf immer und ewig anpeilen, sondern lebt ihre Liebe jeden Tag neu. Man kann sie nicht als flatterhaft bezeichnen, aber durch ihre sinnliche Ausstrahlung, wenn sie verliebt ist, fliegen ihr auch andere Herzen nur so zu. Vielleicht wird sie da auch einmal schwach, ohne ihren Liebsten und ihre Gefühle für ihn in Frage zu stellen! Als Geliebte entfaltet sie ihre fantasievolle Sinnlichkeit – sehr zum Gefallen ihres Liebhabers. Durch ihr Einfühlungsvermögen und ihre Wandlungsfähigkeit passt sie sich den Wünschen perfekt an, ohne Fragen stellen zu müssen.

Sanft, sensibel, häuslich – so lauten die Assoziationen der meisten Menschen auf »Fische«. Alles das und noch viel mehr steckt in Frau Fisch. Sie hasst Regeln und fühlt sich schnell eingeengt. Dabei braucht sie Platz, um schwimmen zu können, um sich zu entfalten. Eintönige Tätigkeiten ohne Entwicklungsmöglichkeiten machen sie unglücklich und vertreiben sie.

Kreativität und die Liebe zu musischen Dingen machen ihr Leben lebenswert. Mit viel Fantasie widmet sie sich der Einrichtung ihres Heims, das für sie und ihre Familie ein vertrauter Ort zum Wohlfühlen und Auftanken ist, ein Fluchtpunkt, an dem einem nichts geschehen kann.

Hilfsbereit widmet sie sich ihren Freunden, muss aber Acht geben, dass sie nicht ausgenützt wird. Unterschätzen darf man sie auf keinen Fall! Wenn sie sich ärgert, kann sie ihr Gegenüber sehr zielsicher ins Herz treffen …

Nicht selten haben Fische-Frauen eine Neigung zu okkulten, geheimnisvollen Dingen. Manche von ihnen wären im Mittelalter sicher als Hexe vor Gericht gestellt worden …

Am liebsten sieht sich Frau Fisch entweder im Hindu-Look oder seidig schimmernden Stoffen in hellen Pastellfarben.

Liebe, Partnerschaft, Erotik

Romantische Abende zu zweit, fantasievolle erotische Begegnungen, wonnige Tage in Verliebtheit – das finden Sie an der Seite eines Fische-Geborenen!

Fische suchen und brauchen jemanden, der hin und wieder die Führung übernimmt. Wenn Sie sich also selber lieber fallen lassen, mit sich geschehen lassen, dann werden Sie bei den Fischen nicht auf die entsprechende Resonanz treffen.

Wie Sie einen Fisch für sich gewinnen können? Vorsichtige Annäherung, sanfte Berührungen, tiefe Blicke und dann – nicht zu schnell – ein zärtlich-leidenschaftlicher Kuss ... Nichts überstürzen, sondern Gefühle zeigen, nicht losstürmen sondern sich langsam annähern, das ist die richtige Art, um einen Fisch »zu fangen«. Seine langsame Werbung hat aber nichts mit Schüchternheit zu tun! Eher mit List und Tücke: Er will den entscheidenden Schritt so lange als möglich hinauszögern und seinen Spieltrieb ausleben, bevor er abtaucht in die Untiefen leidenschaftlicher Sinnlichkeit.

Seine Fantasie will angeregt werden und ein Echo hervorrufen. Fantasievolle Inszenierungen lieben Fische sehr! Regen Sie eine kleine, feine, aber spannende Aktion an, die einen kreativen Fische-Menschen interessieren könnte. Ein Picknick bei Mondschein weckt sicher nicht nur im Fisch romantische Gefühle! Im milden Mondlicht kommt der Fisch auch nicht auf Gedanken, die sein Selbstbewusstsein untergraben. Es hat doch – zugegeben – jeder lieber das schmeichelnde Licht auf sich gerichtet als den unbarmherzigen Scheinwerfer eines Arztes! Und alles, was dem Fisch Sicherheit und Selbstbewusstsein gibt, sollten Sie ihm nicht vorenthalten. Nur dann kann er alle seine positiven Seiten hervorkehren und leben.

Fische sind prinzipiell nicht wüst eifersüchtig, aber eine schleichende, leise quälende Eifersucht bekommt zu spüren, wer als sein Partner einem Seitensprung nicht widerstehen konnte. Eine leise, böse Gefährlichkeit ist es, die dem Schuldigen die Schauer über den Rücken jagt. Aus eigener Erfahrung wissen Fische zu genau, wie schmal der Grat zwischen Flirt und Seitensprung sein kann! Treue heißt ihr Lieblingswort nicht! Sie lassen sich nur allzu gern verführen und werden von sinnlichen Menschen des anderen Geschlechts magisch angezogen. Vor allem eher dominante Persönlichkeiten wirken auf Fische wie ein Magnet ... Aufgrund ihrer Wandelbarkeit sind sie gern bereit, dem Partner das zu sein, was er sich wünscht. Ihre extreme Sinnlichkeit vermitteln sie subtil, aber fühlbar.

Sie gehören nicht zu denen, die sich unbedingt so schnell wie möglich in eine feste Beziehung stürzen wollen, obwohl sie sich nach Sicherheit, einem festen Seelen-Ankerplatz sehnen. Sobald sie verliebt sind und ihnen jemand seine Bewunderung zu verstehen gibt, wird er gnadenlos idealisiert. Der erwählte Partner KANN einfach nichts falsch machen!

Wenn sich Fische fangen lassen und in einer fixen Beziehung leben, ist ihnen auch die Gemütsstabilität äußerst wichtig. WENN Sie es schaffen, durch bedingungslose Liebe einen festigenden Einfluss auf Ihren geliebten Fisch auszuüben, wird er hoffentlich weniger empfänglich für »Kirschen in Nachbars Garten« sein ... Die Liebe ist für Fische wie das riesige, unendlich weite Meer, in dem sie schwimmen und sich so richtig in ihrem Element fühlen.

Ein schönes, harmonisches Heim, das Geborgenheit und Sicherheit bietet, lockt die Fische jedenfalls immer wieder nach Hause zurück. Gleichberechtigte Partner genießen nicht nur schöne Stunden, sondern teilen auch alltägliche Verpflichtungen auf. Das braucht man Fischen nicht lange zu erklären. Ihnen ist an einer harmonischen Beziehung gelegen.

Mit großzügigen Geschenken erfreut ein Fisch seinen Partner – aber keinesfalls die Haushaltskasse! Obwohl sie sehr clever im Umgang mit Geld sind, geben sie es meist auf der anderen Seite mit vollen Händen aus. Aber Vorsicht vor Bevormundung und Einschränkung! Fische werden gerne an der Hand genommen, lehnen sich gerne an eine starke Schulter, ergreifen freudig die gebotene Hand – aber bei dem Gefühl, eingeengt zu werden, winden sie sich wie ein glitschiger Fisch durch die Hand. Ihr diplomatisches Geschick ist gefragt, um diesen Grat zwischen Festigkeit und Freiheit ohne Absturz zu überwinden!

Fische sind liebevolle Eltern, deren Kinder bestimmt keine zärtliche Geste vermissen! Vielleicht fehlt es an Konsequenz dem Nachwuchs gegenüber, aber sicher nicht an verständnisvoller Zuwendung.

Die Fische und die anderen

Widder – Fische

Feuer und Wasser

Während sich der Fisch in sanften Träumen wiegt, stürmt der Widder bereits eilig voran und schreitet zur Tat. Entgeistert sieht der sensible Fisch, wie der Ungestüme über Widerstände und Bedenken anderer hinweggaloppiert. Da kann er nur nach Luft schnappen! Der Fisch taucht in sein Inneres ein und pflegt sein Seelenleben. Dazu hat der Widder keine Zeit – er rast weiter.

Einig sind sie sich in der Erotik: Fantasie und Sinnlichkeit spielen eine wichtige Rolle im Liebesleben beider Sternzeichen.

Stier – Fische

Kuschelig!

Vielleicht erkennen sie erst auf den zweiten Blick, dass sie einige Gemeinsamkeiten haben. Die Antenne für Sinnlichkeit und Romantik führt Fisch und Stier zusammen. Gerne zieht sich der Fisch in die gemütliche Häuslichkeit des Stiers zurück und fühlt sich dort geborgen und sicher. Der Stier bietet ihm Zuflucht vor der rauen Wirklichkeit. Die Kreativität des Fisches setzen sie in sinnliche Wirklichkeit und Genuss um.

Behutsam lernt das Paar voneinander. Eine Kuschelbeziehung!

Zwillinge – Fische

Extravertiert und introvertiert

Gerne begleitet der Fisch den unruhigen Zwilling auf Reisen, lässt sich zu exotischen Zielen führen und besucht interessante Veranstaltungen mit seinem Partner. Bis es ihn nach einer Pause verlangt! Dann will er sich auf sich selbst besinnen, in seine Seele blicken und in Ruhe wieder ein Buch lesen – am Sofa liegend in eine kuschelige Decke gehüllt. Zu viel Aktionismus verträgt der Sensible nicht.

Viel Liebe und Toleranz brauchen die beiden, wenn sie eine haltbare Verbindung eingehen wollen. Strebt der Fisch nach Verschmelzung von Körper, Geist und Seele, ist die Liebe für den Zwilling ein aufregendes Spiel.

Krebs – Fische

Gefühlvoll

Der Krebs wird zum starken Helden, wenn sich der Fisch selig in seine Arme sinken lässt! Ein gemeinsames Bad in ihren warmen Gefühlen macht sie glücklich. Liebevoll gehen sie auf einander zu und fühlen mit dem anderen. In ihrer Beziehung ist der Krebs der praktischere Teil, der sich um die alltäglichen Dinge kümmert und auch die Finanzen im Griff behält. Die fantasievollen Beiträge des Fisches gestalten ihr gemeinsames Leben interessant.

Lebt der Fisch seine Fantasien in der Erotik einfühlsam aus, entsteht eine beinahe ideale Beziehung!

Löwe – Fische

Nicht einfach!

Der Löwe badet in der Menge und blüht in der Gesellschaft auf. Der Fisch bevorzugt das Bad in den Gefühlen und zieht sich in seine Seele zurück. Sehr leicht verletzt der Löwe den zart besaiteten Fisch in seinen Gefühlen. Die völlige Verschmelzung in einer Beziehung schätzt der Löwe nicht. Er will sich Freiheit bewahren. Die Geheimnisse in der Seele des Fisches zu ergründen reizt ihn wenig.

Starke Aszendenten, gute Sterne und ein Übermaß an Verständnis sind in dieser Beziehung gefragt!

Jungfrau – Fische

Ruhige Zeiten

Die größte Gefahr in ihrer Verbindung besteht in der übergroßen Ruhe, die einkehren kann, wenn Fisch und Jungfrau sich finden. Es fehlt weder an Treue noch an geistiger Harmonie. Es fehlt an Feuer, an Pepp und Schwung! Der Fisch bringt für den Geschmack der pragmatischen Jungfrau zu viel Spiritualität ein. Sie kann ihm wiederum nicht so leicht in seine Traumwelt folgen.

Wenn der Fisch es schafft, die verborgenen Fantasien der Jungfrau auszumachen und herauszulocken, bestehen Chancen …

Waage – Fische

Wer führt?

Von zwei Planeten kommen sie. »Faszinierend«, würde Mr. Spock sagen, aber auch wenn sie aneinander Gefallen finden – sich zu verstehen ist sehr, sehr schwierig! Die freiheitsliebende Waage flirrt durchs Leben, während die Fische in die Tiefe schürfen und bemuttern wollen. Wird es der Waage in der klammernden Umarmung der Fische zu eng, kann sie recht zänkisch werden, was die Fische traurig und unglücklich macht.

Die wechselseitigen Sehnsüchte und Wünsche zu erfüllen wird schwierig, wenn sie auch erkannt werden.

Skorpion – Fische

Verschmelzung auf allen Ebenen

Der Fisch findet die gefühlvolle, empfindsame Seele des Skorpions, die dieser unter seinem Panzer verbirgt, und geht behutsam mit ihr um. Beide ergründen gerne Geheimnisvolles, vor allem in anderen Menschen. Und unergründliche Tiefen bergen sowohl Skorpion als auch Fisch!

Sie schenken einander unbedingte Treue – für beide eine Selbstverständlichkeit! Der Fisch bietet dem Skorpion genug Fantasie, um keine Langeweile aufkommen zu lassen. Als verständnisvoller Partner ist der Fisch dem emotionalen Skorpion eine wunderbare Ergänzung.

Schütze – Fische

Zu nah am Feuer?

Mit seinem Feuer und seinem Schwung bringt der Schütze Bewegung ins Fische-Leben. Nicht immer im ausschließlich positiven Sinn! Das Energiebündel überfordert den zaghafteren Fisch mit seinem Temperament. Vor allem, wenn es um die Treue geht, sind die Auffassungen extrem unterschiedlich. Mit traurigem Blick und verletzter Seele muss der Fisch mit ansehen, wie sein Schütze wieder heftig flirtet.

Die Gefahr, mit gebrochenem Herzen auf der Strecke zu bleiben, ist für den Fisch groß. Ob die beiden ein glückliches Paar werden können, scheint zweifelhaft zu sein.

Steinbock – Fische

Beschützer und Schutzsuchender

Halt, Sicherheit und Schutz findet der seelenvolle Fisch beim starken Steinbock, der in dieser Beziehung sein Verantwortungsbewusstsein und seine Führungsrolle ausleben kann. Jeder kann seine Veranlagungen ausleben und findet im Partner eine Ergänzung.

Der fantasievolle, romantische Fisch lindert die Nüchternheit und Härte des Steinbocks, der sich mit seinem ausgeprägten Realitätssinn revanchieren kann.

Nimmt der Steinbock Rücksicht darauf, dass ein zu heftiges Wort Zerstörung anrichten kann, stehen die Chancen gut!

Wassermann – Fische

Verstand trifft Gefühl

Die unerschöpflichen Fantasien ziehen sie gegenseitig an und versprechen Aufregendes und Spannendes. Aber zu unterschiedlich sind ihre Lebensauffassungen: Bedeutet dem Wassermann seine Freiheit alles, will der Fisch nichts mehr, als in einer festen Bindung verschmelzen und Sicherheit finden. Schmerzhafte Missverständnisse und Verletzungen sind unausweichlich!

Selbst die anfängliche erotische Harmonie leidet unter den unterschiedlichen Gefühlswelten und den daraus entstehenden Kränkungen.

Fische – Fische

Gefühl, Gefühl, Gefühl

Fische kommen fast zu gut miteinander aus! Da gibt es keine Reibungsflächen, keinen Ansporn. Eine Beziehung in Harmonie und Vertrauen, aber wer motiviert den anderen, um weiterzukommen? Wer holt die beiden aus ihren abgehobenen Träumen und idealistischen Vorstellungen? Ein bisschen Widerstand würde dem Verhältnis sehr gut tun! Das wissen die Fische aber auch ...

Wunderbares gegenseitiges Verständnis herrscht für die erotischen Bedürfnisse und Wünsche. Höhenflüge erleben die beiden, die es ihnen manchmal schwer machen, wieder auf dem Boden der Realität zu landen!

Beruf

Bei so vielfältigen Interessen fällt die Berufswahl schwer. Ein junger Fisch sucht meist etwas ausgiebiger, bevor er sich einem festen Beruf zuwendet. Außerdem ist der Beruf nur Mittel zum Zweck: Geld braucht man, um sein Leben so gestalten zu können, dass es Freude macht und den Interessen entgegenkommt.

Auch wenn ein Fisch seinen ausgeprägten künstlerischen Neigungen frönen will, wird er im Zweifel den Beruf wählen, der ihm Sicherheit verschaffen kann. Wenn der elterliche Betrieb übernommen werden oder die Tradition in einer Familie aus Lehrern aufrechterhalten werden soll, fügt sich der Fisch der Vernunft. Den Ausgleich schafft er mit einem künstlerischen Hobby.

Menschen und deren Fähigkeiten zu beurteilen fällt den Fischen leicht. Sie setzen auf Teamarbeit, ob als Chef oder Kollege. Wo sie auftauchen, erzeugen sie ein angenehmes Klima, das von Fairness geprägt ist.

Als Chefs sorgen sie dafür, dass sich alle wohl fühlen können. Sie treffen keine überhasteten Urteile, hören sich die Meinungen anderer an und können auch Vorschläge ihrer Mitarbeiter akzeptieren.

In Sozial- und Pflegeberufen finden sich Fische wegen ihrer Hilfsbereitschaft und ihrer Sensibilität für andere Menschen sehr häufig. Sie spenden ihren Patienten Mitgefühl und Trost.

Ob als Rettungsfahrer oder Gefängnispsychologe, ob als Kindergärtner oder Altenpfleger bringen sie ihr Einfühlungsvermögen mit. Fischen ist wichtig, dass sie helfen können.

Ihr hohes Maß an Kreativität und Fantasie erklärt, warum so viele Künstler unter dem Sternbild der Fische geboren sind. Literaten, Sänger, Schauspieler und vor allem Musiker gibt es unzählige unter ihnen. Dass sie in verschiedene Rollen schlüpfen können, gereicht ihnen dabei zum Vorteil.

Für Vertrieb und Verkauf sollten Sie als Chef oder Personalverantwortlicher meist jemand anderen als einen Fisch erwählen! Fische brauchen einen Manager an ihrer Seite, der sich um den lästigen, bürokratischen Kram kümmert. Sonst können Katastrophen geschehen!

Gesundheit

Die gesundheitlich schwächsten Punkte der Fische sind der Fuß, die Fußgelenke und die Zehen. Sie stehen ja nicht fest und ruhig da. Sogar im Stehen kann sich ein Fisch den Fuß verstauchen. Auch ein Bänderriss ist keine Seltenheit. Natürlich sind besonders die Fische-Frauen betroffen, weil sie aus erotischer Sinnlichkeit so besonders gerne in High Heels herumlaufen – und das tagelang.

Sensible Fische sind leicht zu kränken, sorgen sich schnell und sind deshalb auch anfällig für Krankheiten oder Unpässlichkeiten. Besonders gefährdet sind ihre Nerven. Aus Nervosität entstehen Symptome, die zwar keine

»richtigen« Krankheiten sind, aber in deutlicher Form Aufmerksamkeit erregen.

Wie bei vielen anderen Menschen schlagen sich Sorgen und strapazierte Nerven häufig auf den Magen. Dadurch können Allergien – vor allem auf diverse Lebensmittel – ausgelöst werden.

All dies sind Bitten um Aufmerksamkeit, Zuwendung und Trost. Im Extremfall sogar um Liebe ...

Fische werden leicht süchtig. Sie können drei Tafeln Schokolade auf einmal essen, können nicht aufhören Kaffee zu trinken, zu rauchen oder nehmen zu viel Zucker. In der Folge ist auch Medikamentenmissbrauch keine Seltenheit.

Auch Bulimie kommt unter Fischen häufig vor. Einerseits schlank sein wollen um jeden Preis und andererseits nicht auf die Sinnenlust des Essens verzichten wollen. Das beste Mittel gegen Suchtgefahr ist, wenn sie sich geliebt und bestätigt fühlen. Sparen Sie nicht mit Liebesbeweisen für Ihren Fisch!

Sport

Nicht nur astrologisch gesehen ist Wasser das Fisch-Element. Wie ein Fisch im Wasser – schwimmen, tauchen – alles, was die Möglichkeit bietet, mit dem Reich des Wassergottes in Berührung zu kommen und darin einzutauchen, mögen Fische.

Noch viel mehr schätzen sie das Gegenteil: Sie lieben Langlaufen, Bergwandern, Hüttentouren – nehmen zum Beispiel freudig eine Einladung zu einer Tour entlang des europäischen Weitwanderwegs an.

Ideal sind auch Radtouren an Flussufern, wo sie Rad fahren und Wassersport kombinieren können. Ein Traum vieler Fische ist es, durch Irland oder Schottland über grüne Wiesen zu wandern.

Wenigstens einmal im Jahr wollen und sollen Fische Zeit am Wasser verbringen. Fische schöpfen Kraft allein beim Anblick und der Atmosphäre ihres Elements, brauchen aber Kontrapunkt Erde.

Umgang mit Fische-Kindern

Nachdem es wie ein Wirbelwind durch die Wohnung gesaust ist, versinkt es in seiner Traumwelt und erfindet fantastische Geschichten. Manchmal verschwimmen die Grenzen zwischen Realität und Fantasie und Sie fragen sich, ob vielleicht doch etwas Wahres an der Geschichte ist ... In der Natur hält sich Ihr kleiner Fisch so ausgiebig und ausgelassen wie möglich auf. Man sieht ihm das dann auch zweifellos an: Wie ein dem Urwald entkommener kleiner Forscher nach einer Entdeckungsreise kommt der Fisch nach Hause. Mit Pflanzen im Haar, Löchern in der Hose und wertvollen Funden in der Jackentasche. Sicher berichtet er Ihnen auch von seinem neuen, supertollen Geheimversteck! Junge Fische lieben solche Rückzugsmöglichkeiten.

Ihr Freiheits- und Unabhängigkeitsbedürfnis sollte die Eltern nicht dazu verleiten, immer Rechenschaft zu verlangen. Sonst macht der Fisch die Luken dicht und es dringt nichts mehr nach außen, was drinnen vor sich geht. Auch zu streng geregelte Tagesabläufe engen den jungen Fisch unnötig ein. Knüpfen Sie lieber ein grobmaschiges Netz für ihn!

Seine Fürsorglichkeit zeigt sich schon früh, lässt sich vielleicht auch an einem eigenen Haustier ausleben. Ein Fische-Kind sorgt tatsächlich selbst für sein Tier! An ihm kann es seine Hilfsbereitschaft und soziale Kompetenz üben.

Viele künstlerische Talente schlummern in Ihrem Kind ebenso wie eine große Sprachbegabung. Wissbegierig saugt es in der Schule den Lernstoff auf und liest auch noch nachmittags in seinem Zimmer.

Pubertäre Fische neigen dazu, über den neuen Gefühlen oder der ersten großen Liebe ihre Pflichten zu vergessen. Auch locken die vielen Abenteuer – vom Motorradausflug bis zum nächtlichen Bad im See. Ein Fisch ist immer mit dabei, wenn es um derlei Unternehmungen geht! Sosehr Eltern versucht sind, vermehrt Kontrolle auszuüben, um auf dem letzten Informationsstand zu sein, so wenig werden ständiges Fragen und Vorhaltungen von Erfolg gekrönt sein. Je mehr Sie vermitteln, dass Sie Vertrauen haben – auch wenn Ihr Fische-Kind plötzlich auf einem Schiff als Kellner anheuern will –, desto besser für Sie und Ihr Kind!

Prominente Vertreter

Niki Lauda, österreichischer Formel-1-Weltmeister
Michail Gorbatschow, russischer Premierminister
Jon Bon Jovi, Popstar
Ludwig Hirsch, österreichischer Liedermacher und Schauspieler
Herman van Veen, holländischer Musiker und Sänger
Bruce Willis, amerikanischer Filmschauspieler
Janosch, Kinderbuchautor und Zeichner
Karlheinz Böhm, österreichischer Schauspieler und Äthiopienhelfer
Reinhard Fendrich, österreichischer Liedermacher
Romy Schneider, österreichische Filmschauspielerin
Erika Pluhar, österreichische Schauspielerin, Autorin und Chansonsängerin
Uschi Glas, deutscher Serienstar
Cindy Crawford, amerikanisches Topmodel
Glenn Close, amerikanische Schauspielerin
Fürstin Gloria von Thurn und Taxis, deutsche Unternehmerin
Sharon Stone, amerikanischer Filmstar
Elizabeth Taylor, Hollywood-Legende

DIE ASZENDENTEN

	Januar				Februar		
	1.–10.	11.–20.	21.–31.		1.–10.	11.–20.	21.–29.
Widder	11:38	10:57	10:17	Widder	9:38	8:57	8:20
Stier	12:37	11:55	11:13	Stier	10:37	9:53	9:20
Zwillinge	13:57	13:20	12:37	Zwillinge	11:57	11:17	10:40
Krebs	16:00	15:20	14:40	Krebs	14:00	13:20	12:50
Löwe	18:37	17:57	17:17	Löwe	16:47	15:57	15:25
Jungfrau	21:27	20:47	20:07	Jungfrau	19:27	18:47	18:10
Waage	0:17	23:37	22:57	Waage	22:17	21:37	21:00
Skorpion	3:07	2:27	1:47	Skorpion	1:07	0:27	23:55
Schütze	5:50	5:10	4:30	Schütze	3:50	3:10	2:35
Steinbock	8:07	7:27	6:47	Steinbock	6:07	5:27	4:50
Wassermann	9:43	9:03	8:23	Wassermann	7:43	7:03	6:25
Fische	10:47	10:03	9:27	Fische	8:47	8:03	7:30
	März				April		
	1.–10.	11.–20.	21.–31.		1.–10.	11.–20.	21.–30.
Widder	7:42	7:02	6:22	Widder	5:42	5:02	4:20
Stier	8:40	7:58	7:20	Stier	6:40	5:58	5:20
Zwillinge	10:05	9:22	8:41	Zwillinge	8:03	7:22	6:40
Krebs	12:05	11:25	10:45	Krebs	10:05	9:23	8:50
Löwe	14:42	14:03	13:22	Löwe	12:42	12:00	11:25
Jungfrau	17:32	16:55	16:12	Jungfrau	15:32	14:55	14:10
Waage	20:22	19:42	19:00	Waage	18:22	17:42	17:00
Skorpion	23:10	22:32	21:51	Skorpion	21:10	20:32	19:55
Schütze	1:52	1:15	0:34	Schütze	23:52	23:15	22:35
Steinbock	4:12	3:32	3:05	Steinbock	2:12	1:32	0:50
Wassermann	5:48	5:07	4:27	Wassermann	3:48	3:07	2:25
Fische	6:52	6:08	5:30	Fische	4:52	4:08	3:30

	Mai				Juni		
	1.–10.	11.–20.	21.–31.		1.–10.	11.–20.	21.–30.
Widder	3:42	3:02	2:20	Widder	1:42	1:02	0:17
Stier	4:38	3:58	3:20	Stier	2:38	1:57	1:13
Zwillinge	6:02	5:22	4:40	Zwillinge	4:02	3:22	2:37
Krebs	8:05	7:23	6:48	Krebs	6:05	5:23	4:40
Löwe	10:42	10:00	9:22	Löwe	8:42	8:00	7:17
Jungfrau	13:32	12:55	12:10	Jungfrau	11:32	10:55	10:07
Waage	16:22	15:40	15:00	Waage	14:22	13:42	12:57
Skorpion	19:10	18:27	17:55	Skorpion	17:10	16:12	15:47
Schütze	21:52	21:10	20:35	Schütze	19:52	18:36	18:30
Steinbock	0:12	23:28	22:50	Steinbock	22:12	21:35	20:47
Wassermann	1:47	1:07	0:25	Wassermann	23:47	23:07	22:23
Fische	2:48	2:08	1:30	Fische	0:48	0:08	23:25
	Juli				August		
	1.–10.	11.–20.	21.–31.		1.–10.	11.–20.	21.–31.
Widder	23:38	22:57	22:17	Widder	21:37	20:57	20:08
Stier	0:37	23:53	23:13	Stier	22:33	21:53	21:10
Zwillinge	1:57	1:17	0:37	Zwillinge	23:57	23:17	22:35
Krebs	4:00	3:20	2:40	Krebs	2:00	1:20	0:35
Löwe	6:37	5:57	5:17	Löwe	4:37	3:57	3:10
Jungfrau	9:27	8:47	8:07	Jungfrau	7:27	6:47	6:00
Waage	12:17	11:37	10:57	Waage	10:17	9:37	8:55
Skorpion	15:07	14:27	13:47	Skorpion	13:07	12:27	11:42
Schütze	17:50	17:10	16:30	Schütze	15:50	15:10	14:33
Steinbock	20:07	19:27	18:47	Steinbock	18:07	17:27	16:37
Wassermann	21:43	21:02	20:23	Wassermann	19:43	19:02	18:13
Fische	22:47	22:03	21:27	Fische	20:47	20:03	19:17

	September				Oktober		
	1.–10.	11.–20.	21.–30.		1.–10.	11.–20.	21.–31.
Widder	19:33	18:52	18:08	Widder	17:30	16:48	16:08
Stier	20:32	19:48	19:07	Stier	18:25	17:47	17:07
Zwillinge	21:50	21:12	20:27	Zwillinge	19:50	19:07	18:27
Krebs	23:52	23:17	22:32	Krebs	21:50	21:10	20:32
Löwe	2:32	1:55	1:10	Löwe	0:27	23:47	23:10
Jungfrau	5:22	4:42	3:57	Jungfrau	3:18	2:37	1:57
Waage	8:10	7:32	6:47	Waage	6:10	5:27	4:47
Skorpion	10:57	10:22	9:37	Skorpion	8:57	8:17	7:37
Schütze	13:42	13:05	12:20	Schütze	11:40	11:00	10:20
Steinbock	16:02	15:22	14:37	Steinbock	13:57	13:17	12:37
Wassermann	17:37	16:58	16:13	Wassermann	15:33	14:53	14:33
Fische	18:38	18:02	17:17	Fische	16:38	15:57	15:17
	November				Dezember		
	1.–10.	11.–20.	21.–30.		1.–10.	11.–20.	21.–31.
Widder	15:33	14:53	14:12	Widder	13:33	12:53	12:17
Stier	16:32	15:52	15:10	Stier	14:32	13:52	13:13
Zwillinge	17:50	17:12	16:35	Zwillinge	15:50	15:12	14:37
Krebs	19:52	19:17	18:35	Krebs	17:52	17:17	16:40
Löwe	22:32	21:55	21:10	Löwe	20:32	19:55	19:17
Jungfrau	1:22	0:42	0:00	Jungfrau	23:22	22:42	22:07
Waage	4:10	3:32	2:55	Waage	2:10	1:32	0:57
Skorpion	6:57	6:22	5:40	Skorpion	4:57	4:22	3:47
Schütze	9:42	9:05	8:20	Schütze	7:42	7:05	6:30
Steinbock	12:02	11:20	10:37	Steinbock	10:02	9:22	8:47
Wassermann	13:37	12:55	12:13	Wassermann	11:37	10:58	10:23
Fische	14:38	14:02	13:18	Fische	12:38	12:02	11:27

Ein Horoskop stellt schematisch dar, wo am Himmel sich die Planeten Sonne, Mond, Merkur, Venus, Mars, Jupiter, Saturn, Uranus, Neptun und Pluto zum Zeitpunkt der Geburt eines bestimmten Menschen, von seinem Geburtsort aus betrachtet, befunden haben.

Diese Angaben werden in einen Kreis eingetragen, der symbolisch die scheinbare Jahresbahn der Sonne um die Erde darstellen soll. Diesen Sonnenweg teilen Astrologen in zwölf gleich große Abschnitte, die Tierkreiszeichen, ein. Der Tierkreissektor, in dem sich die Sonne zum Augenblick Ihrer Geburt befindet, bestimmt Ihr Sonnen- oder auch Sternzeichen. Das Sternzeichen sagt etwas über die nach außen hin sichtbaren Eigenschaften eines Menschen aus: Welchen Charakter hat er? Was sind seine Interessen? Wie geht er mit Problemen um? Nach welchen Gesichtspunkten wählt er seine Freunde?

Der Aszendent ist der geheime Gegenspieler des Sternzeichens. In der Terminologie der Astrologen ist er jener Punkt des Tierkreises, der zum Zeitpunkt der Geburt am östlichen Horizont die scheinbare Jahresbahn der Sonne schneidet und mit dem das erste Haus im Horoskop beginnt. Keine Angst – das MUSS man als Laie nicht verstehen.

Wichtig ist nur zu wissen, dass der Aszendent Auskunft über unsere unbewussten Veranlagungen und Wünsche gibt, die wir jedoch erst im Zuge des Erwachsenwerdens erkennen und ausleben können.

Wenn sich der Aszendent und das Sternzeichen nicht vertragen, also sehr konträr in ihren Eigenschaften sind, fühlt man sich als Mensch oft zerrissen. Hat ein häuslicher Krebs zum Beispiel einen reiselustigen Schützen-Aszendenten, weiß er lange Zeit nicht, warum er sich nach Rückzug sehnt und, wenn er sich zurückgezogen hat, doch unglücklich ist. Meist lernt man erst als Erwachsener mit einem solchen Zwiespalt umzugehen. Erst mit der Weisheit der Jahre gibt man dann dem inneren Drängen des Aszendenten nach. So kommt es, dass im Volksmund oft behauptet wird, dass man in der ersten Hälfte seines Lebens mehr sein Sonnenzeichen und in der zweiten Lebenshälfte mehr den Aszendenten lebt. Menschen, die nie eine innere Zerrissenheit verspüren und auch in späten Jahren nie das Bedürfnis haben, etwas an sich oder ihrem Leben zu verändern, haben wahrscheinlich einen Aszendenten, der mit ihrem Sonnenzeichen harmoniert!

Das Chinesische Horoskop

DIE CHINESISCHEN TIERZEICHEN ODER TIERHERRSCHER

Ratte	31. 1. 1900–18. 2. 1901	Metall	Ratte	5. 2. 1924–23. 1. 1925	Holz
Büffel	19. 2. 1901– 7. 2. 1902	Metall	Büffel	24. 1. 1925–11. 2. 1926	Holz
Tiger	8. 2. 1902–27. 1. 1903	Wasser	Tiger	12. 2. 1926– 1. 2. 1927	Feuer
Hase	28. 1. 1903–15. 2. 1904	Wasser	Hase	2. 2. 1927–21. 1. 1928	Feuer
Drache	16. 2. 1904– 3. 2. 1905	Holz	Drache	22. 1. 1928– 8. 2. 1929	Erde
Schlange	4. 2. 1905–23. 1. 1906	Holz	Schlange	9. 2. 1929–28. 1. 1930	Erde
Pferd	24. 1. 1906–11. 2. 1907	Feuer	Pferd	29. 1. 1930–16. 2. 1931	Metall
Ziege	12. 2. 1907– 1. 2. 1908	Feuer	Ziege	17. 2. 1931– 5. 2. 1932	Metall
Affe	2. 2. 1908–21. 1. 1909	Erde	Affe	6. 2. 1932–24. 1. 1933	Wasser
Hahn	22. 1. 1909– 9. 2. 1910	Erde	Hahn	25. 1. 1933–13. 2. 1934	Wasser
Hund	10. 2. 1910–29. 1. 1911	Metall	Hund	14. 2. 1934– 2. 2. 1935	Holz
Schwein	30. 1. 1911–17. 2. 1912	Metall	Schwein	3. 2. 1935–23. 1. 1936	Holz
Ratte	18. 2. 1912– 5. 2. 1913	Wasser	Ratte	24. 1. 1936–10. 2. 1937	Feuer
Büffel	6. 2. 1913–25. 1. 1914	Wasser	Büffel	11. 2. 1937–30. 1. 1938	Feuer
Tiger	26. 1. 1914–13. 2. 1915	Holz	Tiger	31. 1. 1938–18. 2. 1939	Erde
Hase	14. 2. 1915– 2. 2. 1916	Holz	Hase	19. 2. 1939–7. 2. 1940	Erde
Drache	3. 2. 1916–22. 1. 1917	Feuer	Drache	8. 2. 1940–26. 1. 1941	Metall
Schlange	23. 1. 1917–10. 2. 1918	Feuer	Schlange	27. 1. 1941–14. 2. 1942	Metall
Pferd	11. 2. 1918–30. 1. 1919	Erde	Pferd	15. 2. 1942– 3. 2. 1943	Wasser
Ziege	31. 1. 1919–18. 2. 1920	Erde	Ziege	4. 2. 1943–24. 1. 1944	Wasser
Affe	19. 2. 1920– 7. 2. 1921	Metall	Affe	25. 1. 1944–11. 2. 1945	Holz
Hahn	8. 2. 1921–26. 1. 1922	Metall	Hahn	12. 2. 1945– 1. 2. 1946	Holz
Hund	27. 1. 1922–14. 2. 1923	Wasser	Hund	2. 2. 1946–21. 1. 1947	Feuer
Schwein	15. 2. 1923– 4. 2. 1924	Wasser	Schwein	22. 1. 1947– 9. 2. 1948	Feuer

Ratte	10. 2. 1948–28. 1. 1949	Erde	Schlange	18. 2. 1977– 6. 2. 1978	Feuer
Büffel	29. 1. 1949–15. 2. 1950	Erde	Pferd	7. 2. 1978–27. 1. 1979	Erde
Tiger	16. 2. 1950– 5. 2. 1951	Metall	Ziege	28. 1. 1979–15. 2. 1980	Erde
Hase	6. 2. 1951–25. 1. 1952	Metall	Affe	16. 2. 1980– 3. 2. 1981	Metall
Drache	26. 1. 1952–13. 2. 1953	Wasser	Hahn	4. 2. 1981–24. 1. 1982	Metall
Schlange	14. 2. 1953– 2. 2. 1954	Wasser	Hund	25. 1. 1982–12. 2. 1983	Wasser
Pferd	3. 2. 1954–23. 1. 1955	Holz	Schwein	13. 2. 1983–31. 1. 1984	Wasser
Ziege	24. 1. 1955–10. 2. 1956	Holz	Ratte	1. 2. 1984–18. 2. 1985	Holz
Affe	11. 2. 1956–29. 1. 1957	Feuer	Büffel	19. 2. 1985– 8. 2. 1986	Holz
Hahn	30. 1. 1957–17. 2. 1958	Feuer	Tiger	9. 2. 1986–28. 1. 1987	Feuer
Hund	18. 2. 1958– 6. 2. 1959	Erde	Hase	29. 1. 1987–16. 2. 1988	Feuer
Schwein	7. 2. 1959–27. 1. 1960	Erde	Drache	17. 2. 1988– 5. 2. 1989	Erde
Ratte	28. 1. 1960–14. 2. 1961	Metall	Schlange	6. 2. 1989–25. 1. 1990	Erde
Büffel	15. 2. 1961– 4. 2. 1962	Metall	Pferd	26. 1. 1990–13. 2. 1991	Metall
Tiger	5. 2. 1962–24. 1. 1963	Wasser	Ziege	14. 2. 1991– 2. 2. 1992	Metall
Hase	25. 1. 1963–12. 2. 1964	Wasser	Affe	3. 2. 1992–21. 1. 1993	Wasser
Drache	13. 2. 1964– 2. 2. 1965	Holz	Hahn	22. 1. 1993– 9. 2. 1994	Wasser
Schlange	3. 2. 1965–20. 1. 1966	Holz	Hund	10. 2. 1994–29. 1. 1995	Holz
Pferd	21. 1. 1966– 8. 2. 1967	Feuer	Schwein	30. 1. 1995–17. 2. 1996	Holz
Ziege	9. 2. 1967–28. 1. 1968	Feuer	Ratte	18. 2. 1996– 6. 2. 1997	Feuer
Affe	29. 1. 1968–15. 2. 1969	Erde	Büffel	7. 2. 1997–27. 1. 1998	Feuer
Hahn	16. 2. 1969– 5. 2. 1970	Erde	Tiger	28. 1. 1998–15. 2. 1999	Erde
Hund	6. 2. 1970–25. 1. 1971	Metall	Hase	16. 2. 1999– 3. 2. 2000	Erde
Schwein	26. 1. 1971–14. 2. 1972	Metall	Drache	4. 2. 2000–24. 1. 2001	Metall
Ratte	15. 2. 1972– 2. 2. 1973	Wasser	Schlange	25. 1. 2001–12. 2. 2002	Metall
Büffel	3. 2. 1973–22. 1. 1974	Wasser	Pferd	13. 2. 2002– 2. 2. 2003	Wasser
Tiger	23. 1. 1974–10. 2. 1975	Holz	Ziege	3. 2. 2003–20. 1. 2004	Wasser
Hase	11. 2. 1975–30. 1. 1976	Holz	Affe	21. 1. 2004– 8. 2. 2005	Holz
Drache	31. 1. 1976–17. 2. 1977	Feuer	Hahn	9. 2. 2005–28. 1. 2006	Holz

Die fünf Elemente

Die Chinesische Lehre unterscheidet fünf Elemente: Wasser, Holz, Feuer, Erde und Metall, die das Jahr beeinflussen. Je nach dem zugeordneten Element verstärken oder mildern sich Charaktereigenschaften eines Tierzeichens im betreffenden Jahr, positiv oder negativ.

Das Element Erde verleiht zum Beispiel Festigkeit. Die Geradlinigkeit eines Schweins, das in einem Jahr geboren wurde, dem das Element Erde zugeordnet ist, wird also zu besonderer Charakterfestigkeit verstärkt. Bei einem Büffel könnte sich dessen Beständigkeit unter dem Einfluss des Elements Erde in Form von Sturheit niederschlagen.

Metall – steht für Vergänglichkeit

Unter Metall-Einfluss geborene Menschen sind scheinbar stark und charakterfest, haben klare Ziele und sind in der Lage, höchste Energien zu mobilisieren, um diese zu erreichen. Positiver Metall-Einfluss macht sich in Form von Energie, Strebsamkeit und Ausdauer bemerkbar, negativer Metall-Einfluss führt zu Starrheit beim Festhalten an gewonnenen Erkenntnissen, möglicherweise auch zu übertriebenem Machtstreben. Unter zu großer Belastung bricht Metall leicht. Unter Metall-Einfluss Geborene sollten daran denken, dass Metall zu Pflugscharen, aber auch zu Schwertern geschmiedet werden kann.

Wasser – steht für starke, überlegte Ruhe

Zwar ist Wasser das passive Element, doch verleiht es demjenigen, der unter seinem Einfluss steht, Selbstvertrauen und innere Kraft. Die Folgen sind verbesserte Kommunikation und ein gutes Gespür für die Natur und den Lauf der Dinge. Hier ist auch gleich die andere Seite der Medaille: Wasser fließt leicht um Hindernisse herum und weicht ihnen so lange wie möglich aus, ehe es sie in Angriff nimmt und beseitigt. Wer unter Wasser-Einfluss geboren ist, sollte daran denken, dass es gefährlich ist, sich nur treiben zu lassen – Stromschnellen tun dann besonders weh.

Holz – steht für Wachstum und Leben

Holz fördert das Reifen der verborgenen Kräfte im Menschen. Holz verstärkt Eigenschaften und Wertsetzungen, die im Unterbewusstsein des Menschen schlummern. Es bildet damit den Gegenpol zu Metall, das diese Kräfte vergehen lässt, sofern sie nicht bewusst gepflegt werden. Sein Einfluss kann dazu führen, dass Menschen im Laufe ihrer Entwicklung mehrfach ihre Ansichten und ihr Weltbild ändern. Meist aber stehen sie fest wie ein Baum in der Erde, können Ideen vermitteln und sinnvoll umsetzten. Selten stehen sie auf einsamen Posten, meist schafft ihnen ihre Überzeugungskraft Verbündete. Die Gefahr: Wenn sie die Dinge auf die Spitze treiben, überfordern sie ihre Wurzeln oder ihren Stamm – und das kann auf keinen Fall gut gehen.

Feuer – steht für Aktivität, Wandlung

Unter Einfluss von Feuer wird aus Eis Wasser und aus Wasser Wasserdampf. Viele Dinge verzehrt das Feuer, aber es wirkt auch reinigend. Genauso wandelt oder verstärkt das aktive Element Feuer, das Symbol für Energie, auch die Eigenschaften der Menschen, die unter seinem Einfluss stehen. Es sorgt dafür, dass Entscheidungen schneller fallen, dass jemand rascher reagiert. Der Energieschub des Feuers ist aber nicht ungefährlich. Grundsätzlich sollten Feuer-Menschen sehr bewusst immer wieder den Sinn ihres Tuns hinterfragen, ehe sie in wilden Aktionismus ausbrechen. Risikobereitschaft gehört zu ihren Eigenschaften, über Tradition setzten sie sich leicht hinweg, die Gefahr rücksichtslosen Zerstörens ist groß.

Erde – steht für Beständigkeit

Unter Einfluss des Elements Erde ist die stabilisierende Wirkung auf sprunghafte Charaktere ebenso gegeben wie die Gefahr des Stillstandes. Intelligent und objektiv, setzen Menschen unter Erde-Einfluss ihre Energie gezielt und praktisch ein, sind zuverlässig, gründlich und realistisch. Im Extremfall sagt man ihnen mangelnde Spontanität und Kreativität nach, übertriebenes Sicherheitsdenken und letztlich auch Verbohrtheit.

DIE RATTE

Persönlichkeit

Eine erfolgreiche Persönlichkeit!

Nach außen wirken Ratten ruhig und sorgenfrei, in Wahrheit gehören sie zu den vorsichtigen Menschen. Eine positive Kraft begleitet die Ratte auf ihrem Weg durchs Leben. Ihr Streben nach Vollkommenheit erstreckt sich vom ausgeprägten Sinn für Ästhetik bis zu geistiger Reife. Außenstehende nennen das manchmal auch Perfektionismus.

Liebenswürdig und einfühlsam gestalten Ratten den Umgang mit ihren Mitmenschen, bei denen sie charmant ihre besten Seiten hervorkehren. Auch wenn sie dazu neigen, sich zu überarbeiten, vergessen Ratten als Familienmenschen nicht auf ihre Liebsten.

Guten Geschmack und einen ausgeprägten Sinn für Schönheit und Eleganz sieht man ihnen auf den ersten Blick an.

Ratten erreichen ihre Ziele. Durchhaltevermögen, Zielstrebigkeit und Ehrgeiz werden durch Angriffslust und Risikobereitschaft zu einer richtigen Erfolgskombination ergänzt. Angetrieben durch alles, was ihnen Aufregung verspricht, lieben sie vor allem geistige Herausforderungen.

Ist die Ratte verliebt, macht sie großzügige Geschenke. Hat sie ein Ziel vor Augen, kann sie eisern sparen. Vorsicht, dass Sparsamkeit nicht in Geiz umschlägt! Die eigenen Ziele zu hinterfragen kann helfen.

An ihre Gesundheit verschwendet die Ratte keinen Gedanken, Signale ihres Körpers finden keinerlei Beachtung. Wenn der Magen aufschreit und der Blutdruck an der Decke festklebt, wird es höchste Zeit, Kaffee, Alkohol und allzu üppiges Essen zu meiden!

Dazu ein bisschen Entspannung – gezieltes Abschalten durch autogenes Training oder Ähnliches kann vorsorgend wirken.

Beziehungen

Nach außen wirken Ratten sehr reserviert, Gefühle zu zeigen ist nicht leicht für sie. Der Grund ist, dass sie Angst haben, verletzt zu werden.

Es gibt Einfacheres, als dem Perfektionsanspruch einer intelligenten Ratte gerecht zu werden! Es fällt ihnen sehr schwer, dem Auserwählten zuzugestehen, dass er nicht immer perfekt sein muss, sondern durchaus auch Unzulänglichkeiten haben darf.

Aufmerksam und begeistert zeigt sich die verliebte Ratte, verwöhnt mit großzügigen Geschenken und kann sehr gut zuhören. Nur zur Eifersucht reizen sollte man sie genauso wenig, wie sie enttäuschen. Sie wird sich bestimmt revanchieren!

Als Partner haben Sie an der anspruchsvollen Ratte jemanden gefunden, der die Beziehung ernst nimmt. Solange sie sich sicher geliebt weiß, ist die Ratte ein einfallsreicher Liebhaber oder eine leidenschaftliche Geliebte.

Die Ratte und die anderen

Ratte – Ratte
Konkurrenzkampf oder große Liebe!

Richtet sich das gemeinsame Streben auf gemeinsame Ziele, erreichen die beiden viel. Wenn nicht, reiben sie einander auf. Gemeinsam Feste feiern und zärtliches Liebesspiel zu genießen verbindet die beiden zumindest für eine schöne Affäre.

Büffel – Ratte
Kommt Zeit, kommt Liebe?

Sie können sich ideal ergänzen: Die Besonnenheit des Büffels hält die Ratte auf Kurs, ihr Tatendrang ist ihm Ansporn. Aus einer guten, festen Freundschaft kann sich vielleicht mehr entwickeln ...

Tiger – Ratte
Reden vom selben, meinen etwas anderes!

Der Tiger gibt der Ratte ein Kneipp-Bad: kalt – warm. Tiefe Gefühle, aber auch die Neigung zur Untreue kennzeichnen ihn. Ihre Gemeinsamkeiten haben sie im Geiste, leben sie aber verschieden aus. So kann die Ratte durch den Einsatz für eine Sache begeistern, der Tiger durch seine Person.

Hase – Ratte
Beste Voraussetzungen!

Verständnisvoll kann der sanfte Hase dem Ehrgeiz der Ratte die größte Härte nehmen. Häuslichkeit, Freude an Erotik und der Sinn für Schönheit verbindet die beiden zu einem harmonischen Paar, wenn die Ratte den Hasen von der Wichtigkeit ihrer Beziehung überzeugen kann.

Drache – Ratte
Das Traumpaar!

Weil der Drache Erfolg und Energie ausstrahlt und den Hang zur Perfektion versteht, ergänzen sich die beiden hervorragend. Wenn die beiden ihren Gefühlen auch noch freien Lauf lassen und sie nicht hinter einer Maske verbergen, steht alles zum Besten!

Schlange – Ratte
Chancen durch Interessensgleichheit!

Eigentlich ist die Schlange der Ratte viel zu rätselhaft und unabhängig. Ihre gemeinsame Vorliebe für alles Schöne und ihre Zielstrebigkeit vereinen sie. Wo aber die Ratte sparsam ist, schwelgt die Schlange im Luxus – das schafft Probleme. Ebenso die Scheu, Gefühle zu zeigen ...

Pferd – Ratte
Eine seltene Kombination ...

Die Ratte findet das Pferd egozentrisch, das Pferd nennt die Ratte »abgehoben« – sie ist ihm viel zu sehr auf den Intellekt konzentriert. Und in Geldangelegenheiten ist die Ratte zu vorsichtig und sparsam für das spontane Pferd.

Ziege – Ratte
Lieber eine schöne Freundschaft?

Gefühlstiefe kennzeichnet die sanfte und einfühlsame Ziege. Gerade das ist es aber, was die Ratte nicht so recht nachvollziehen kann ... Vielleicht wäre eine wunderschöne Freundschaft doch besser für beide?

Affe – Ratte
Zusammenraufen ist angesagt!

Aber es kann sich lohnen. Wenn sie gelernt haben, aufeinander einzugehen, sich die Ratte an die manchmal seltsamen Scherze des Affen gewöhnt hat, winkt das Glück!

Hahn – Ratte
Wenn …

Lässt sich die Ratte vom Hahn faszinieren, lässt sich der Hahn nicht von ihrer komplizierten Gefühlswelt abschrecken, ergänzen sie einander. Wenn anfängliche Streitereien in Versöhnung münden und Humor einkehrt, könnten sie recht glücklich werden.

Hund – Ratte
Eiertanz

Misstrauisch beschnuppert der Hund die Ratte, die ihrerseits ihre Gefühle prächtig verbergen kann. Wie sollen sie einander näher kommen, wenn sie sich immer nur zurückhaltend umkreisen? Ist es dennoch gelungen, kann der Hund der Ratte Ruhe schenken. Genug für eine Liebe?

Schwein – Ratte
Wunderbare Ergänzung

Angeregt durch das Wahrheit suchende Schwein, überdenkt die Ratte viele ihrer eigenen Ziele. Ratten fühlen sich von Schweinen angezogen. Eine gute Freundschaft wir meistens daraus, ob aber eine große Liebe …

Beruf

Erfolgsstreben liegt der klugen Ratte im Blut. Sie sind bestens geeignet als Führungskräfte, die ihren Ehrgeiz und ihre Zielstrebigkeit einsetzen, um Angestrebtes zu erreichen. Ihren Mitarbeitern geben sie mit ihrem eigenen Verhalten ein leuchtendes Beispiel und beeindrucken durch Sachkompetenz. Ihre elegante Liebenswürdigkeit wird manchmal als Schmeichelei ausgelegt.

Intuition ist nicht ihre größte Stärke. Ein Partner könnte diese Schwachstelle vielleicht ausgleichen. Wie wäre es mit einem Hasen oder Drachen? Berufliche Selbstständigkeit ist ohnehin ein Lieblingsziel der unabhängigen Ratte!

Künstlerische Berufe ziehen Ratten an. Dort können sie ihr ästhetisches Empfinden intelligent umsetzen und durch ihren Fleiß ergänzen.

Die Ratte in den abendländischen Tierkreiszeichen

Widder-Ratte

Das sind die geborenen Manager! Dynamisch, entscheidungsfreudig und energisch setzen sie ihre Ziele um und ernten Erfolg um Erfolg. Viele Abenteuer – ob in Freizeit oder Liebesleben – prägen den privaten Lebensbereich. Die Sehnsucht nach einer dauerhaften Beziehung ist dennoch stark.

Stier-Ratte

Sie haben ein sehr ausgeprägtes Gefühl für alle schönen und angenehmen Dinge des Lebens: Freunde, Heim, Familie, Erotik. Als liebenswürdige Partner sind sie heiß begehrt! Im Geschäftsleben erlangen sie die nötigen finanziellen Mittel, um sich häuslichen Luxus zu leisten.

Zwillinge-Ratte

Eine Potenzierung der Eigenschaften! Soziale Beziehungen und viele bunte Freundschaften kennzeichnen das Leben der Kommunikativen und machen es lebenswert. Großer Erfolg ist ihnen auch in der Liebe beschieden.

Krebs-Ratte

Vorsicht! Kritik vertragen die empfindlichen Zeichen gar nicht gut. Sachverstand zeichnet sie im Berufsleben aus und sichert ihr wirtschaftliches Wohlergehen ab. Nach einem Partner fürs Leben, dem sie ihre tiefen Gefühle schenken kann – danach sucht die Krebs-Ratte.

Löwe-Ratte

Sie tragen ihren Kopf immer hoch – auf die Gefahr hin, von anderen als arrogant abgeurteilt zu werden. Dabei sind sie großartige Freunde und wunderbare, aufregende Liebhaber, die auch Gefühle zeigen können.

Jungfrau-Ratte

Ihre Meinung tun sie auch ungefragt kund, vor allem wenn es um ihre Familie geht oder wenn Qualität in Frage gestellt wird. Für beides haben sie ein stark entwickeltes Bewusstsein. Geld hat einen beachtlichen Stellenwert in ihrem Leben.

Waage-Ratte

Die rhetorischen Künstler, die Meister der Überredungskunst lieben den Luxus und haben einen unnachahmlichen Sinn für Schönheit und Eleganz. Wenn sie auch noch ihr Bedürfnis nach körperlicher Nähe signalisieren, sind sie heiß umschwärmt und begehrte Partner.

Skorpion-Ratte

Wahrheit geht ihnen über alles, sie haben eine innere Antenne dafür! Sie wollen alles zugleich machen und nehmen sich selbst dabei sehr wichtig. Temperamentvoll stürzen sie sich in stürmische, leidenschaftliche Liebschaften.

Schütze-Ratte

Nur ein abwechslungsreicher Beruf, der sie nicht stillhalten lässt, ihnen immer Abwechslung bietet, kann sie bei der Stange halten. Idealismus und Experimentierfreude leben sie in allen Bereichen aus ... Bei so vielen Vorhaben und Versprechungen bleibt manchmal einiges auf der Strecke!

Steinbock-Ratte

Sicherheit und Beständigkeit kennzeichnen diese Wesen, die ihr Verantwortungsbewusstsein auch gegenüber ihrer Familie ausleben. Wählerisch und kritisch prüfen sie sowohl im Berufsleben als auch im privaten Bereich sehr genau, wer an sie herantritt.

Wassermann-Ratte

Unruhige Geister, die eilig von einer Idee, von einem Ziel zum nächsten sausen. Für viele dieser flirrenden, geistig hellwachen, manchmal exzentrischen Menschen ist das Leben ein einziges Vergnügen. Von den einen geliebt, von den anderen gehasst – aber sicher nie langweilig!

Fische-Ratte

Für sie sind schöpferische, kreative Berufe richtig. Nervös, ein bisschen ängstlich und sehr liebevoll sind sie auf der Suche nach dem großen Glück in einer tiefen Beziehung in erfüllter Liebe.

Prominente Vertreter

William Shakespeare, englischer Dichter und Dramatiker
Wolfgang Amadeus Mozart, österreichischer Komponist
George Bush sen., amerikanischer Expräsident
Prince Charles, englischer Thronfolger
Joan Collins, amerikanische Schauspielerin

DER BÜFFEL

Persönlichkeit

Ein geduldiger Typ!

Ein Großer wie der Büffel kann gar nicht anders, als ruhig und gelassen, aber unbeirrbar seine Ziele zu verfolgen. So hat er auch Zeit, seine Qualitäten als Zuhörer unter Beweis zu stellen.

Langsam und in kleinen Schritten bewegt er sich in seinem Leben vorwärts. Was er erreichen will? Sicherheit, für sich und seine Familie. Für sie kann er sich auch mächtig ins Zeug legen. Tritt er mutig und entschlossen auf, weichen die meisten Gegner lieber freiwillig vor seiner kraftvollen Überlegtheit zurück. Jeder weiß: Ihn aufs Äußerste zu reizen ist nicht ratsam!

Wenn der Büffel nach reiflicher Überlegung seinen Entschluss gefasst hat, verfolgt er sein Ziel mit aller Beharrlichkeit. Auch ein gut gemeinter Rat kann da nichts mehr ausrichten. Selbst dann, wenn andere schon längst aufgegeben hätten, hat er noch Reserven, um sein Ziel weiterzuverfolgen.

Auf einen Büffel können Sie bauen. Sein Wort hält – unverbrüchlich.

Veränderungen, schon gar, wenn es rasch wechselnde Situationen sind, machen ihn unglücklich, weil er mit Hast und Eile nichts anfangen kann. Ihm sind Zuverlässigkeit und Vertrauen das Wichtigste.

Oft muss er sich den Vorwurf gefallen lassen, er sei stur und träge. Aber er will doch nur alles gründlich durchdenken und prüfen, bevor er sich zu einer Handlung entschließt! Es soll und will eben alles wohl überlegt sein.

Minderwertigkeitsgefühle bräuchten bei ihm nicht aufzukommen, er kämpft trotzdem dagegen an. Auf viele Menschen wirkt er sehr anziehend, weil er Sicherheit vermittelt. Seine Angst vor Einsamkeit scheint nicht begründet! Warum also pessimistisch sein?

Tief durchatmen – das kann dem Büffel nur gut tun! Vor allem an frischer Luft. Gesundheitliche Probleme hat er meist mit den Atemwegen. Schnupfen, Erkältungen und auch Asthma quälen ihn überdurchschnittlich oft. Zum Glück gehört er zu den Menschen, die eine prinzipiell gute Gesundheit haben. Ihre bedächtige Lebensweise bewahrt die Büffel vor den meisten Stresskrankheiten.

Beziehungen

Der stürmische, selbstbewusste Eroberer ist ein Büffel kaum! Wie alles andere in seinem Leben, geht er auch die Partnersuche überlegt und ruhig an.

Er sehnt sich nach geruhsamer, beschaulicher Zweisamkeit in Harmonie, wünscht sich Zärtlichkeit und lässt sich liebend gern verwöhnen. Eine große, romantische, glückliche Liebe, die auf einer profunden Freundschaft aufbaut – das ist sein Ideal! Wenn er nur nicht so zu Pessimismus neigen würde! Aus Angst vor dem Alleinsein lässt er sich manchmal panikartig auf eine Partnerschaft ein, in der er nur unglücklich werden kann.

Er hält an einer Beziehung fest, ist dem Partner treu und steht ihm jederzeit hilfreich zur Seite. Wehe er muss feststellen, dass sein geliebter Partner ihn hintergangen hat! Betrug kann er nicht verzeihen.

Manchmal zeigt er, was ein rechter Dickkopf ist. Trotzdem gibt er sich immer Mühe, niemanden zu verletzen.

DER BÜFFEL UND DIE ANDEREN

Ratte – Büffel
Es könnte mehr werden …

Der Elan der Ratte kann den Büffel mitreißen und aus der Reserve locken. Seine Beharrlichkeit hilft ihr, die gesteckten Ziele zu erreichen. Vielleicht wird aus einer festen Freundschaft sogar eine Liebesbeziehung?

Büffel – Büffel
Zu viel des Guten!

Wie gut verstehen sie einander, was die Suche nach Geborgenheit und romantischer Liebe in einer harmonischen Beziehung betrifft! Auch die Furcht vor der Einsamkeit ist dem anderen sehr verständlich. Aber bei diesem Übermaß an Ruhe und Gelassenheit werden sie zu Hause ersticken!

Tiger – Büffel
Geduld und Verständnis vonnöten!

Der Tiger hat jede Menge Warmherzigkeit und Energie zu bieten. Angezogen von dessen Gefühlstiefe kann sich der Büffel leicht in den Tiger verlieben.

Die Heftigkeit der Raubkatze und ihre Neigung zu Seitensprüngen kann zu Streitigkeiten führen.

Hase – Büffel
Missverständnisse …

Leichtfüßige Hasen experimentieren gerne – auch in Beziehungen und Gefühlen. Das ist mit der treuen, konservativen Art des Büffels nicht vereinbar. Deshalb interessiert er sich zumeist gar nicht für den Hasen. Ihre gemeinsame Vorliebe für Häuslichkeit entdeckt er daher meist nicht.

Drache – Büffel
Nicht in festgesetzten Meinungen verbohren!

Gefühlstiefe und Verständnis für seine Angst vor Einsamkeit kann der Büffel vom Drachen erwarten. Wenn der Büffel genug Toleranz für den charmanten Drachen aufbringt und keiner von beiden auf festgefahrene Meinungen besteht, können sie miteinander glücklich werden.

Schlange – Büffel
Dream-Team!

Seufzend sehnen sie sich beide nach der großen, romantischen Liebe und wollen ihre tiefen Gefühle in die Beziehung einbringen und sie dort ausleben. Die Schlange reißt den Büffel etwas aus seiner Trägheit und fördert seine Kreativität. Sie soll aber auf ihre Treue achten …

Pferd – Büffel
Lieber zweimal hinschauen!

Auf den ersten Blick ist der Büffel begeistert vom Pferd. Nur sucht er nicht einen temperamentvollen, sprunghaften und unruhigen Partner, sondern will eine solide, stabile Beziehung aufbauen. Ein zweiter Blick wird ihn überzeugen, dass die Verbindung etwas problematisch ist.

Ziege – Büffel
Wenig Pfeffer …

Sanft, liebevoll und zärtlich zeigt sich die Ziege und scheint genau das zu sein, was der Büffel sucht. Eine romantische Liebesbeziehung auf Dauer wird es aber doch nicht, weil der Büffel ihre Sanftheit als Unentschlossenheit und Zögerlichkeit auslegt.

Affe – Büffel

Vollkommener Gegensatz!

Ruhe und Beständigkeit zeichnen den Büffel aus. Ein Affe fragt sich nur, was das wohl ist ... Auf rein intellektueller Ebene verstehen sich die beiden sehr gut, wie sie aber ein harmonisches Paar werden sollen, wenn sie so gegensätzliche Gefühlswelten haben, ist rätselhaft!

Hahn – Büffel

Keine schlechte Mischung!

Ihre Verschiedenartigkeit kann sich gut ergänzen: Bringt der Hahn die Energie ein, trägt der Büffel durch Ruhe und Sicherheit zur Ausgeglichenheit bei. Leichter fällt das Leben, wenn Frau Hahn und Herr Büffel aufeinander treffen – der Kampf um die Vorherrschaft verliert an Härte.

Hund – Büffel

Viel Verständnis!

Der Hund verkörpert Treue, für den Büffel ist sie unumgänglich in einer Beziehung, die von Dauer sein soll. Beide suchen Harmonie – beinahe um jeden Preis. Dass da jede Menge Probleme lieber unter den Teppich gekehrt werden, ist nicht verwunderlich! Eine Explosion scheint unvermeidlich ...

Schwein – Büffel

Ordnung ist das halbe Leben!

Die andere Hälfte ist Unordnung – würde ein Schwein ergänzen, wenn es wieder mit dem Büffel über ihr gemeinsames Dauerthema diskutiert. Es könnte klappen mit den beiden, aber nur, wenn einer dem anderen entgegenkommt ...

Beruf

Endlich jemand, der gerne Buchhaltung und Finanzen übernimmt! Dem Büffel kann man getrost sein Geld anvertrauen, er wird es sicher, aber vorsichtig mehren. Mit Aktien zu spekulieren liegt ihm fern. Lieber wird er in soliden Werten anlegen und langfristig stetige Steigerungen erzielen.

In einem Unternehmen steht er für Ordnung, Stabilität und Korrektheit. Sein Aufgabenbereich lässt ihm genügend Freiraum, um sich in Eigenverantwortung zu entfalten. Eingebunden in ein Team legt er auf eine klar abgegrenzte Tätigkeit wert. Seine Stärken liegen im selbstständigen Denken und in seiner Zuverlässigkeit. Verlangen Sie aber keine Spontanaktionen von ihm. Allzu große Flexibilität kann er nicht bieten.

Der Büffel in den abendländischen Tierkreiszeichen

Widder-Büffel

Wenn er sich nicht durchsetzen könnte – wer dann? Energie und Kraft bilden einen Charakter, der ohne das geringste Zögern schnurstracks auf sein Ziel losstürmt. Gefackelt wird nicht! Romantik? Was ist das??? Langweilig wird Ihnen mit ihm garantiert nicht!

Stier-Büffel

Beständiger geht es nicht. Sie bauen ihr Leben auf solider Basis, kraftvoll und gelassen arbeiten sie an ihrer Karriere. Ihre Begeisterung für Menschen braucht aber etwas Zeit ... Eine stürmische Werbung dürfen Sie nicht erwarten.

Zwillinge-Büffel

Im Gegensatz zu den anderen Büffeln sind sie geradezu ungeduldig. Sie wollen rasche Ergebnisse sehen. Vielseitig begabt wählen etliche unter ihnen einen Kreativberuf. Tolerante und humorvolle Partner!

Krebs-Büffel

Sie sind sehr empfindsam, verstecken sich manchmal hinter schwerem, passivem Widerstand, wenn sie verletzt wurden. Da wird wochenlang geschwiegen, ehe eine kleine Andeutung das Rätsel des Schweigens enthüllt! Am glücklichsten sind sie mit der Familie im gemütlichen Heim.

Löwe-Büffel
Sein Sinn für Spaß ist sehr ausgeprägt – sonst wäre er manchmal ein beinahe despotischer Herrscher im eigenen Haus! Wenn ein kraftvoller, dominanter Löwe-Büffel auftritt, wird ihm kaum jemand die Aufmerksamkeit versagen.

Jungfrau-Büffel
Genauigkeit, Präzision und Verlässlichkeit machen sie zu wertvollen Mitarbeitern. Kritisch sich selbst und anderen gegenüber, fehlt ihnen oft die nötige Entspanntheit im Umgang mit Fehlern. Das erzeugt Minderwertigkeitsgefühle. Als Partner sind sie absolut loyal.

Waage-Büffel
Das sind nicht die Menschen der schnellen Entschlüsse! Wohl erwogen ist jede Entscheidung, das braucht Zeit. Obwohl sie als Partner hingebungsvoll, diplomatisch und intelligent sind, scheinen manchmal »die Hörner durch die Frisur« zu stoßen!

Skorpion-Büffel
Vorsicht – sehr reizbar! Vor allem ertragen sie es überhaupt nicht, zu verlieren. Mit vollem Einsatz ihrer ganzen Persönlichkeit wollen sie ihr Ziel erreichen. Wer ihr Vertrauen errungen hat, gewinnt einen empfindsamen und interessanten Partner, der keine erotische Langeweile aufkommen lässt.

Schütze-Büffel
Wer mit ihnen umgeht, braucht eine dicke Haut, wenn sie zornig poltern. Obwohl sie keine gewagten Expeditionen machen, sind sie reiselustig. Sie philosophieren oder diskutieren gerne mit Ihnen!

Steinbock-Büffel
Ein wahrer Fels in der Brandung! Da kommt keine Unsicherheit auf, ernsthaft und solide wird sorgfältig geplant und umgesetzt. Auch die Partnerwahl bleibt nicht dem Zufall überlassen, denn einen Korb einstecken zu müssen, kommt nicht in Frage!

Wassermann-Büffel
Ein flexibler und unkonventioneller Büffel – auch wenn das ein Widerspruch zu sein scheint. Das Leben wird aus verschiedenen Blickwinkeln betrachtet und gestaltet sich deshalb oft wechselhaft. Lange Gespräche über Gefühle dürfen Sie nicht erwarten.

Fische-Büffel
Nach außen wirken sie oft sehr verschlossen. Sie wollen immer das Beste für alle und erzeugen trotzdem oft Missverständnisse. Ihre liebevolle Seele will sich auf Bewährtes zurückziehen und braucht Sicherheit.

Prominente Vertreter

Walt Disney, Hollywoodlegende
Charlie Chaplin, amerikanischer Filmkomiker
Robert Redford, amerikanischer Filmstar und Regisseur
Marlene Dietrich, deutscher Filmstar
Margaret Thatcher, britische Expremierministerin
Lady Diana, Prinzessin von Wales

DER TIGER

Persönlichkeit

Ein mutiger Idealist!

Herausforderungen kommen dem Tiger gerade recht. Mit sicherem Instinkt findet er ein passende Lösung für jedes Problem.

Man könnte ihn auch einen Weltverbesserer nennen, der der ganzen Menschheit das Glück bringen will. Ein Missionar für ein besseres Leben auf der Welt.

Dank seiner sprudelnden Lebensfreude und seiner warmherzigen, feinfühligen Art wirkt er sehr überzeugend. Allerdings will er nicht als kleines Rädchen im Stillen wirken! Sein Engagement braucht Publikum und Applaus!

Eine Führer- und Kämpfernatur wie der Tiger kann sich schlecht in Reglements fügen. Gesellschaftliche Konventionen können ihn nicht bremsen. Sollte er sich doch eingeengt fühlen, wird er der sprichwörtliche »Tiger im Käfig«, der nervös und unberechenbar den Gitterstäben entlangtrabt. Meistens gelingt es ihm aber, sich über Zwänge hinwegzusetzen, ohne andere Menschen zu verletzen oder zu brüskieren. Dafür sorgt seine Feinfühligkeit.

Bewegungsfreiheit braucht nicht nur der Tiger des Tierreichs, auch der menschliche »Tiger« muss sich im wörtlichen wie im übertragenen Sinne bewegen können, um seine Fähigkeiten, seine besten Seiten richtig entfalten zu können.

Sein strahlendes Charisma öffnet ihm viele Chancen, die er zielstrebig nützt. Einfühlungsvermögen lässt ihn im Umgang mit Menschen den richtigen Ton finden. Wer wird sich wundern, dass er viele Freunde und Bewunderer hat?

Eine Eigenschaft, die er pflegen sollte, um sie in sein Repertoire der positiven Seiten aufzunehmen, ist das Zuhören. Seiner Eitelkeit tut es keinen Abbruch, wenn er zeitweise in der passiven Rolle des Zuhörers ist, der vielleicht vom anderen lernen kann.

Mit gesundheitlichen Beschwerden befasst er sich nicht. Die Gallenblase und der Verdauungstrakt insgesamt sind seine Schwachpunkte. Damit er seinen geschmeidigen Gang und den unnachahmlichen »Tigerwalk« beibehält, sind Übungen für Gelenke und Wirbelsäule unerlässlich – auch wenn es so viel anderes, vermeintlich Wichtigeres zu tun gibt!

Beziehungen

Der geschmeidige Gang des Tigers steht jedem vor Augen, der an dieses edle Tier denkt. Er vermittelt Sinnlichkeit und kraftvolle Weichheit. Genau das kennzeichnet auch den Tiger als Liebhaber.

Er ist zu tiefen Gefühlen fähig, kann sie auch zeigen und ausleben. Nur eines fällt ihm schwer: Treusein! Das Abenteuer in Gestalt der Vertreter des anderen Geschlechts lockt allzu sehr. Bei seiner Ausstrahlung, seinem Mut und der Sinnlichkeit, die er vermittelt, ist es kein Wunder, dass er bei anderen so gut ankommt!

Ihn selbst belebt und beflügelt das Verliebtsein so lange, bis er die »Beute erlegt« hat. Leicht entflammt, schnell vorbei – manchmal sind es nur Strohfeuer, die da hell leuchten. Anziehend wirken auf ihn vor allem Menschen, die wie er von Abenteuerlust getrieben sind.

Niemand wird gern verlassen, aber dem Tiger scheint das egal. Er zieht einfach weiter zum nächsten Abenteuer – er lässt sich von einem Fehlschlag nicht entmutigen, solange es noch viele ungeahnte Herausforderungen gibt!

Der Tiger und die anderen

Ratte – Tiger

Verständnisprobleme

Auf geistiger Ebene haben die beiden eine Wellenlänge. Allerdings setzen sie ihre Ideen unterschiedlich um. Die Ratte engagiert sich mit ihrer Tatkraft, der Tiger wirft seine Person in die Waagschale.

Auch wenn der Tiger die Ratte liebt – seine Untreue schafft Probleme.

Büffel – Tiger

Mit viel Verständnis …

Der warmherzige Tiger übt auf den gefühlvollen Büffel eine große Anziehungskraft aus. Er schätzt an der Raubkatze auch die Energie, obwohl er gleichzeitig durch die Ausbrüche der Raubkatze und ihre Neigung zu Seitensprüngen verunsichert ist.

Tiger – Tiger
Konkurrenz pur!

Nur wenn sie beide Seite an Seite für eine gemeinsame Sache kämpfen, kommen sie gut miteinander aus. Schwierig wird, dass keiner dem anderen dieselben Rechte einräumen will, die er selber in Anspruch nimmt! Zum Beispiel Seitensprünge …

Hase – Tiger
Offene, aber tiefe Beziehung!

Alle beide nehmen die Beziehung sehr ernst, leben tiefe Gefühle aus. Die gegenseitige erotische Anziehung und die Freude am Sex verbindet sie zu wonnigen Begegnungen. Jeder kann zudem vom anderen eine gewisse Toleranz in Sachen Treue erwarten. Eine Verbindung scheint beinahe ideal!

Drache – Tiger
Kraftprobe?

Wo zwei starke Naturen mit Führungsanspruch aufeinander treffen, funkt es. Vor ständigem Zeigen und Beweisen, wer der Stärkere ist, bleibt vielleicht die Zuneigung auf der Strecke. Eine harmonische Partnerschaft zwischen ihnen wird die Ausnahme sein!

Schlange – Tiger
Ein wunderbares Team!

Gefühle sind ihnen wichtig, sie sind zu tiefen Emotionen fähig und stehen dazu. Die Klugheit der Schlange vereint mit der Kraft des Tigers ergibt ein harmonisches Ganzes. Ihre erotische Abenteuerlust leben sie aneinander aus – das erspart Probleme durch Ausflüge in »Nachbars Garten«!

Pferd – Tiger
Eine gute Ergänzung!

Ein Pferd steckt den Kopf weder in den Sand, noch trägt es ihn in den Wolken. So kann es Tigers spirituelle, geistige Orientierung sehr gut in fruchtbare, erdigere Bahnen lenken, während es der Tiger vor zu großer Oberflächlichkeit bewahrt. Jedenfalls einen Versuch wert!

Ziege – Tiger

Krachs vorprogrammiert …

Auf den ersten Blick wirkt die Ziege brav und sehr sanft. Der Tiger kommt deshalb gar nicht auf die Idee, dass dahinter eine tief empfindende Seele steckt. Sie weckt einfach zu wenig Interesse in ihm.

Affe – Tiger

Ein Happy End ist fraglich!

Ein tolles erotisches Abenteuer, nur ihre sonstigen Vorstellungen sind konträr. Der Tiger sieht im Affen einen kühlen Intellektuellen ohne Gefühlstiefe, der Affe wird über der Flirtbereitschaft des Tigers sehr eifersüchtig. Gefährlich!

Hahn – Tiger

Kopf trifft Herz

Der kopflastige Hahn findet es amüsant zu sehen, dass der Tiger alles mit Intuition anpackt. Im Gegenzug fehlt dem verstandesbetonten Hahn das Verständnis für den gefühlsbetonten Tiger. Verletzungen scheinen unumgänglich.

Hund – Tiger

Wunderbar!

Gibt der Hund dem Tiger Warmherzigkeit und Treue, trägt der Tiger durch Feinfühligkeit und Gefühlstiefe zum Gelingen der Beziehung bei. Einzig die Jagdlust des Tigers könnte zum Problem werden.

Schwein – Tiger

Nur Freunde?

Prächtig verstehen sie einander im Geiste: Sie begegnen sich auf der Suche nach spiritueller Wahrheit und werden Freunde. Das realistische Schwein bringt den Tiger immer wieder auf den Boden der Tatsachen und Machbarkeiten zurück. Ob mehr daraus wird?

Beruf

Um seine Fähigkeiten entfalten zu können, braucht der Tiger Bewegungsfreiheit und Handlungsspielraum.

Am besten kann er seine Führungsqualitäten und seine Risikobereitschaft als selbstständiger Unternehmer einsetzen. Er kann gut mit Menschen umgehen, bringt ein Gefühl für Marktentwicklungen mit und hat sehr oft das nötige Quäntchen Glück auf seiner Seite. Das kann er vor allem gut gebrauchen, wenn er mit hohem Einsatz und Risiko handelt!

Kreative Berufe sind für den Tiger richtig und entlocken ihm seine Freude und Begabung am Gestalten. Die Fähigkeit zum Verändern, Gestalten und Führen kann er auch als Politiker bestens einsetzen.

Nur eines ist klar: In einer untergeordneten Position bleibt er nicht lange!

Der Tiger und die abendländischen Tierkreiszeichen

Widder-Tiger

Weder zu übersehen noch zu vergessen! Verlassene Geliebte und verzweifelte Kollegen können Arien davon singen. In ihm entsteht eine explosive Mischung aus Liebenswürdigkeit und Arroganz, aus Begeisterungsfähigkeit und Egoismus.

Stier-Tiger

Praktisch veranlagt packen sie alles sehr sorgfältig an. Vor allem in finanziellen Dingen beweisen sie Weitblick. Schießen sie sich auf ihr Lieblingsthema ein, können sie sehr engstirnig und intolerant werden! Ihre Partner schätzen die Stabilität, die sie geben.

Zwillinge-Tiger

Das sind Partytiger! Abwechslung ist ihr Lieblingswort. Egal ob intellektueller oder erotischer Natur, ob in Einrichtung oder Reiselust – Ruhe gibt es keine! Sie schaffen es mühelos, andere ein Weilchen zu begeistern, aber wer hält das länger aus?

Krebs-Tiger
Sie wirken auf den ersten Blick wie liebe, große Schmeichelkatzen. Aber auch die haben Krallen! Wenn sie manchmal desinteressiert und unabhängig wirken, sie halten sich lediglich zurück. Nur, wer sie an einer verletzlichen Stelle trifft, kriegt die Krallen zu spüren!

Löwe-Tiger
Sie stehen immer im Zentrum der Aufmerksamkeit ihrer Bewunderer, die damit beschäftigt sind, ihnen das Fell zu kraulen. Ihre Ziele sind hoch gesteckt, für sie scheint nichts unmöglich. Freunde und Partner schätzen die großmütigen und weitherzigen Menschen sehr!

Jungfrau-Tiger
Sie sind in den obersten Firmenetagen anzutreffen. Um zielstrebig dorthin zu gelangen, arbeiten sie hart. Ein klarer Blick, Energie und Präzision sind ihre Begleiter auf dem Weg nach oben.

Waage-Tiger
Ein schweigsamer Partner hat seine liebe Not mit ihnen! Kommunikation kann es für sie nicht genug geben. Ihre Waagschalen schwanken zwischen Harmoniebedürfnis und Streitlust und pendeln sich bei Gerechtigkeitssinn und Fairness ein.

Skorpion-Tiger
Was für eine Herausforderung an ihre Umgebung! Willensstark verfolgen sie ihre Ziele, meist mit großem Erfolg. Aktiv, ausdrucksstark und gefühlsbetont – als Liebhaber können sie nur überwältigend sein!

Schütze-Tiger
Nichts ist sicher, wenn man mit diesen Menschen zu tun hat. Für jedes Abenteuer sind zu haben, das Spaß und Abwechslung verspricht. Ihre Freiheit bedeutet ihnen viel, einengen lassen sie sich weder vom Partner noch von ihrer eigenen Hilfsbereitschaft.

Steinbock-Tiger
Als zähe und hartnäckige Kämpfer gehen sie durchs Leben. Für ihre Ziele arbeiten sie bis zum Umfallen und geben das Letzte. Sie wollen Sicherheit.

Wenn sie zusätzlich ein paar Statussymbole erwerben können, freut sie das. Depressive Stimmungen werden sie zu kreativen Pausen umfunktionieren.

Wassermann-Tiger
Revolutionäre Ideen sprudeln nur so! Als umgängliche und offene Weltbürger schaffen sie sich Freunde an allen möglichen und unmöglichen Orten. Ihr Beruf muss mit Menschen zu tun haben und darf nicht die geringste Gleichförmigkeit aufkommen lassen, sonst werden sie krank.

Fische-Tiger
Sie schließen leicht Freundschaften und sind überall beliebt. Als mitfühlende und sensible Menschen verschenken sie ihre Zuwendung tonnenweise. Ihre Entschlusskraft lässt jedoch zu wünschen übrig und verlangt nach einem Partner, der sie unterstützt.

Prominente Vertreter

Heiliger Franziskus von Assisi
Heinz Rühmann, deutscher Schauspieler
Marilyn Monroe, amerikanischer Filmstar
Tina Turner, Pop-Idol
Königin Elizabeth II. von England

Der Hase

Persönlichkeit

Ein harmoniebedürftiger Glückspilz!

In seinem Herzen ist Platz für die ganze Welt. Er liebt die Menschen und will ihnen die Harmonie vermitteln, die er selbst braucht und zu erzeugen versteht. Seine übergroße Einfühlsamkeit verleitet ihn zum Mit-leiden mit anderen. Egal ob Platzwunde am Kopf oder gekränkte Seele, ob Hungersnot oder der Brand beim Nachbarn – der Hase involviert sich persönlich bis in die Tiefe seiner Seele.

Seine soziale Kompetenz und seine Friedfertigkeit machen ihn zum diplomatischen Vermittler, der Streithähne an einen Tisch und zu einem tragfähigen Kompromiss führen kann. Ob im Kleinen, unter Freunden, im Beruf – oder im Großen, in politisch-diplomatischer Mission, erzielt er durch seine Kompromissfähigkeit und Sensibilität Erfolge. Dass er bei seinen Mitmenschen beliebt ist, versteht sich von selbst.

Vor allem seine Freunde wissen, dass er immer da ist, wenn ihn der Ruf eines Freundes erreicht. Warmherzig und feinsinnig in seiner Seele, ist er offen für die Anliegen anderer, sein Rat wird gerne gesucht.

In Gesellschaft ist er als charmanter, kultivierter und gebildeter Mensch beliebt und geschätzt. Die eigene Gastfreundschaft pflegt der Hase mit großem Vergnügen. Wenn er einlädt, freuen sich die Gäste auf einen besonderen Abend.

Seine Stimmungen sind von äußeren Umständen abhängig und beeinflussbar. Hat er alles zu seiner Zufriedenheit gestaltet, kann er sich beruhigt zurücklehnen.

Kämpfernaturen sind Hasen sicher nicht! Werden sie persönlich angegriffen, wählen sie im Zweifel lieber die Flucht.

Sein eigenes Seelenleben droht manchmal etwas zu kurz zu kommen, wenn er sich von all den Anliegen und Sorgen seiner Umgebung zu sehr vereinnahmen lässt. Hat er die Balance zwischen notwendiger Distanz und warmem Mitgefühl gefunden, ist er ein liebenswerter Freund, der frei von Vorurteilen jederzeit und gerne zuhört und als Ratgeber zur Seite steht.

Weil ihm so vieles »ans Herz geht«, wundert es kaum, dass er seine gesundheitlichen Schwachpunkte häufig im Herz- Kreislauf-Bereich hat. Wenn er es schafft, nicht allen Kummer zu seinem eigenen Problem zu machen, kann er die Ursache wirksam bekämpfen. Schlafprobleme und Erschöpfungszustände lassen sich durch gesunde Ernährung leicht in den Griff kriegen.

Beziehungen

Hasen stehen im Ruf, nicht die Treuesten und sprunghaft in ihren Liebesbeziehungen zu sein. Aber wie sonst soll man den richtigen Partner finden?

Fühlt sich der Hase zu jemandem hingezogen, zeigt er das auch ohne Scheu. Charmant und liebenswürdig, mit der Ausstrahlung seiner Herzenswärme kann er Menschen für sich gewinnen. Seine Empfindsamkeit verlangt nach Beständigkeit in der Gefühlstiefe – Schwankungen machen ihn richtig krank! Er selbst ist in geistig-seelischer Hinsicht treu. Ob und wie intensiv sich das auf der erotischen Ebene fortsetzt, hängt doch sehr vom Partner ab. Wer seinen Hasen streichelt, ihm Aufmerksamkeit und Liebe entgegenbringt und ihn mit Abwechslung im Liebesleben erfreut, braucht sich keine Sorgen zu machen ...

Die meisten Hasen fühlen sich in einer großen Familie besonders wohl. Eine gemütliche Häuslichkeit, in der sie sich geborgen fühlen, wissen sie sehr zu schätzen. So können sie entspannen und sich fallen lassen, können Sorgen vergessen.

DER HASE UND DIE ANDEREN

Ratte – Hase

Ein harmonisches Paar!

Durch sein Verständnis gelingt es dem Hasen, den großen Ehrgeiz der Ratte zu mildern. Sie könnte es schaffen, den Hasen vom Wert und der Wichtigkeit ihrer Beziehung zu überzeugen. Dann verbinden sie ihre Häuslichkeit, Freude an Erotik und ihren Sinn für Schönheit.

Büffel – Hase

Entdeckungswürdig!

Ein treuer Büffel, der Traditionen und Sicherheit schätzt, kann am experimentierfreudigen Hasen auf den ersten Blick nichts Verbindendes entdecken. Dabei teilen die beiden ihre Vorliebe für Häuslichkeit und Geborgenheit. Mit Romantik kann der Büffel beim Hasen punkten.

Tiger – Hase

Tiefe Gefühle ohne Enge!

In ihrer Beziehung werden die tiefen Gefühle, die sie füreinander hegen, ausgelebt. Trotzdem kann der eine vom anderen Verständnis für seine Flirtbereitschaft erwarten. Die wechselseitige erotische Anziehung und ihre Sinnlichkeit lassen kaum Wünsche offen. Ein ideales Paar!

Hase – Hase

Zu viel des Guten?

Probleme haben sie wenig miteinander. Es kann nur sein, dass aufgrund ihres Harmoniebedürfnisses jeder so lange zurücksteckt, bis keine Basis mehr vorhanden ist. Die Enttäuschung ist groß, wenn von der kuscheligen, harmonischen Beziehung nichts mehr übrig ist ...

Drache – Hase

Sie tun sich gut!

Der Drache ist dem Hasen ein wertvoller, reifer und starker Partner, an den er sich halten kann. Durch seine Wärme und sein Einfühlungsvermögen nimmt der Hase dem Drachen das Gefühl der Entfremdung von anderen Menschen. Eine ähnliche Weltsicht tut das ihre zu einer glücklichen Beziehung.

Schlange – Hase

Eine heiße Affäre!

Mit Wärme und Einfühlungsvermögen geht der Hase auf die Schlange zu, die sich ihm aber durch ihre bewusste Rätselhaftigkeit entzieht. Damit kann der Hase nicht gut umgehen. Erotisch verstehen sich die beiden glänzend, ob das genügt?

Pferd – Hase

Liebe auf den ersten Blick!

Für den Hasen kann die Egozentrik des Pferdes wohltuendes Vorbild sein! Vor allem schafft er es, durch seine Sensibilität mildernd auf das ichbezogene Pferd einzuwirken. Wichtig ist, dass der Hase dem temperamentvollen Pferd seinen Auslauf lässt. Dann steht einer dauerhaften Beziehung wenig im Weg!

Ziege – Hase

Das Bilderbuch-Paar!

Sie brauchen sich nicht mühsam »zusammenzuraufen«, sondern verstehen einander auf Anhieb in ihrer Sanftheit und ihrem Harmoniebedürfnis. Eine sehr unspektakuläre, friedvolle Beziehung zum Ausruhen!

Affe – Hase

Glück oder Unglück sind möglich!

Die individuelle Ausformung der Sprunghaftigkeit und Unruhe des Affen können den Hasen an einer Stelle treffen, wo sie ihn verletzen. Dann gibt es traurige Gesichter. Im Positiven kann der Affe den Hasen damit zum Lachen bringen. Der Hase freut sich über seinen lebhaften Gefährten und sie führen eine aufregende, glückliche Beziehung.

Hahn – Hase

Auf der Suche nach Harmonie?

Der Hahn wird dem Hasen bald zu viel mit seiner lauten, exzentrischen Art. Bei ihm stößt er auf die Grenze seiner Einfühlsamkeit. Und der Hahn? Dem ist der Hase zu sanft, lieb und einfühlsam. Er findet ihn »gefühlsduselig«. Schwierig!

Hund – Hase

Das Wollen zählt!

Eine Freundschaft fürs Leben kann sie jedenfalls verbinden. Gemeinsam ist ihnen der ausgeprägte Familiensinn, eine gute Ausgangsbasis für eine fruchtbare Beziehung. Bellt der Hund aber, schmollt der Hase. Trotzdem stehen die Chancen gut für eine liebevolle Beziehung.

Schwein – Hase

Glück!

Die beiden verstehen sich prächtig, weil sie sich auf einer offenen und harmonischen Basis begegnen. Sie lassen einander genug Freiraum zur eigenen Weiterentwicklung und können eine sehr ausgeglichene Beziehung in Harmonie führen.

Beruf

Als Einzelkämpfer eignet sich der Hase nur schlecht. Im Team kann er Hervorragendes leisten. Bei seinen Kollegen ist er beliebt, weil er zum guten, angenehmen Betriebsklima beiträgt wie kaum ein anderer. Auch plagt ihn kein krankhafter Ehrgeiz, trotzdem kennt er seine Ziele. Sorgfältig und professionell erledigt er seinen Job. Ihm sind Handlungsspielraum, Entwicklungsmöglichkeiten und gutes Klima fast wichtiger als ein Spitzengehalt. Kann er auch noch seine Kreativität in den Job einbringen, wird er rundum zufrieden sein.

Seine Sozialkompetenz kann er in Berufen, die mit Menschen und mit Kommunikation zu tun haben, bestens nützen. Vorurteilsfrei nimmt er sich in Rechtsberufen seiner Klienten an. Der Beruf des Diplomaten ist für ihn geeignet wie für niemand anderen.

Will er sich selbstständig machen, sollte er sich lieber einen Partner nehmen, der sich um die finanziellen Aspekte des Geschäftslebens bemüht. Der Hase ist zwar sehr korrekt und ehrlich im Umgang mit fremdem Geld, achtet aber manchmal zu wenig auf sein eigenes Konto.

Der Hase in den abendländischen Tierkreiszeichen

Widder-Hase

Sie sind furchtloser und risikobereiter als andere Hasen. Wenn sie Recht haben, vermeidet man eine Diskussion besser! Gewinnen ist für sie wichtig! Ihre Ehrlichkeit ist umfassend, auch im Gefühlsbereich. Das macht sie ver letzlich.

Stier-Hase

Für sie selbst ist Besitz wichtig, deshalb beurteilen sie auch andere gerne danach, was sie »haben«. Ein gepflegtes, gemütliches Heim, in dem sie vollendete Gastgeber sein können und im Kreise ihrer Familie das Leben genießen können, ist ihr Ziel. Als Partner ist Verlass auf sie!

Zwillinge-Hase
Mit ihrer sanften, überzeugenden Art setzen sie sich gut durch. Die häsische Häuslichkeit ist bei ihnen nicht so ausgeprägt, dafür sind sie immer für eine angeregte Diskussion zu haben. Ihre Qualitäten als fantasievolle, sensible Liebhaber lassen kaum Wünsche offen!

Krebs-Hase
Viele Eigenschaften, die beide haben, verstärken sich. Häuslichkeit, Familiensinn und Sensibilität sind kaum zu überbieten, ihr liebenswürdiges Wesen macht sie beliebt. Große Freunde von Neuerungen oder revolutionären Ideen sind sie jedenfalls nicht!

Löwe-Hase
Sie haben es gerne, wenn sie wichtig sind, im Mittelpunkt stehen. Großzügig und loyal liegt ihnen das Wohl ihrer Familie und Freunde am Herzen. Dass manchmal auch Hasen wie Löwen brüllen können, werden Sie feststellen!

Jungfrau-Hase
Neuland wird nur sehr, sehr vorsichtig und zögernd betreten. Die Sensibilität des Hasen kann sich in mancher Hinsicht zu Überempfindlichkeit steigern.

Waage-Hase
Als Gesprächspartner sind sie wunderbar! Haben sie sich ein materielles Ziel gesetzt, arbeiten sie hart bis zur Erfüllung des Wunsches. Wer allerdings vor ihren Augen keine Gnade findet, der wird manchmal von oben herab behandelt.

Skorpion-Hase
Bis sie den richtigen Partner gefunden haben, das dauert! Bis dahin suchen sie und beglücken ihre jeweils aktuellen Partner mit aufregenden, erotischen Stunden. Nähern Sie sich ihnen vorsichtig – sie setzen ihren Kopf durch, wenn nötig mit ihrem Stachel!

Schütze-Hase
Das sind keine schüchternen Häschen! Sie gehen ihren Weg ohne Angst vor Konfrontationen. Vielseitig interessiert, geistvoll und unterhaltsam wollen

sie nur zwischendurch, quasi auf der Durchreise, in ihren sicheren Hafen zurückkehren.

Steinbock-Hase
Ernst genommen zu werden ist ihnen das Wichtigste, sonst sind sie verärgert. Wer sie als Partner oft in die Arme nimmt und ihnen seine Zuneigung beweist, für den setzen sie Himmel und Hölle in Bewegung, um ihn glücklich zu machen.

Wassermann-Hase
Ein kuscheliges Heim mit idyllischem Familienleben ist für sie nicht so wichtig wie anregende Unterhaltungen mit anderen Menschen, interessante Gespräche mit neuen Bekannten. Recht schnell wird ihnen eine Beziehung zu eng und sie verschwinden.

Fische-Hase
Wenn Sie manchmal einen reinigenden Streit brauchen – nicht mit den Fische-Hasen! Jedes Problem wird von ihm diplomatisch umschifft. Wer hinter die Tarnung aus Förmlichkeit blicken kann, der wird einen herzensguten Partner und Liebhaber entdecken.

Prominente Vertreter

Albert Einstein, Physiker
Friedrich Schiller, deutscher Dichter
Cary Grant, amerikanischer Filmschauspieler
Marie Curie, französische Physikerin
Gina Lollobrigida, italienische Filmdiva
Jodie Foster, amerikanische Schauspielerin und Regisseurin

DER DRACHE

Persönlichkeit

Eine charismatische Persönlichkeit!

Wer unter diesem Zeichen geboren ist, soll an Glück und Macht besonders teilhaben. Seine Ausstrahlung zieht Menschen geradezu magisch an. Im Mittelpunkt des allgemeinen Interesses zu stehen, findet er durchaus angebracht. Wohin er auch kommt, seine natürliche Autorität lässt keinen Zweifel daran, mit wem man es zu tun hat.

Wer ihn nicht versteht oder nicht gut kennt, findet ihn unter Umständen arrogant. Dabei fühlt er sich nur manchmal unverstanden und verhält sich deshalb besonders zurückhaltend. In diesen Momenten bleibt er in seiner Drachenhöhle und will für sich bleiben. Vorsicht – zu große Introvertiertheit schlägt schnell um in Eigenbrötlerei! Und das kann einen Drachen nicht glücklich machen!

Strahlend und voll Tatendrang begegnet Ihnen der Drache. Seine geballte Energie, seine Intuition und sein Durchsetzungsvermögen kann und will er für große Aufgaben einsetzen. Selbstsicher und entschlossen geht er an neue Herausforderungen heran und führt seine Aufgaben durch.

Sollte etwas nicht so laufen, wie er das geplant hatte, kann er recht ungeduldig werden und Feuer speien. Das bekommen vor allem diejenigen zu spüren, die seine Perfektion nicht teilen.

Auf Ratschläge anderer zu hören ist nicht Drachen-Art! Sie stürmen vor, voll Tatkraft und Elan, können aber mit Misserfolgen nicht besonders gut umgehen.

Warmherzig und offen für alles Aufregende, sind sie wunderbare Freunde, auf deren Unterstützung jederzeit gebaut werden darf.

Freiheit ist dem Drachen wichtig, Einschränkungen akzeptiert er nicht. Er hat manchmal das Gefühl, sich von den anderen Menschen zu unterscheiden, und sucht die Distanz. Solange er nach seiner Rückzugsphase bald wieder aus seiner Höhle kommt, besteht kein Grund zur Sorge, dass der Drache zum menschenfeindlichen Einsiedler werde! Und den Vorwurf der Arroganz können seine Freunde widerlegen.

Ältere Drachen neigen allerdings manchmal dazu, sich abzuschotten und ihren Freundeskreis zu vernachlässigen.

Wie sollte es anders sein – der Glücksdrache verfügt über eine stabile Gesundheit. Einzig ihre Essgewohnheiten sollten manchmal hinterfragt werden. Zu schnell und zu hektisch zu essen, tut eben nicht gut.

Beziehungen

Seiner Ansicht nach sollte man die Liebe nicht zu ernst nehmen, sondern sie als schönes Spiel auffassen. Der Drache braucht die Liebe nicht als Kraft- und Energiespender, er genießt nur die Begeisterung, die Euphorie.

Sein Charme, seine Kraft und sein Charisma üben eine magische Anziehung auf andere aus.

Trotz seiner Leidenschaft als Liebhaber ist er nicht ein Mensch, der unbedingt einen Partner an seiner Seite haben will. Er kann gut nur mit sich alleine sein. Ein Gräuel sind ihm Gefühlsduselei und jede Art der Abhängigkeit.

Hat er sich entschlossen, eine feste Bindung einzugehen, will er selbstverständlich das Familienoberhaupt sein!

DER DRACHE UND DIE ANDEREN

Ratte – Drache
Das Traumpaar!

Die beiden Erfolgreichen verstehen einander prächtig! Energisch, mit dem Anspruch der Perfektion, verfolgen beide ihre Ziele. Die größte Herausforderung wird sein, die Gefühle, die sie füreinander empfinden, auch zu zeigen. Dann aber ist alles wunderbar!

Büffel – Drache
Toleranz ist nötig!

Gemeinsam ist ihnen die Furcht vor der Einsamkeit. Wenn sich beide darum bemühen, dem anderen mit Offenheit und Toleranz zu begegnen, statt an festgefahrenen Meinungen zu hängen, können sie eine glückliche Beziehung führen.

Tiger – Drache
Kräfte messen

Wie bei einem Schwertkampf fliegen die Funken, wenn zwei so starke Naturen mit Führungsanspruch aufeinander treffen. Sie sind so eifrig damit beschäftigt, dem anderen zu beweisen, wer der Stärkere ist, dass sie darüber auf ihre Gefühle vergessen. Eine Ausnahmebeziehung!

Hase – Drache

Zur beidseitigen Zufriedenheit!

Für den sanften Hasen ist der starke Drache ein Partner zum Anlehnen. An ihn kann er sich halten. Der Drache kann mit der Sensibilität des Hasen rechnen und genießt dessen Wärme. Eine Verbindung, die durch ähnliche Ansichten gefestigt wird.

Drache – Drache

Machtkampf!

Probleme sind vorprogrammiert, wenn beide so starke und gleichartige Persönlichkeiten sind. Halten sie große Distanz zueinander, schaffen sie sich ein Verhältnis von gegenseitiger Achtung und Respekt und vielleicht sogar Zuneigung.

Schlange – Drache

Wahrscheinlich harmonisch!

Gemeinsam streben sie nach Einfluss und Macht – eine Konkurrenz entsteht dennoch nicht. Die Schlange bleibt nämlich im Hintergrund. Wenn die Schlange ihren Besitzanspruch im Zaum hält und der Drache ihren Stolz akzeptiert, haben die beiden als Liebespaar gute Chancen!

Pferd – Drache

Kampf um die Pole-Position!

Wie der selbstbewusste Drache steht das unbekümmert egozentrische Pferd gern in der ersten Reihe. Dann wird es dort eng ... Und der Drache kann die guten Seiten im Pferd nicht mehr sehen!

Ziege – Drache

Gute Chancen!

Die einfühlsame Ziege kann das Vertrauen eines stolzen Drachen gewinnen. Es kann ihr auch gelingen, ihn liebevoll aus seiner Distanziertheit zu locken. Wenn er ihr die nötigen Streicheleinheiten gibt ...

Affe – Drache

Gegensätze ziehen sich an!

Unähnlicher kann sich niemand sein. Liebt es der Affe quirlig, bevorzugt der Drache oft die ruhige Innenschau. Trotzdem ergänzen sie einander oft zu einem erstaunlichen Paar, weil sie sich nicht konkurrieren.

Hahn – Drache

Gespanntes Verhältnis?

Wenn sie die Revieraufteilung in der Beziehung klären können, steht zumindest intellektueller täglicher Wettstreit auf dem Programm. Die ständige Kritikbereitschaft des Hahns könnte den Egoisten im Drachen heraufbeschwören – was der Hahn wiederum nicht erträgt. Möglich ist – fast alles!

Hund – Drache

Kaum Berührungspunkte!

Der Hund hält den Drachen für oberflächlich und vermisst die Zärtlichkeit in der Beziehung. Der Drache findet die ruhige Art des Hundes zu wenig anregend.

Schwein – Drache

Nicht ganz einfach!

Sie ziehen sich zwar an, aber ob eine echte Zuneigung entstehen kann? Das Schwein schenkt dem Drachen manchmal zu wenig Aufmerksamkeit, er ist der Meinung, es hätte zu wenig Ehrgeiz.

Beruf

Egal, was der Drache beruflich in Angriff nimmt, es ist von Erfolg gekrönt. Sein Tatendrang, seine Energie und Vielseitigkeit machen ihn für fast alles geeignet. Nur nicht zu Unterordnung und extremer Teambereitschaft. Der Drache gehört zu den Einzelkämpfern und braucht Freiraum zur Entwicklung und Umsetzung seiner Vorstellungen.

Mut und Risikobereitschaft sind wichtige Voraussetzungen für die Selbstständigkeit, beides bringt der Drache mit. Für ihn ist ein eigenes Unternehmen genau richtig. Eingebunden in fixe Hierarchien oder enge Vorschriften hält er es nicht aus. Am wohlsten fühlt er sich als selbstständiger Unternehmer oder als eigenverantwortlicher Mitarbeiter.

Andere vertrauen ihm gerne ihr Geld an, das er entsprechend verwaltet und mehrt. Für ihn selbst hat Geld keinen besonderen Stellenwert. Er nimmt es als selbstverständliche Auswirkung des Erfolges.

Der Drache in den abendländischen Tierkreiszeichen

Widder-Drache

Tempo, Tempo! Wer Ruhe und Geborgenheit sucht oder eine empfindliche Seele hat, sollte schnell abspringen! So viel Energie und Tatkraft sind kaum zu bremsen und lassen diese Menschen auf ihr Ziel losstürmen. In jedem Lebensbereich ... Perfektionisten verzweifeln an ihnen!

Stier-Drache

Sie sind die Drachen, die ihre Vorhaben tatsächlich zu Ende bringen. Im Umgang sind sie vielleicht nicht immer einfach, aber wer sie zähmen kann, hat einen verlässlichen und häuslichen Partner an seiner Seite.

Zwillinge-Drache

Sie sind Denker und Kritiker, deren messerscharfem Verstand und Argumentation kaum jemand gewachsen ist. Sie auf einen Standpunkt zu fixieren, ist fast nicht möglich. In einer Beziehung kommen Diskussion und Abwechslung sicher nicht zu kurz!

Krebs-Drache

Sehr sensible Menschen, die ihre beruflichen Erfolge äußerst vorsichtig aufbauen. In zwischenmenschlichen Beziehungen fordern sie viel vom anderen. Mit zu starken, lauten und stürmischen Menschen gibt es sicher Probleme!

Löwe-Drache

Die geborenen Herrscher – im besten Sinne! Sie wollen das Beste für die

Menschen ihrer Umgebung, strahlen vor Energie und Wärme und sparen nicht mit ihrem charmanten Humor. Einschränken lassen sich diese Persönlichkeiten aber bestimmt nicht!

Jungfrau-Drache

Ihr Organisationstalent sucht seinesgleichen! Intellektuelle Herausforderungen suchen und finden sie. Mit ihrer Meinung halten sie nicht hinter dem Berg. Wer sich in Theorien und Gedankengebilden wohl fühlt, ist bei ihnen bestens aufgehoben.

Waage-Drache

Das diplomatische Feingefühl der Waage macht diese Drachen zu ungewöhnlich fairen Menschen und Chefs. Allseits beliebt verbergen sie ihre dennoch vorhandene Unsicherheit sehr geschickt. Extravagant und intelligent sind sie besonders geschätzte Drachen-Menschen.

Skorpion-Drache

Achtung – Hochspannung! Das sind Kraftwerke an Gefühlen und Sex. Ihre Leidenschaft ist umwerfend, verursacht emotionale Wirbelstürme und hinterlässt möglicherweise Brandwunden. Sie machen alles, wirklich alles, hundertprozentig.

Schütze-Drache

Sie sind wirklich nicht zu übersehen – dafür sorgen sie auch. Sie wollen ihren Spaß im Leben haben, sind kontaktfreudig und kennen daher jede Menge interessanter Menschen. Erotischen Freuden sind sie nicht abgeneigt, aber sie auf Dauer zu halten oder gar an die Kette zu legen, ist fast unmöglich. Bei diesem Freiheitsbedürfnis!

Steinbock-Drache

Materiellen Besitz schätzen sie als sichtbaren Beweis ihres Erfolges, an dem sie hart und entschlossen gearbeitet haben. Unter all der zielstrebigen Hartnäckigkeit verbirgt sich aber eine sensible Seele.

Wassermann-Drache

Unruhigere Menschen kann man sich fast nicht vorstellen! Nicht einmal bei Freunden im interessanten Gespräch hält es sie lange. Freiheit geht ihnen über alles. Ihren Partner versorgen sie bestens, sie sind aber dennoch immer unterwegs zu neuen, luftigen Abenteuern.

Fische-Drache
Sie sind ein Rätsel für ihre Umwelt und schwer zu verstehen. Unglaublich empfindlich verstecken sie die Motivationen für ihr Tun. Sehr charmante, liebevolle Partner können sie sein – wenn sie wollen!

Prominente Vertreter

Friedrich Nietzsche, deutscher Philosoph
Sigmund Freud, österreichischer Begründer der Psychoanalyse
Martin Luther King, amerikanischer Bürgerrechtskämpfer
Charles Darwin, britischer Begründer der Evolutionstheorie

Die Schlange

Persönlichkeit

Eine rätselhafte Natur!

Elegant und höflich tritt die Schlange in Erscheinung und steht als redegewandter Mensch mit Humor rasch im Mittelpunkt einer Gesellschaft – solange sie sich nicht langweilt. Sie pflegt gerne regen Gedankenaustausch mit anderen, es darf aber kein uninteressantes Gespräch sein, das sich im Austausch von Belanglosigkeiten erschöpft. Diskussionen sind für sie wichtiger Bestandteil ihres Lebens.

Sie ist bestrebt, Dingen auf den Grund zu gehen, Hintergründe und Zusammenhänge zu erfassen und in der Tiefe zu schürfen, was sie nach außen schwer zugänglich wirken lässt. Die Schlange versucht zu hinterfragen, hinter den Schein zu sehen, wobei ihr die gute Menschenkenntnis von Nutzen ist. Oberflächliche Menschen, die nur »Schaum schlagen«, sind ihr zuwider.

Auseinandersetzungen weicht sie aus, so weit sie kann. Selbst ein klares »Ja« oder »Nein« sind für sie nicht so klar auszusprechen. Schließlich muss ja auch noch hinterfragt werden, ob ...

Misserfolge zu verkraften fällt ihr schwer, ihr Stolz akzeptiert keine Niederlagen. Gerät sie in eine heikle Situation, versteht sie es meisterhaft, sich herauszuwinden. Ist das Problem gelöst, die Lage entspannt, wird sie ruhiger und verständnisvoller.

Eine typische Schlange will Unbegreifliches begreifen, Geheimnisse ergründen. Viel schwerer fällt es ihr, gewonnene Erkenntnisse umzusetzen. Vor allem dann, wenn es sich um ihr eigenes Leben handelt, fehlt ihr dazu oft die Entschlusskraft.

Schlangen lieben Schönes. Bei den einen äußert sich dieses ästhetische Empfinden in der Anhäufung sinnloser, aber sehr schöner Dinge – bei den anderen findet es ein Ventil im eigenen künstlerischen Gestalten.

Ruhig und friedliebend ist die Schlange, fühlt sich wohl im Kreis ihrer Freunde, denen sie nach langjähriger Freundschaft Vertrauen entgegenbringt. Die geheimnisvolle Aura, die sie umgibt, zieht Menschen an und macht sie neugierig.

Die meisten Schlangen kennen nur wenige gesundheitliche Probleme, sollten aber darauf achten, genug Flüssigkeit zu sich zu nehmen. Ihre Nieren gehören zu den empfindlicheren Organen. Etliche Schlangen leiden auch unter Verspannungen. Bewusst locker lassen!

Beziehungen

Nach außen hat sie sich unter Kontrolle, wirkt unergründlich. Der Schein trügt aber! Trotz alles Geheimnisvollen ist die körperliche Anziehungskraft einer Schlange nicht zu übersehen. Ihre starke Ausstrahlung verfehlt selten die Wirkung. Sie kann liebenswürdig und romantisch sein, wenn sie sich verliebt an die Seite ihres Partners schmiegt.

Als leidenschaftliche und verführerische Liebhaber begeistern Schlangen ihre Partner im Liebesleben. Selbst rasend eifersüchtig, sind sie nicht abgeneigt, auch »außer Haus« nach Abenteuern zu suchen und Verlockungen nachzugeben. Hat die Schlange selbst Grund zur Eifersucht, zieht sie rasch die Konsequenzen.

Es ist nicht für jeden erträglich, dass sie in einer Beziehung dazu neigt, sich um den Partner zu schlingen und ihm die Luft abzuschnüren. Sie will ihrem Partner alles bedeuten, ihm das Wichtigste sein. Auch wenn sie selbst immer ein wenig unberechenbar bleibt und bleiben will.

Wer eine Partnerschaft mit ihr wagt, wird in ein reiches Beziehungsleben eintauchen.

DIE SCHLANGE UND DIE ANDEREN

Ratte – Schlange

Nicht einfach, aber …

Die Unabhängigkeit der rätselhaften Schlange bereitet der Ratte Probleme. Was sie trennt, sind die Vorliebe der Schlange für das gute Leben und den Luxus einerseits und die Sparsamkeit der Ratte andererseits. Gefühle zu zeigen fällt beiden schwer…

Büffel – Schlange

Dream-Team!

Diese beiden träumen von der großen Liebe, von Romantik und dem Ausleben ihrer tief empfundenen Gefühle, die sie in eine Beziehung investieren wollen. Wenn die Schlange die Treue achten kann, wird sie den Büffel zu Kreativität auf allen Linien motivieren können …

Tiger – Schlange
Gefühlvolle Verbindung!

Emotionen spielen im Leben der beiden eine wesentliche Rolle. Sie sind fähig zu tiefen Gefühlen und stehen dazu. Die kluge Schlange und der kraftvolle Tiger bilden ein hervorragendes Paar. Die Harmonie setzt sich in der erotischen Abenteuerlust fort.

Hase – Schlange
Heiß ...

Die erotische Anziehung zwischen dem Hasen und der Schlange ist förmlich spürbar ... Nur mit ihrer Rätselhaftigkeit hat der Hase ein Problem. Sie aber flüchtet in ihre Geheimnisse. Jedenfalls eine heiße Affäre – ob mehr daraus werden kann, ist fraglich!

Drache – Schlange
Gute Voraussetzungen!

Zum Glück streben sie zwar das gleiche Ziel an, aber auf unterschiedliche Art! Beide schätzen Macht und Einfluss, die Schlange zieht lieber im Hintergrund die Fäden. Akzeptieren sie den Stolz des Partners, stehen die Chancen auf eine harmonische Beziehung gut!

Schlange – Schlange
Harmonisch distanziert!

Sie finden einander faszinierend, ziehen sich gegenseitig durch ihre rätselhafte Ausstrahlung an. Verständnis für die Tiefen und Untiefen ihrer Seelen macht eine dauerhafte Beziehung möglich. Sie wird vielleicht weniger durch große Offenheit als durch respektvolle Distanz haltbar sein.

Pferd – Schlange
Unterschiede, die nicht trennen!

Das Pferd in seiner unbekümmerten Art setzt sich über die Rätsel der Schlange einfach hinweg und akzeptiert sie als geheimnisvoll. Es muss sich ja schließlich mit sich selbst beschäftigen. Sie sind trotzdem – oder deshalb – zu einer intensiven Liebesbeziehung fähig.

Ziege – Schlange
Nervensache!

Nähe ist für die sanfte Ziege extrem wichtig. Das setzt aber Offenheit voraus, wo die Schlange sich lieber bedeckt gibt. Und ängstlich beschützen lassen will sich die Schlange nicht!

Affe – Schlange
Intellektuelle Harmonie!

Wichtig sind gegenseitiger Respekt und das Vermeiden zu großer Enge – es muss Luft dazwischen sein. Dann kann es gut gehen, weil der Affe der Schlange Leichtigkeit bringt und im Austausch ernsthafte Diskussionen führt.

Hahn – Schlange
Eine wunderbare Verbindung!

Voneinander profitieren können sie jedenfalls: Die Schlange zeigt dem Hahn Geheimnisse, lässt ihn hinter viele Dinge schauen. Er hilft ihr bei der Suche nach Erklärungen mit seinem analytischen, kritischen Verstand. Die wechselseitige Ergänzung setzt sich auch im Liebesleben perfekt fort.

Hund – Schlange
Masochisten?

Verschiedener als »Hund und Katz« sind sie. Dabei könnten sie jede Menge voneinander lernen – unter der Voraussetzung, dass sie sich jemals so nahe kommen, was aufgrund ihrer Unterschiedlichkeit bezweifelt werden darf.

Schwein – Schlange
Krasser Gegensatz?

Ein Schwein bildet in seiner Geradlinigkeit und Offenheit den Kontrapunkt zur Schlange, die ihre Geheimnisse hegt und pflegt. Das Schwein hat dafür kein Verständnis, die Schlange findet das Schwein zu wenig interessant.

Beruf

Die Schlange ist ehrgeizig und verfolgt ihr Ziel mit Bestimmtheit. Scharfsinnig und klug setzt sie ihre Fähigkeiten Erfolg versprechend ein.

Bei der Berufswahl berücksichtigt sie, ob dabei auch genug verdient werden kann. Sie braucht Geld für die schönen und angenehmen Dinge im Leben! Nur Vorsicht, wenn sie vielleicht erkennen muss, dass ihr der Job zwar Geld, aber keine Erfüllung und Freude bringt!

Kann sie ihren Schönheitssinn und ihr Gefühl für Ästhetik mit ihrem Job kombinieren, verbindet sie Passion mit Beruf. Für den Kunsthandel, ein künstlerisches Handwerk oder die Werbebranche sind Schlangen bestens geeignet.

Viele Schlangen sind glücklich in Jobs, die mit inneren Werten zu tun haben. Ob als Psychologe, Psychotherapeut oder in einer Lehr- und Erziehungstätigkeit, fördern sie das Arbeiten an sich selbst und vermitteln Werte.

Die Schlange in den abendländischen Tierkreiszeichen

Widder-Schlange

Sie sind Kämpfer, die den Gegner unerwartet, aber blitzschnell und zielsicher treffen. Diese Taktik macht sie zu erfolgreichen Geschäftsleuten. Die Mischung aus impulsiv und würdevoll, ehrlich und höflich ist sehr spannend und birgt Überraschungen. Viel Spaß und Abwechslung in der Erotik sind garantiert!

Stier-Schlange

Umgeben von Luxus und Großzügigkeit scharen sie ihre Freunde und Gäste um sich. Sie machen jederzeit einen guten Eindruck auf ihre Umgebung. Ihren opulenten Lebensstil erarbeiten sie sich schwer, genießen dann aber ausgiebig, ohne die »Bodenhaftung« zu verlieren.

Zwillinge-Schlange

Messerscharfe Denker, die auch ihren eigenen Vorteil nicht aus den Augen verlieren. Misstrauisch den Äußerungen anderen gegenüber, vermuten sie manchmal eine Hinterlist, wo es keine gibt. Mit Recht können sie auf ihren Verstand stolz sein.

Krebs-Schlange
Sie wollen ihr Ziel erreichen. Zuerst mit Charme, wenn das nicht fruchtet, mit Unnachgiebigkeit und Beharrlichkeit. Einen Kompromissvorschlag, der sie nicht benachteiligt, nehmen sie dann gerne an. Sie verstehen es hervorragend, andere so zu motivieren, dass sie ihnen möglichst viel Arbeit abnehmen ...

Löwe-Schlange
Warmherzige Schlangen sind sie! Sie lieben das angenehme Leben, den Luxus, extravagante Kleidung und die Aufmerksamkeit der anderen Menschen. Es findet sich immer Publikum, das ihren scharfen Verstand bewundert und dem liebenswerten Auftreten Tribut zollt.

Jungfrau-Schlange
Das sind beeindruckende Menschen! Perfektionisten, Genauigkeitsapostel und geradezu beängstigend effizient im Arbeiten führen sie ein Leben mit Stil und engagieren sich neben der Pflege ihrer Freundschaften auch noch sozial. Wenn noch ein bisschen Toleranz im Spiel ist ...

Waage-Schlange
Einzelkämpfer sind sie absolut nicht, im Gegenteil: Um Ziele zu erreichen verbünden sie sich mit den richtigen Menschen, wählen Gruppen, um gemeinsam Dinge zu verwirklichen, die einer allein nicht umsetzen könnte. Stil und gutes Benehmen begleiten sie bei all ihrem Tun.

Skorpion-Schlange
Gebrochene Herzen säumen ihren Weg. Das Leben selbst ist für sie ein täglicher Wettstreit. Als ewige Kämpfer sehen sie sich aber trotzdem selbstkritisch und zögern nicht, eigene Fehler zuzugeben. Als Liebhaber sind sie sicher interessant ...

Schütze-Schlange
Sie sind offen, optimistisch und weltgewandt. Anderen gegenüber verhalten sie sich verantwortlich und ehrenhaft. Untypisch für Schlangen ist, dass sie

sich wenig um ihr Outfit kümmern. Als weit gereiste und welterfahrene Menschen fragt man sie gerne um Rat.

Steinbock-Schlange
Als harte Rechner ist ihnen materieller Besitz wichtig. Teilen können sie nur, wenn es sich eher um ein Tauschgeschäft als um Geben handelt. Selbstständige Berufe oder solche im Finanzbereich sind für sie ideal. Sie kümmern sich vorbildlich um ihre Familie, die ihren weichen Kern kennt.

Wassermann-Schlange
Nichts lieben sie mehr, als neue Bekanntschaften zu schließen, neue Freunde zu gewinnen. Ihr ausgeprägter individueller Stil äußert sich meist recht exzentrisch und extravagant. Gerne engagieren sie sich in Gruppen für ihre idealistischen Ziele.

Fische-Schlange
Idealistische Träumer, die einen Hang zur Weltfremdheit entwickeln können. Manchmal fällt es ihnen gar nicht leicht, zu sagen, was sie wollen. Erstaunlich, dass sie es trotzdem meistens bekommen!

Prominente Vertreter

Johann Wolfgang von Goethe, deutscher Dichter
Pablo Picasso, spanischer Maler
Mahatma Gandhi, indischer Politiker und Pazifist
John F. Kennedy, amerikanischer Präsident
Placido Domingo, spanischer Tenor

DAS PFERD

Persönlichkeit

In jeder Gesellschaft im Zentrum des Geschehens, das ist das Pferd!

Lachend, fröhlich und optimistisch bringt es Schwung in die langweiligste Runde.

Ein Pferd verbreitet positive Stimmung, wohin es auch kommt. Gesellig und redegewandt blüht es im Kreise seiner vielen Freunde richtig auf. In Gesellschaft sucht es Anerkennung und Aufmerksamkeit.

Aber selbst unter seinen Freunden wissen wenige über die tieferen Gefühle des Pferdes Bescheid, die es hinter seinem überschäumenden Temperament verbirgt.

Unternehmungslustig sind Pferde ständig unterwegs zu neuen Abenteuern, reisen gerne und haben danach wieder Stoff für amüsante Geschichten, die sie in launiger Runde zum Besten geben.

Impulsiv und ungeduldig hält es sie nie lange an einem Ort, eine neue Idee wird anstelle eines begonnenen Projekts sofort aufgenommen und verfolgt, bis die nächste Herausforderung winkt. Es ist nur logisch, dass jede Menge Halbfertiges seinen Weg säumt ...

Sein Selbstbewusstsein und sein Optimismus lassen es Hürden nehmen, bei deren Anblick manch anderer verzweifelt kehrtmacht. Mutig und enthusiastisch stürzt sich das Pferd in jedes Abenteuer. Droht allerdings ein Misserfolg, schmiedet es lieber neue Pläne, als sich der Konfrontation und dem Problem zu stellen.

Seine Bereitschaft, Kritik anzunehmen oder auf Ratschläge zu hören, ist sehr begrenzt, um nicht zu sagen: nicht vorhanden! Temperament und Ehrgeiz reißen es manchmal so sehr mit sich weg, dass das Pferd über andere, die nicht schnell genug zur Seite springen oder mitmachen, hinweggprescht.

Trotz seines Selbstbewusstseins, seines grenzenlosen Optimismus plagen das Pferd manchmal auch Selbstzweifel. Zu viel Kritik, mangelnde Anerkennung oder ein fehlender Partner machen es unsicher und in sich gekehrt.

Pferde-Menschen glauben, eine wahre Rossnatur zu haben. Sie denken über Gesundheit nicht nach, solange sie Aufmerksamkeit für ihr überschäumendes Wesen erhalten. Haben sie ein kleines Leiden, stehen aber zu wenig im Mittelpunkt, greifen sie auch auf ihre Krankheit als Thema zurück ...

Beziehungen

Ein stürmisches Pferd verliebt und entliebt sich in rasantem Tempo. Unbekümmert und fröhlich, weil das Gefühl so schön ist, galoppiert es von Partner zu Partner. Seinen romantischen Gefühlen opfert es in diesem Moment alles, will im anderen aufgehen. Großzügige, spontane Geschenke häuft es auf den geliebten Menschen, um seine Zuneigung zu demonstrieren.

Seine Qualitäten als Liebhaber entsprechen seinem Temperament. Im Gefühlstaumel zeigt es seine ganze Leidenschaft, sein Feuer.

Beständigkeit ist vom Pferd nicht in rauen Mengen zu erwarten. Sein Naturell ist viel zu sprunghaft und quirlig, um sich lange zu binden.

Wer das Pferd bändigen will, muss schon sehr vorsichtig zu Werke gehen und Zügel und Zaumzeug unmerklich anlegen. Freiraum braucht das Temperamentsbündel wie die Luft zum Atmen. Wenn es sich eingeengt fühlt, galoppiert es davon.

Wer sein Partner sein will, braucht viel Verständnis, sollte keine Scheu vor Abenteuer und Geschwindigkeit haben, ihm aber doch unmerklich Halt und Sicherheit geben.

Das Pferd und die anderen

Ratte – Pferd

Verbindung mit Seltenheitswert …

Das egozentrische Pferd und die intellektuelle Ratte haben wenig gemeinsam. Treue ist der Ratte wichtig, das Pferd ist verliebt in die Liebe und sprunghaft in seinen Beziehungen. Die sparsame Ratte hat auch in finanziellen Angelegenheiten andere Sichtweisen als das Pferd. Schwierig!

Büffel – Pferd

Gegensätze!

Voll Bewunderung ist der besonnene Büffel für das temperamentvolle Pferd. Für eine Beziehung sucht er allerdings nicht ein sprunghaftes Energiebündel, sondern will eine solide und feste Verbindung aufbauen. Das wird mit einem unruhigen Pferd kaum möglich sein …

Tiger – Pferd

Ergänzende Qualitäten!

So unruhig und spontan das Pferd auch ist, es ist erdverbunden und kein Träumer. Der idealistische, gefühlvolle Tiger bringt in ihre Beziehung Spiritualität ein und bewahrt das Pferd vor zu großer Oberflächlichkeit. Sie könnten sich gut verstehen und einander ergänzen!

Hase – Pferd

Liebe auf den ersten Blick!

Das ichbezogene Pferd kann das Selbstwertgefühl des Hasen steigern und ihm eine Lektion in gesundem Egoismus geben. Im Gegenzug mildert der sensible, sanfte Hase das Temperamentsbündel, ohne seinen Freiheitsdrang zu unterbinden. In erotischer Hinsicht ergänzen sich stürmisches Pferd und sinnlicher Hase zur Freude beider.

Drache – Pferd

Wer gibt den Ton an?

Das Pferd sieht sich ebenso selbstverständlich als tonangebend in der Beziehung wie der Drache. Machtkämpfe sind an der Tagesordnung und verstellen den Blick auf die positiven Eigenschaften des Partners.

Schlange – Pferd

Ein ungleiches Paar!

Kein Problem für das egozentrische Pferd, dass die Schlange unbedingt ihre Geheimnisse wahren will! Obwohl sich das Pferd am liebsten mit seinen eigenen Ideen und Kümmernissen beschäftigt, können die beiden eine intensive Liebesbeziehung führen.

Pferd – Pferd

Spannend!

Am besten, sie einigen sich darauf, im Gespann zu laufen, damit sie sich nicht gegenseitig an Egozentrik übertrumpfen. Gemeinsam traben sie dann durch ein abenteuerreiches, schwungvolles und fröhliches Leben. Vorsicht beim Ausschlagen – Verletzungsgefahr!

Ziege – Pferd

Wohltuend!

Das Pferd findet bei der Ziege die Aufmerksamkeit, die es unbedingt braucht. Die Ziege findet im Pferd den mutigen Partner, der sie mitreißen kann. Die Zügel, die das Pferd von ihr umgelegt bekommt, spürt es nur als sanftes Streicheln …

Affe – Pferd

Ungleiche Ansichten über Gefühle!

Das gefühlvolle Pferd schüttelt die Mähne und bläht die Nüstern über den in seinen Augen so unsensiblen, lauten Affen. Der Affe findet das Pferd zu egozentrisch und verletzt es oft. Eine tiefe Beziehung ist geprägt durch Meinungsverschiedenheiten, eine Affäre kann aber viel Spaß machen!

Hahn – Pferd

Zwei Egozentriker

Was egozentrisch ist, wissen beide. Sie können aber gut damit umgehen. Das draufgängerische, mutige Pferd ergänzt den analytischen Hahn prächtig. Spaß kommt bei ihnen sicher nicht zu kurz! Dass hin und wieder Rosshaar und Federn fliegen könnten, versteht sich von selbst …

Hund – Pferd

Ohne große Probleme!

Der Hund kann der Idealpartner des Pferdes werden. Er motiviert es, sich um ihn zu bemühen. Das bringt das Pferd dazu, seine besten Seiten hervorzukehren. Selbst Eskapaden und Rösselsprünge akzeptiert der Hund, solange sie nicht ausarten.

Schwein – Pferd

Schwierig!

Viel zu laut und oberflächlich ist das Pferd dem Schwein, das seine Ruhe haben will. Das abenteuer- und reiselustige Pferd wiederum langweilt sich bei so viel Frieden. Dass die beiden zueinander finden, scheint eher unwahrscheinlich.

Beruf

Sie sind es, die Stress und Herausforderungen lieben und eine steile Karriere machen. Sie scheuen Arbeit nicht, neigen im Gegenteil dazu, sich zu überarbeiten. Organisationstalent und Einsatzfreude bringen das Pferd beruflich weiter. Nur Durchhaltevermögen und Ausdauer darf man von ihm nicht verlangen! Aufgaben, vor denen manch anderer kapituliert, erfüllt das Pferd mit Begeisterung.

Auch im Beruf will das Pferd sein Publikum haben. Fernsehmoderator wäre ein sehr geeigneter Pferde-Beruf. Als Teamleiter ist es ideal eingesetzt.

Geld hat für sie keine Priorität, keinen besonderen Stellenwert. Ihnen sind Menschen wichtiger. Nichtsdestotrotz sind sie im Umgang mit Finanzen geschickt und verstehen es, Geld für sich arbeiten zu lassen.

Das Pferd in den abendländischen Tierkreiszeichen

Widder-Pferd

Aus dieser Mischung kann nur ein unbezähmbares Wildpferd, ein Mustang, entstehen! Laut und stürmisch preschen sie heran, brechen im Vorbeigaloppieren ein paar Herzen und sind in einer Staubwolke wieder verschwunden. Aus Angst vor dem Verlieren stehen sie ständig unter Stress.

Stier-Pferd

Sie sind die pragmatischen Pferde, mit einer guten Hand für alles Praktische und für Geld. Sie arbeiten hart und führen Dinge zu Ende. Persönliche Beziehungen haben bei ihnen einen hohen Stellenwert. Für Menschen, die sie lieben, tun sie alles. Nicht davongaloppieren lassen!

Zwillinge-Pferd

Einen unglaublicher Drang nach Unabhängigkeit und den spannenden Dingen des Lebens haben sie in sich. Geistig rege, unersättlich neugierig suchen sie ständig nach neuen Herausforderungen und Ideen. Diplomatie gehört nicht zu ihren Stärken und wer sich auf sie einlässt, muss schwindelfrei sein!

Krebs-Pferd
Zwingen lassen sie sich zu nichts, da werden sie schnell bockig. Wenn sie alles auf ihre Weise erledigen, sind sie – für Pferde-Begriffe – sensible Partner, die ihr Zuhause schätzen, aber trotzdem hin und wieder zu exotischen Abenteuern aufbrechen.

Löwe-Pferd
Die Welt ist ihr Turnierplatz! Ohne Furcht stürmen sie los, um nur ja nichts vom vollen, prallen Leben zu verpassen. Möglicherweise bleiben auch persönliche Beziehungen auf der Strecke ... Beruflich wählen sie am liebsten eine kreative Arbeit, nach Möglichkeit freiberuflich.

Jungfrau-Pferd
Sie haben die Situation rasch analysiert und fest im Griff. Über den Tisch ziehen lassen sie sich nicht. Ihr scharfer Intellekt beherrscht auch ihre Beziehungen: Wen sie lieben, dem halten sie die Treue, die anderen werden ausgemustert.

Waage-Pferd
Möglicherweise zweifeln Sie, ob Sie ein Pferd vor sich haben. Entscheidungsfreude kennen Waage-Pferde nicht. Sie brauchen das Gefühl, das Richtige zu tun. Lebensziel für die meisten von ihnen ist es, eine perfekte Lebensgemeinschaft aufzubauen und zu führen.

Skorpion-Pferd
Sie haben tausend Wünsche, denen sie nachjagen und damit sich und ihre Mitmenschen auf Trab halten. Sex ist ihnen ungeheuer wichtig. Sie stürzen sich von einer turbulenten Beziehung in das nächste stürmische Abenteuer. Ihre Ungebundenheit geben sie nur selten auf.

Schütze-Pferd
Ständig sind sie in Bewegung oder auf Reisen und kaum zu bändigen. Großzügig, freiheitsliebend und ungebunden galoppieren sie durch die Welt und verabscheuen nichts so sehr wie häusliche Routine. Ohne ihr Quantum Abenteuer vegetieren sie dahin und verlieren ihren Glanz.

Steinbock-Pferd
Viel Energie fließt in die Schaffung finanzieller Sicherheit für ihre Familie. Sie bleiben aber beweglich und rege dabei. Viel Routine ertragen sie nicht, ein Job, der schnelle Entscheidungen fordert, ist für sie ideal. Haben sie Karriere gemacht, genießen sie das Leben. Als Partner entwickeln sie liebevolle Seiten.

Wassermann-Pferd
Am liebsten bewegen sie sich in einer Herde. Neue Menschen gewinnen sie durch Begeisterung, Charme und Witz schnell für sich. Neugierig und wendig fällt es ihnen schwer, stillzuhalten. Sie nehmen sich selten die Zeit, Erreichtes zu genießen.

Fische-Pferd
Gespalten zwischen der Angst, nicht gemocht zu werden, und dem Bedürfnis zu gefallen, flüchten sie in die äußerliche Unnahbarkeit. Wer sein Vertrauen gewinnt, hat einen warmherzigen, leidenschaftlichen Partner an seiner Seite.

Prominente Vertreter

Helmut Kohl, deutscher Bundeskanzler
Clint Eastwood, amerikanischer Filmschauspieler
Barbra Streisand, amerikanische Sängerin

DIE ZIEGE

Persönlichkeit

Von einer Ziege soll sich niemand wilden, stürmischen Tatendrang erwarten! Sie gehört zu den schüchternen, etwas ängstlicheren Wesen. Zumindest so lange, bis sie ihren wirklichen Weg gefunden hat. Aber auch dann wird sie nicht zu den lauten, unübersehbaren Menschen zählen, sondern ihre Talente in Ruhe entfalten. Sie entwickelt Stärke und Energie, die mancher ihr nicht zutraut, und kann recht eigenwillig sein, wenn sie ein Ziel vor Augen hat, das sie erreichen will.

Konfrontationen geht sie tunlichst aus dem Weg – sie will ungestört arbeiten können. Ihr sensibles Gespür für ihre Umgebung lässt sie Stimmungen rasch erahnen und reagieren, bevor es zu einem Eklat kommt.

Dieses Einfühlungsvermögen ist es, das sie mit anderen Menschen so intensiv mit-leiden lässt. So sehr, dass sie manchmal Gefahr läuft, sich selbst aufzugeben!

In ihrem Innersten sehnt sie sich nach einem friedlichen Leben in Wärme und Liebe. Anerkennung braucht sie in besonderem Maße. Bleibt diese Sehnsucht unerfüllt und ist sie unzufrieden, kann sie zickig werden und meckern. Ihr Wohlbefinden orientiert sich am Urteil anderer: Sie spürt Ablehnung oder Akzeptanz, Annahme oder Widerstand genau und reagiert auf das Befinden des anderen, nicht auf ihr eigenes Selbstbewusstsein. Ja, sie ist nicht unkompliziert!

Sie mag es, in ihrer Unentschlossenheit beschützt und geführt zu werden. Die Unpünktlichkeit der Ziege ist für ihre Mitmenschen zuweilen anstrengend und eine Belastungsprobe. Ebenso, wenn sie sich nach Kritik schmollend zurückzieht, weil sie sich gekränkt fühlt.

Wenn sie Defizite im Gefühlsleben hat, keine Anerkennung findet, neigt sie zu Pessimismus.

Viel Spaß und Freude macht es ihr, wenn sie ihre kreativen Anlagen auslebt, Schönes kreieren und gestalten kann.

Wegen ihrer übergroßen Sensibilität und der geringen Abgrenzung gegenüber dem Leid anderer ist sie besonders anfällig für psychosomatische Erkrankungen. Auswirkungen wie Allergien oder Schlafstörungen sind keine Seltenheit bei Ziegen.

Beziehungen

Charmant und unkompliziert in ihrem Wesen wirkt sie auf viele Menschen und erscheint einigen als angenehmer Partner. Ihre einfühlsame Art, ihr verständnisvoller Charakter ziehen viele an. Sensibel nehmen ihre Antennen die geringsten Unstimmigkeiten auf und erlauben es ihr, auf Störungen in der Beziehung zu reagieren. Sehr behutsam versucht sie dann, die Beziehungswelt wieder ins rechte Lot zu bringen und das Problem auszuräumen, bevor es eskalieren kann.

Für einen sehr freiheitsliebenden Partner ist die liebevolle Hege und Pflege der Ziege manchmal nur schwer zu verstehen und nachzuvollziehen. Sie selbst erwartet natürlich eine ebenso warmherzige und hingebungsvolle Liebe, wie sie selbst geben will. Fühlt sie sich nicht so angenommen und geliebt, verkümmert sie traurig. Verletzen wird eine Ziege andere Menschen nur durch Gedankenlosigkeit, wenn sie sich in ihre Tagträumerei sinken lässt.

Jedem fällt auf, mit wie viel Fantasie und Liebe zum Schönen sie ihre Umgebung gestaltet.

Die Ziege und die anderen

Ratte – Ziege

Lieber eine schöne Freundschaft?

Mit ihren tiefen Empfindungen kommt die sensible Ziege bei der Ratte an die falsche Adresse. Die Ratte hat kaum Verständnis für die reiche Gefühlswelt der Ziege. Besser wird es sein, sie beschränken ihre Beziehung auf eine Freundschaft.

Büffel – Ziege

Manchmal missverständlich …

Der Büffel glaubt, in der liebevollen und zärtlichen Ziege den richtigen Partner gefunden zu haben. Eine Liebesbeziehung in Romantik scheint sich abzuzeichnen, bis der Büffel die Sanftheit der Ziege als Unentschlossenheit empfindet, die ihn Nerven kostet.

Tiger – Ziege
Falscher Eindruck!

Für den Tiger soll ein Partner viel Gefühl haben, aber nicht zu brav sein. Aber genau so wirkt die sanfte Ziege auf ihn. Sein Interesse erlischt, bevor es so richtig entflammen konnte, weil er ihre Gefühlstiefe nicht entdecken kann.

Hase – Ziege
Wie im Bilderbuch!

Zwei Sanfte, Einfühlsame verstehen sich eben auf den ersten Blick! Sie brauchen nicht zu kämpfen, um eine gute, harmonische und ruhige Beziehung zu führen. Zur Ruhe zu kommen fällt hier leicht.

Drache – Ziege
Gute Chancen!

Kann der Drache sie liebevoll behandeln und ihr die nötigen Streicheleinheiten geben, wird er sich über seine einfühlsame Partnerin freuen dürfen. Sie kann es schaffen, ihn aus der Reserve zu locken.

Schlange – Ziege
Gute Nerven gefragt!

Nähe kann nur entstehen, wenn die Partner einander offen gegenübertreten. Die Geheimniskrämerin Schlange gibt ihre Rätsel aber nur äußerst ungern preis. Dabei würde die Ziege sie gern beschützen! Das nervt …

Pferd – Ziege
Symbiose!

Wohltuend ist die Aufmerksamkeit für das Pferd, die es von der Ziege bekommt! Die Ziege ist begeistert von ihrem Partner, der sie motivieren und mitreißen kann. Sanfte Streicheleinheiten tun ein Übriges …

Ziege – Ziege
Ideale Freundschaft!

Sie verstehen sich prächtig, kennen die Denkweisen des anderen und gehen einfühlsam mit den Eigenheiten des Partners um. Gezänke ist dennoch nicht ausgeschlossen, bei so viel Ähnlichkeiten! Eine Freundschaft zwischen den beiden ist wunderbar, eine Liebesbeziehung wenig befruchtend und etwas farblos.

Affe – Ziege

Geben und nehmen!

Langweilig wird den beiden nicht. Die sanfte Ziege fängt den unruhigen Affen in ihren Armen auf, während er mit scharfem Verstand ihren manchmal konfusen und verirrten Seelenzustand ordnet. Gemeinsam geben sie gerne Geld für schöne Dinge aus – das kann eng werden!

Hahn – Ziege

Verletzungsgefahr!

Ein exzentrischer Hahn ist der Ziege zu sprunghaft, verletzt sie nur allzu leicht mit seiner scharfen Zunge. Seine Unbeständigkeit in Gefühlsangelegenheiten verunsichert sie und schreckt sie ab. Der Hahn jedenfalls fühlt sich vom Charme der Ziege angezogen ...

Hund – Ziege

Die wunderbare Ergänzung!

Für ritterliche Kavaliere, die sie beschützen wollen, hat die Ziege etwas übrig! Einfühlsam ist er und erkennt ihre Probleme und ihre Empfindlichkeit – sie ist begeistert von ihm. Ein Hund freut sich über die Aufgabe als Beschützer und ist zufrieden, weil sie in praktischen Dingen so viel begabter ist als er.

Schwein – Ziege

Liebe auf den ersten Blick?

Zwei ideale Partner, die sich oft auf den ersten Blick schon finden. Das aufrichtige Schwein mit seinem Frohsinn passt gut zur empfindsamen Ziege, die es nicht verletzen wird. Zärtlich und sensibel geht die Ziege mit ihrem Schwein um, das sich im Glück suhlt.

Beruf

Die hilfsbereiten, aufopfernden Ziegen wählen am liebsten Berufe, in denen sie mit anderen Menschen zu tun haben, ihnen Gutes tun oder zur Linderung ihrer Leiden beitragen können. Ob als Ärzte oder Krankenpfleger oder als fürsorgliche Chefsekretärin – Ziegen wollen helfen, wollen nützlich sein.

Weniger zurückhaltende Ziegen leben diesen Wunsch in beratenden Berufen aus. Ob Anwalt oder Psychologe, ihr Einfühlungsvermögen ist immer gefragt!

Sie erfüllen lieber zuverlässig und beharrlich gestellte Aufgaben, als selbst den Kurs vorzugeben. In der Rolle des Vorreiters oder Chefs finden sich Ziegen eher selten.

An Geld fehlt es der vorsichtigen Ziege kaum jemals. Sie überlegt ihre Ausgaben lieber einmal öfter, um nicht eine finanzielle Unsicherheit zu riskieren.

Die Ziege in den abendländischen Tierkreiszeichen

Widder-Ziege

Gemessen an anderen Ziegen sind sie bemerkenswert unbeugsam und konsequent, obwohl auch sie ein großes Bedürfnis nach Wärme und Sicherheit haben. Nachgiebig werden Sie so eine Ziege selten erleben! Sie setzen gerne ihren Charme ein, um ihr Ziel zu erreichen.

Stier-Ziege

Treue Familienmenschen finden sich unter ihnen, die großen Wert auf finanzielle und emotionale Stabilität legen. Ihre Angst, in ihren Gefühlen verletzt zu werden, veranlasst sie zu äußerst vorsichtiger Annäherung an Beziehungen. Sind sie sich ihrer Sache sicher, stehen sie felsenfest zum Partner.

Zwillinge-Ziege

Sie wirken manchmal nervös, immer ein bisschen zerstreut, als hätten sie noch anderes im Kopf. Sie sind originell, lachen gerne und fühlen sich wohl in ihrem Freundeskreis. Im Beruf machen sie Karriere und wachsen mit ihren Aufgaben.

Krebs-Ziege
Vor Sensibilität, Feinfühligkeit und Empfindsamkeit anderen gegenüber gehen ihre eigenen Gefühle beinahe unter. Kein Wunder, sie sind auch gut versteckt! Obwohl ihr Tempo dem Krebsgang entspricht: Diese Ziegen kommen ans Ziel – wenn man ihnen Akzeptanz entgegenbringt.

Löwe-Ziege
Ihre starke Ausstrahlung überstrahlt die Unsicherheit, sie sind extravertiert und gewinnen leicht die Aufmerksamkeit und Bewunderung ihrer Mitmenschen. Erotische Abenteuer, die ihnen wichtig sind, hinterlassen so manches gebrochene Herz.

Jungfrau-Ziege
Sie sind die heimlichen Helden, die hilfsbereit und aufopfernd alles in ihrer Macht Stehende tun, damit es anderen besser geht. Und das, ohne die eigene Person ins Rampenlicht zu stellen. Die Anforderungen, die sie an sich und ihre Umwelt stellen, sind hoch. Als Partner sind sie liebevoll und fürsorglich und erfüllen auch hier ihren Perfektionsanspruch.

Waage-Ziege
Ihre Sorge gilt ihrem Erscheinungsbild und dem Eindruck, den sie machen. Sie wollen immer schick, untadelig und wie aus dem Ei gepellt auftreten. Eine Beziehung kann ihnen Kraft spenden. Deshalb streben sie danach und sind beileibe keine Einzelgänger, sondern wollen in einer Gruppe sein.

Skorpion-Ziege
Eine erstaunliche Willenskraft zeigt sich an ihnen. Skorpion-Ziegen brechen Widerstände, das verständnisvolle Wesen der Ziegen ist kaum wieder zu erkennen. Wer sie sich zu Feinden macht, muss damit rechnen, mit allen Waffen bekämpft zu werden – gnadenlos! Ihr Sexualleben ist zumindest abenteuerlich, ein Eheleben nicht minder …

Schütze-Ziege
Risikobereit und ehrlich halten sie mit ihrer Meinung nicht an sich. Von

anderen erwarten sie dieselbe Offenheit, die sie selbst allen entgegenbringen. Auf ihren Reisen lernen sie neue Menschen kennen und erweitern ihren Bewusstseinshorizont, brauchen aber immer wieder die Sicherheit des Heimathafens, um glücklich zu sein.

Steinbock-Ziege
Sie haben eine Antenne für den Zeitgeist, den sie für sich nutzen, um finanzielle Erfolge zu erzielen. Die sind ihnen wichtig, um sich wohl zu fühlen. In zwischenmenschlichen Beziehungen öffnen sie sich erst, wenn sie das Gefühl großer Sicherheit haben.

Wassermann-Ziege
Alle Menschen sind Brüder und werden auch so behandelt – das ist das Credo dieser Ziegen. Hilfsbereit engagieren sie sich, wo sie es für richtig halten. Nur wenige Menschen haben Zutritt zum Innersten ihrer Seele, sie wirken oft geheimnisvoll. Freiheit brauchen sie wie sonst keine andere Ziege.

Fische-Ziege
Sie zeichnet eine außergewöhnliche Sensibilität aus. Sie »hören das Gras wachsen«! Die Stimmungen anderer Menschen erleben sie sehr bewusst, Streit und Konflikte sind ihnen ein Gräuel. Sie fühlen sich wohl, wenn sie sowohl materielle als auch emotionale Sicherheit verspüren. Dann sind sie kreative, geistvolle und vergnügliche Menschen.

Prominente Vertreter

Christoph Kolumbus, italienisch-spanischer Entdecker
Michail Gorbatschow, russischer Politiker
Boris Becker, deutsches Tennis-Idol
Mick Jagger, Sänger der »Rolling Stones«

DER AFFE

Persönlichkeit

Eine schillernde Figur!

Vielseitig, ideenreich und unendlich neugierig quirlt der Affe durch sein Leben. Stillzuhalten ist ihm nicht gegeben. Und Reglements sind für ihn dazu da, um sich darüber hinwegzusetzen oder sie zu brechen. Der ständige Drang nach Neuem, nach Abwechslung lässt ihn für viele Menschen sprunghaft erscheinen. Seine größte Angst ist es, im für ihn ohnehin viel zu kurzen Leben nicht alles Interessante ausprobieren zu können.

Wer ihn nicht versteht, nennt ihn oberflächlich und selbstverliebt oder wirft ihm sogar Menschenverachtung vor, weil er sich nicht immer ganz strikt an die Wahrheit hält. Er neigt allerdings tatsächlich zum Ausbauen und Ausschmücken von Begebenheiten und Geschichten – seien sie nun wahr, halb wahr oder nur gut erfunden ...

Geschickt in ALLEN Bereichen – handwerklich und geistig – findet er blitzschnell geniale Problemlösungen. Seine brillante Intelligenz verbindet sich mit rhetorisch ausgeklügelten Argumenten zu einem unschlagbaren Werkzeug, mit dessen Hilfe er sich aus den ausweglosesten Situationen wieder herausmanövriert.

Seine Begabung für Sprache wirkt sich nicht nur im Formulieren, sondern auch in der raschen Auffassung fremder Sprachen aus. Zur Perfektion wird er es allerdings kaum bringen – dazu fehlen ihm Ehrgeiz und vor allem Beständigkeit.

Ein typischer Affe lässt sich durch nichts unterkriegen. Egal wie arg die Rückschläge auch sein mögen, er schafft es immer wieder, einen Ausweg zu finden – und meistens einen ungewöhnlichen. Wie viel Stress ihn auch erwarten mag, er begegnet jeder Situation im unerschütterlichen Glauben, es werde nicht so schlimm werden – und wenn, dann wird er es trotzdem hinkriegen. Er turnt sich tatsächlich blitzschnell von Ast zu Ast, und wenn er fällt, fällt er auf die Füße. Ein wahres Stehaufmännchen!

Der Affe begeistert sich für die unterschiedlichsten Dinge, um sein Seelenleben zu gestalten: Freudig versucht er sich in Yoga, lässt sich von mystischen Lehren fesseln, versucht sich im Bauchtanz oder auch Bungee-Jumping. Durchhaltevermögen entwickelt er in keiner Disziplin, die ihm helfen soll, seine Mitte zu finden und innezuhalten.

Leider kann er sich auch nicht angewöhnen, seiner Gesundheit etwas mehr Aufmerksamkeit zu widmen. Seine Schwachstelle ist der Kopf, in dem immer unzählige Ideen und Gedanken durcheinander wirbeln und ihm dadurch manchmal Schmerzen verursachen. Mancher Affe scheint ein wenig wehleidig, aber einen achtsamen Umgang mit seinem Körper sollten Sie Ihrem Affen doch ans Herz legen!

Beziehungen

Ihr Charme und ihre schillernde Persönlichkeit wirken sehr anziehend auf andere Menschen.

Zu Beginn einer Beziehung sind sie leidenschaftliche Liebhaber und Geliebte, die sich voll Begeisterung in die Liebe stürzen. Bei geringen Anzeichen von Unstimmigkeit wollen sie das Weite suchen. Haben Sie sich auf ein bestimmt abenteuerliches Verhältnis mit einem Affen eingelassen, werden Sie nie unter Langeweile leiden! Ein spannendes, lockeres und abwechslungsreiches Liebesleben erwartet Sie an seiner Seite. Viel Spaß und Lachen werden Sie mit ihm erleben. An Feuer fehlt es der Beziehung sicher auch nicht! Beständigkeit sollten Sie nicht suchen, wenn Sie mit ihm – zumindest ein Stück Weges – gehen wollen. Seine fröhliche, gesellige Art macht ihn anziehend für viele!

Langfristigkeit ist eben nicht Sache des Affen, also bindet er sich entweder gar nicht oder nur kurzfristig. Hat er sich in eine Beziehung mit Brief und Siegel drängen lassen, könnten schon bald Scheidungsanwälte an ihm gut verdienen. Manche sogar öfter ...

Der Affe und die anderen

Ratte – Affe

Beziehungsarbeit tut Not!

Die Art des Affen ist für die Ratte sehr gewöhnungsbedürftig. Sind die beiden bereit, an ihrer Beziehung zu arbeiten und aufeinander einzugehen, kann sich ihnen das Glück eröffnen!

Büffel – Affe
Gegensatz!

Der quirlige Affe steckt stets voller Tatendurst und Ideen, turnt von Abenteuer zu Abenteuer. Ein ruhiger, besonnener Büffel könnte ihm gut tun! Auf geistiger Ebene verstehen sie sich gut – aber wie sollen sie in einer Beziehung umgehen? Zu verschieden sind ihre Gefühlswelten!

Tiger – Affe
Ob das gut geht?

Wenn sich beide mit einer heißen Affäre, einem aufregenden, tollen erotischen Abenteuer zufrieden geben, werden sie beide zufrieden sein. Der Affe wacht eifersüchtig über die Flirts des Tigers, der in seinem Partner nur einen kühlen Intellektuellen sieht.

Hase – Affe
Alles ist möglich!

Der Affe freut sich über seinen liebevollen Partner, der sich nicht scheut, Emotionen zu zeigen. Wird der Hase nicht durch seine Sprunghaftigkeit verletzt, werden sie gemeinsam in Lachen und Liebe glücklich. Langweilig wird es nicht ... Schlägt der Affe über die Stränge und kränkt den Sensiblen, bleibt der Hase traurig und unglücklich zurück.

Drache – Affe
Wenn sich Plus und Minus anziehen ...

Auf den ersten Blick ein »unmögliches« Paar – auf den zweiten Blick führen sie oft eine erstaunlich gute Partnerschaft, in der Konkurrenz keinen Platz hat.

Schlange – Affe
Intellektuell!

Nähe, die nicht einengt, sondern dem anderen Raum lässt – das ist die Basis, auf der sich Schlange und Affe treffen. Der quirlige Affe bringt Leichtigkeit in ihr Leben ein, die Schlange fordert seinen Intellekt in ernsthaften Diskussionen und hitzigen Wortgefechten.

Pferd – Affe

Eine amüsante Affäre!

Für das Pferd ist der Affe unsensibel und laut. Der Affe sieht das Pferd als egozentrische Persönlichkeit. Diese Missverständnisse verletzen! In einer Liebesbeziehung sollten sie zum besseren Verständnis der Seele des andereren »auf den Grund gehen«.

Ziege – Affe

Geben und nehmen!

Die gemeinsame Liebe zu schönen Dingen verbindet die beiden. Der unruhige Affe kann sich in Gefühle fallen lassen in der Gewissheit, aufgefangen zu werden. Die Ziege freut sich, wenn er mit seinem scharfen Verstand ihre seelische Befindlichkeit analysiert.

Affe – Affe

Heftige Leidenschaft von kurzer Dauer!

Tiefe, spannende und feurige Leidenschaft, die aber durch die Suche beider Affen nach neuen Herausforderungen nicht allzu lange halten kann. Aber auch eine gute Freundschaft ist sehr wertvoll!

Hahn – Affe

Eine lebendige, fruchtbare Beziehung!

Sie teilen denselben Humor und durchschauen einander trotz ihrer Masken aus Fröhlichkeit und Coolness. Quält der Hahn den Affen nicht mit Eifersucht und hält der Affe manchmal seine Zunge in Zaum, dann stehen die Chancen gut!

Hund – Affe

Wie Hund und Katz!

Der Hund sucht Beständigkeit und Ernsthaftigkeit – aber bitte nicht beim unruhigen, quecksilbrigen Affen! Dauerhaft kann diese Beziehung nur sehr, sehr schwer werden!

Schwein – Affe
Sie tun sich gut!

Der Affe neckt das Schwein, das ihn im Gegenzug durch seine Geradlinigkeit verblüfft. Ihr Forscherdrang und die Suche nach der Wahrheit vereinen die beiden. Jeder beleuchtet die Dinge aus seinem Blickwinkel, was dem anderen neue Sichtweisen ermöglicht. Ein lohnender Versuch!

Beruf

Eines ist offensichtlich: Ein braver Buchhalter, der sich tagein, tagaus mit nüchternen Zahlen beschäftigt, wird ein Affe nie werden! Sein Beruf muss Abwechslung und Herausforderungen bieten. Dann kann er seine vielfältigen Begabungen, seine Offenheit und Kreativität zielführend und Gewinn bringend einsetzen. Überall, wo sein Verkaufstalent zum Einsatz kommt, kann er große Erfolge verbuchen. Ihm kauft man alles ab – vom Staubsauger bis zu Ideen und Texten.

Geld ist für ihn kein Thema, über das er sich groß den Kopf zerbricht. Wenn es ihm gerade interessant erscheint, tätigt er meist sehr erfolgreiche Transaktionen und füttert sein Bankkonto. Wenn er Pech hat – na, dann verliert er eben. Gerade wegen seiner nonchalanten Einstellung zu finanziellen Dingen kann es passieren, dass er wirtschaftliche Pleiten einstecken muss.

Der Affe in den abendländischen Tierkreiszeichen

Widder-Affe
Besonders kämpferisch ist diese Mischung, wenn es um Spaß und Vergnügen geht. Unbändige Energie und Neugier befähigen ihn zu erfolgreichen Unternehmungen auf vielen Gebieten. Nur die Beständigkeit, die fehlt ihm auf fast jedem Gebiet …!

Stier-Affe
Umsicht, Planung und Kreativität verbinden sich in einem sehr erfolgrei-

chen und effizienten Menschen, der eine gute Hand für Finanzielles beweist. Eine Beziehung mit ihm bietet Treue, wenn man bereit ist, sich mit einem Dasein als angenehme Erscheinung im Leben des Stier-Affen zufrieden zu geben.

Zwillinge-Affe
Sie denken immer mehrgleisig – bei einer Sache zu bleiben, scheint für sie fast unmöglich. Flatterhaft und ziemlich unkonzentriert turnen sie durchs Leben. Wer die nötige Sicherheit und Beständigkeit aufbringt und es mit so viel flirrendem Gedankengut aufnimmt, erntet großzügige Liebe.

Krebs-Affe
Nach außen unnahbar – nach innen sensibel, unbeständig und schwierig, suchen sie einen treuen Partner, der ihnen Sicherheit gibt. Dann sind sie durch ihr gutes Gedächtnis und ihre Intelligenz zu vielen Aufgaben fähig – beruflich und privat.

Löwe-Affe
Sie sind die Mittelpunktsmenschen schlechthin. Deshalb leiden sie auch besonders, wenn sie trotz ihres sprühenden Witzes, ihres Humors und ihrer amüsanten Erzählgabe zu wenig Beachtung finden. Dummheit ertragen sie nicht, schon gar nicht in einer Liebesbeziehung.

Jungfrau-Affe
Sie durchschauen blitzschnell das Verhalten anderer und erfassen das Wichtigste im Eiltempo. Nach außen wirken sie sehr cool, berechnend. Ein liebevoller Partner kann das Eis zum Schmelzen bringen und die charmante, liebevolle Seite des Jungfrau-Affen herauslocken.

Waage-Affe
Das Wichtigste für sie: mit allen gut auszukommen. Eine höchst diplomatische Mischung, die Teamwork bevorzugt und in Berufen der Kommunikation – wie Werbung und Öffentlichkeitsarbeit – bestens aufgehoben ist.

Skorpion-Affe
Sie gelten als die feurigsten Liebhaber, deren Partner sich garantiert nie langweilen. Vertrauen ist nicht ihre Stärke, sie wittern rasch Intrigen und

Verrat und neigen aus Selbstschutz zum Taktieren. Im Geschäftsleben halten sie die Zügel fest in der Hand.

Schütze-Affe
Für die Ideen sprühenden Menschen ist das Leben ein einziges Abenteuer. Das Maß an Abwechslung, das andere längst überfordern würde, ist für sie gerade genug. Ein extrem herausfordernder Beruf sollte sie beschäftigen, sonst richten sie ihren Einfallsreichtum auf andere Betätigungsfelder ...

Steinbock-Affe
Da kommen die Verantwortungsbewussten unter den Affen! Erfolg ist es, wofür sie beharrlich und zielstrebig mit ihrer Intelligenz arbeiten. Wenn sie lieben, tun sie das ernsthaft, treu und umfassend. Bis es so weit ist, gehören sie zu denen, die großen Spaß am Flirten haben.

Wassermann-Affe
Das ist Quecksilber pur! Ihr beweglicher, sprühender Geist ist ständig auf der Suche nach Neuigkeiten. Auch wenn sie wechselhaft erscheinen, suchen sie nach dem Partner, der sie wirklich liebt. Erst das macht sie wirklich glücklich.

Fische-Affe
Keiner soll sie unterschätzen, nur weil sie weniger laut sind als die anderen Affen. Intuitiv erfassen sie vieles, das den reinen Intellektuellen verborgen bleibt. Harmonische soziale Kontakte sind ihnen wichtig, dann entfalten sie ihren Charme und ihre Liebenswürdigkeit.

Prominente Vertreter

Reinhold Messner, Südtiroler Extrembergsteiger
Michael Douglas, amerikanischer Filmstar
Liz Taylor, amerikanische Filmdiva
Diana Ross, amerikanische Sängerin

DER HAHN

Persönlichkeit

Mit stolzgeschwellter Brust präsentiert sich der Hahn nach dem Motto: Hier komme ICH! Sein Äußeres ist gepflegt und sehr geschmackvoll, darauf legt er bei sich und anderen großen Wert.

Sein charmantes Wesen und seine geistige Beweglichkeit machen ihn zu einem beliebten und exzellenten Gesellschafter. Unter seiner auf den ersten Blick oberflächlichen Plauderei verbirgt sich häufig ein reicher Schatz an Wissen. Lassen Sie sich also nicht täuschen, wenn der Hahn wie ein Prahlhans wirkt, weil er mit Weisheiten nur so um sich wirft. Es steckt nicht immer nur Luft dahinter! Zugegeben, er neigt dazu, sich in Szene zu setzen und aufzublasen. Mit einem dicken Lob kriegt er sich rasch wieder ein und steht wieder mit beiden Füßen auf der Erde.

Das Beste ist für ihn gerade gut genug. Er weiß Eleganz und Genuss zu schätzen, Qualität erkennt und würdigt er sofort. Exzentrisch, intelligent und zielgerichtet beschreitet er seinen eingeschlagenen Weg voll Selbstvertrauen und lässt sich davon nicht abbringen. Er trägt auch eine gute Portion Egoismus in sich, der aber nicht verletzend gemeint ist.

Weibliche Hähne sind starke Frauen, die ihre hoch gesteckten Ziele meist realistisch einschätzen und somit auch erreichen können.

Männliche Hähne sind exaltierter, glauben manchmal, sie hätten ihr Vorhaben bereits verwirklicht, und verhalten sich entsprechend. Dann entsteht der Eindruck vom »aufgeblasenen Gockel«.

Lassen Sie sich von der Eitelkeit des Hahns nicht täuschen! Er ist ein mitfühlender Mensch, der für seine Freunde da ist. Er erweist sich gerne als vertrauenswürdiger Ratgeber. Er selbst gibt kaum etwas von sich preis, nur seine engsten Freunde wissen, wie es in ihm wirklich aussieht. Auch der stolze, unnahbare Hahn kann verletzlich und unsicher sein, verbirgt das aber geschickt unter seiner manchmal etwas lauten Art, seinem Humor und seinem Esprit.

Mit seinem analytischen, scharfen Verstand erkennt er selbst unter den verworrensten Geschichten den wahren Kern. Er wird dann mit seiner Meinung dazu nicht hinterm Berg halten. Offen und couragiert sagt er, was er meint. Die Diplomatie und ihre feinen Nuancen sind ihm nicht in die Wiege gelegt! Die Worte des Hahns darf man deshalb nicht immer auf die Goldwaage legen, das wissen seine Freunde genau. Weil er durchaus Selbstkritik kennt und mit Witz und Humor brillieren kann, verzeihen sie ihm einiges.

Seine gesundheitliche Schwachstellen sind das Herz und der Organstoffwechsel. Dass die inneren Organe anfällig sind, verwundert nicht, wenn man an sein hitziges, leicht cholerisches Temperament denkt.

Beziehungen

Ein Hahn verliebt sich gern und häufig, doch die Amouren sind meist von nicht allzu langer Dauer. Anfangs stürzt er sich mit Begeisterung hinein, zeigt sich flexibel und anpassungsfähig, solange ihn die Beziehung fasziniert und interessiert. Genauso schnell ist er aber auch wieder auf und davon.

Seine Gefühlsschwankungen stellen an seine Partner enorme Anforderungen. Geduld und Fantasie sollten Sie reichlich auf Vorrat haben, wenn Sie mit einem Hahn Bekanntschaft oder »Liebschaft« schließen! Empfindsame Menschen haben es nicht leicht mit ihm. Es fällt ihm schwer, Gefühlsbotschaften aufzunehmen und vor allem anzunehmen, ohne sie zu sezieren und zu hinterfragen. Schade!

Der Hahn ist an einer dauerhaften, großen Liebe sehr interessiert, trotzdem kostet es ihn Überwindung, sich zu binden. Wenn er sich für eine fixe Partnerschaft entschieden hat, ist er ein liebenswürdiger, verantwortungsbewusster Partner, auf den Sie sich verlassen können. Seine Eifersucht taucht auf, wenn er seinen Besitzanspruch auf den Partner in Gefahr sieht.

DER HAHN UND DIE ANDEREN

Ratte – Hahn
Kompromissbereitschaft?

Mit seinem schillernden Gefieder, seinem Charme fasziniert der interessante Hahn die Ratte. Wenn sie einander ihre Gefühlswelten öffnen und bereit sind, Kompromisse einzugehen, den anderen zu akzeptieren, ergänzen sie einander und können glücklich werden.

Büffel – Hahn
Eine gelungene Mischung!

Energie und Besonnenheit vereinen sich in dieser Verbindung zu einer fruchtbringenden Ergänzung. Vor allem der Anspruch auf die Vorherrschaft kann zu harten Auseinandersetzungen in dieser Verbindung führen, die aber gute Chancen hat, glücklich zu werden.

Tiger – Hahn

Intellekt gegen Intuition

Der gefühlsbetonte Tiger verlässt sich in seinen Handlungen auf seine Intuition, seine Spiritualität steht immer im Vordergrund. Dass dem verstandesbetonten Hahn dafür das Verständnis fehlt, ist weiters nicht verwunderlich.

Hase – Hahn

Wenig harmonisch!

Viel zu sanft, zu häuslich und mild ist dem exzentrischen Hahn der kuschelige Hase! Dem vergeht die liebevolle Einfühlsamkeit angesichts des lauten Hahns, der mit seinen Gefühlen so spärlich umgeht. Die Eifersucht des Hahnes könnte ein zusätzliches Problem aufwerfen.

Drache – Hahn

Drahtseilakt?

Beinahe täglich finden sie einen Grund, sich gegenseitig geistig herauszufordern und im intellektuellen Wettstreit aneinander zu messen. Auch um die Kompetenzverteilung innerhalb der Beziehung muss gerungen werden. Trotzdem: warum nicht?

Schlange – Hahn

Befriedigende Beziehung!

In einer Verbindung dieser beiden kann jeder seine positivsten Seiten Gewinn bringend einsetzen: Die tiefgründige Schlange führt den Hahn in die Geheimnisse, der kopflastige Hahn versucht entdeckte Rätsel mit seinem scharfen Verstand zu analysieren. Eine schöne Liebesbeziehung!

Pferd – Hahn

Egozentriker unter sich!

Beide wissen, was ein echter Egozentriker ist! Deshalb haben sie auch im Umgang mit dem Partner kein Problem damit. Der analytische, kritische

Hahn ergänzt das stürmische Pferd in einer Verbindung, in der Spaß und Temperament regieren.

Ziege – Hahn
Problematisch

»Charmant, charmant«, denkt sich der Hahn angesichts der Ziege. Für eine dauerhafte Verbindung bietet sie ihm aber zu wenig geistigen Widerpart, ist zu sanft für ihn. Die Ziege fühlt sich durch seine scharfe Zunge und seine unbeständige Art verletzt.

Affe – Hahn
Eine fruchtbare Verbindung!

Hinter ihrer Fassade aus unbekümmerter Fröhlichkeit und unerschütterlicher Haltung verbergen beide ein lebendiges Wesen, das mit Humor und Esprit brilliert. Die Verbindung kann sie glücklich machen, wenn Sie Eifersucht und Scharfzüngigkeit im Griff behalten!

Hahn – Hahn
Hackordnung klären!

Eine Beziehung zwischen ihnen ist denkbar – wenn die Bereiche abgesteckt sind. Einfach wird es sicher nicht, weil keiner der beiden so leicht zurückstecken kann. Und dann fliegen die Federn ...

Hund – Hahn
Sehr konträr!

Wenn der Hund ein ganz besonders geduldiger und dickfelliger ist, wird er die scharfe Kritik des Hahns aushalten und ihm trotz seiner Eskapaden die Treue halten. Falls sie überhaupt so weit kommen, denn der Hahn sucht Herausforderungen – auch im Liebesleben.

Schwein – Hahn
Unterschiedliche Charaktere!

Gemeinsam ist ihnen das Bedürfnis nach Wahrheit. Doch beim Hahn ist das nicht so einfach zu erkennen, weswegen sich das Schwein rasch abwendet in der Meinung, einen eitlen, oberflächlichen Gockel vor sich zu haben. Es nimmt ihm seine direkte Art sehr übel und ist verletzt.

Beruf

Überall, wo eine scharfe Formulierung mit spitzer Zuge Schaden anrichtet, sind Hähne fehl am Platz!

Ihre Stärke liegt im Analysieren von Tatsachen und im pointierten Formulieren. Im journalistischen Umfeld kann ein Hahn beides wunderbar einsetzen. In einem Beruf, der ihn unabhängig macht und ihm selbstständiges Arbeiten in Eigenverantwortung bietet, entfaltet er seine Fähigkeiten. Er schätzt es nicht, nur ausführendes Organ zu sein und nach Anweisungen zu handeln.

Als Mensch mit Stil und Extravaganz, der gerne gestaltet, eignet er sich hervorragend für Berufe, die sich mit Design beschäftigen. Als Modeschöpfer, Stoffdesigner oder Schneider kann er seine Kreativität ausleben.

Der typische Hahn gibt gerne Geld für Kleidung, repräsentative Autos und Wohnungen aus, lässt hübsche Sümmchen beim Friseur und unterstützt eifrig die Kosmetikindustrie durch seine Einkäufe. Als Trendsetter braucht er natürlich immer modische Neuheiten ... Wirkliche Geldsorgen hat er trotzdem selten, weil er durch einen Finanzplan schnell alles wieder im Griff hat.

Der Hahn in den abendländischen Tierkreiszeichen

Widder-Hahn

Sie sind prädestiniert als Führernaturen und streben Führerschaft auch an. Ihre Erfolgschancen stehen gut, sie sind anderen immer einen Schritt voraus. Sie haben Spaß am Sex, und bevor sie sich für einen Partner entscheiden, suchen sie lange.

Stier-Hahn

Auch ohne Kampf wissen sie, dass sie Herren der Lage sind und alles bestens organisiert haben. Sie sind toleranter und beständiger als andere

Hähne. Für ihre elegante Erscheinung greifen sie tief in die Tasche, sind aber bereit, hart zu arbeiten, um sich Luxus leisten zu können. Wer ihr Partner ist, muss die besitzergreifende Art dulden.

Zwillinge-Hahn

Wer in ihrer Umgebung ist, weiß, dass sie immer wieder Bewegung in das Leben anderer bringen. Ihr scharfer Intellekt braucht ständig neue Aufgaben, täglicher Kleinkram bleibt dabei liegen. Zwillinge-Hähne brauchen viel Bewunderung und Verständnis!

Krebs-Hahn

Ein Widerspruch in sich selbst! Zerrissen zwischen eitel, melancholisch oder egoistisch, sind sie ihren Stimmungen manchmal ausgeliefert. Sie sind durchaus effizient und gut organisiert – aber auf ihre ganz spezielle Art.

Löwe-Hahn

Applaus und Anerkennung fordern sie für sich, dann sind sie ganz zahm. Sie wollen glänzen, brillieren und strahlen, ohne auch nur ansatzweise kritisiert zu werden. Schmieden sie große Pläne, zum Beispiel, um andere zu beglücken, fühlen sie sich in ihrem Element.

Jungfrau-Hahn

Als Organisationstalente, denen keine Kleinigkeit entgeht, die ihre Aufgaben perfekt erledigen, sind sie erfolgreich und anerkannt. Jungfrau-Hähne vertreten fundiert begründete Ansichten, die Beachtung finden. In Berufen, die Genauigkeit verlangen, bringen sie ihre Präzision und ihr Qualitätsbewusstsein ein.

Waage-Hahn

Feinfühlige Menschen mit einem Sinn für Ästhetik, die wissen, wie man sich benimmt – das sind die Waage-Hähne. Wenn sie auch sehr lange brauchen, bis sie eine Entscheidung gefällt haben, sind sie doch intelligent, diplomatisch und teamfähig. Mit ihnen haben Sie einen aufmerksamen und einfühlsamen Liebhaber.

Skorpion-Hahn

Machtbewusst wollen sie unbedingt bemerkt werden und auf allen Ebenen siegen. Selbst Sex verbinden sie mit Macht. Mit viel Einsatz werfen sie sich ins Zeug, wenn sie etwas erreichen wollen – nur an Ausdauer mangelt es.

Schütze-Hahn
Sie reisen viel, sind weltoffen und lieben die Abwechslung. Gelegentlich philosophieren sie gerne mit anderen, die einen ebenso weiten Horizont haben wie sie selbst.

Steinbock-Hahn
Ihr Gespür für gesellschaftliche Zusammenhänge ist bewundernswert. Sie arbeiten hart und viel, sind konservativ in ihrem Denken und Erfolg gewöhnt. Mit ihnen als Partner in einer Beziehung haben Sie zuverlässige, vertrauenswürdige und treue Menschen an Ihrer Seite.

Wassermann-Hahn
Alles wollen sie auf ungewöhnliche Art angehen, sind wie alle Wassermänner immer für Überraschungen gut und lassen sich nicht durch feste Regeln einschränken. Sie kommen mit fast allen Menschen gut aus, weil sie an ihnen interessiert sind. In einem anspruchsvollen Job, der wechselnde Anforderungen an sie stellt, erbringen sie tolle Leistungen.

Fische-Hahn
Erst wenn sie eine abgesicherte, stabile Umgebung haben, fühlt sich ihre empfindliche, sensible Seele wohl. Sind sie entspannt, werden Sie viel Spaß mit den liebenswürdigen Fische-Hähnen haben. Wenn Sie einen friedliebenden Partner suchen, der zur Not auch kämpfen kann, können Sie mit dem Fische-Hahn glücklich werden!

Prominente Persönlichkeiten

Katharina die Große, Zarin von Russland
Maria Theresia, Erzherzogin von Österreich (»Kaiserin Maria Theresia«)
Steffi Graf, deutsches Tennis-Ass
Giuseppe Verdi, italienischer Opernkomponist
Richard Wagner, deutscher Komponist
Eric Clapton, amerikanischer Rockmusiker
Konfuzius, chinesischer Philosoph

DER HUND

Persönlichkeit

Ein treuer Mensch!

Er glaubt an Gerechtigkeit, steht loyal zu seinen Freunden und ist ein wachsamer und vertrauenswürdiger Mensch. Wie sollte es auch anders sein, der Hund ist treu – seinen Prinzipien und den Menschen gegenüber, die er liebt. Aufmerksam erkennt er die Bedürfnisse seiner Umgebung und zeigt Verständnis für die, die seine Hilfe brauchen.

Anmaßende Menschen, die ihm aufdringlich und dumm erscheinen, verweist er freundlich aber sehr bestimmt auf ihren Platz – weit weg von ihm. Als Kämpfer für Wahrheit und Gerechtigkeit tut er sich hervor, obwohl er im Grunde seiner Seele äußerst friedlich ist. Immer hat er bei seinem Tun das Wohl seiner Mitmenschen im Auge. Fürsorglich bemüht er sich um die, die er schätzt und liebt.

Seine Wertmaßstäbe legen die Latte hoch, für ihn genauso wie für seine Umgebung. Grundsätzlich geht er offen und optimistisch auf Menschen zu und erwartet, dass sein Vertrauen und seine Zuverlässigkeit auf das entsprechende Echo stoßen. Wenn er sich zu einem anderen Menschen bekennt – ob als Freund oder Partner –, steht er in unerschütterlicher Treue zu ihm. Da sucht er selbst nach Ausreden und Gründen, warum derjenige sich – verständlicherweise – so verhalten hat. Wem er sein Vertrauen geschenkt hat, den würde er nie hintergehen.

Er ist allseits beliebt wegen seiner ruhigen, angenehmen Ausstrahlung, die ihn durch sein sensibles Wesen umgibt. Es fällt ihm leicht, sich in andere hineinzuversetzen, weil sein gefühlvolles Inneres nach Harmonie strebt und Missstimmungen sofort aufspürt.

Wenn der Hund einen Plan in die Tat umsetzen will oder ein neues Unternehmen startet, nimmt er gerne Unterstützung an. Er ist meistens lieber Gefolgsmann als Anführer. In das gemeinsame Unterfangen bringt er als seinen Beitrag Organisationstalent und Geschicklichkeit ein. Sollte sich eine schwierige Situation ergeben, haben Sie mit dem Hund einen Partner an Ihrer Seite, der auch in der heißesten Phase kühlen Kopf bewahrt.

Ein wenig fatalistischer Pessimismus lässt manchen Hund Katastrophen wittern, wo keine sind. Sollten sich seine Befürchtungen bewahrheiten, wird er höchstens knurren: »Hat ja so kommen müssen!«, aber nicht in Panik verfallen. In seiner engsten Umgebung, mit seiner Familie, mit seinen Freunden fühlt er sich geborgen und wohl.

Prinzipiell bei guter Gesundheit, besteht bei manchen Hunden nur die Gefahr von Alkohol- oder Drogenabhängigkeit – möglicherweise als Resultat seines Verlangens nach Harmonie.

Beziehungen

In einer Partnerschaft will sich der Hund geborgen fühlen, deshalb sind kurzfristige Abenteuer nicht seine Sache. Unbedingtes gegenseitiges Vertrauen ist für ihn die Basis einer funktionierenden Beziehung. Da sucht er lieber länger, bis er den Wunschpartner gefunden hat! Wer lässt sich schon gerne verletzen?

Wer in einer Partnerschaft mit dem Hund lebt, darf sich auf den »Himmel auf Erden« freuen. Er wird alles tun, um die Beziehung so ideal, harmonisch und glücklich zu gestalten.

Seine Treue lässt ihn unverbrüchlich zum Partner stehen, selbst wenn dieser Fehler hat und Fehler macht. Nur wenn es ihm doch zu bunt wird, löst er sich aus einer Bindung, die ihn unglücklich macht. Arge Seitensprünge hält er nicht aus, schließlich hat man sich doch Treue geschworen! Für ihn ist das keine Frage der eitlen Eifersucht, sondern ein vehementer Vertrauensbruch. Er träumt von einer großen Familie, die er fürsorglich und liebevoll hegen kann.

DER HUND UND DIE ANDEREN

Ratte – Hund
Eiertanz

Für den aufrichtigen Hund ist es unvorstellbar, dass man seine Gefühle so gut verbergen kann wie die Ratte. Wenn sie sich ihre Gefühle nicht offen eingestehen, werden sie kaum zueinander finden! Dabei könnte die Ratte dem Hund Schwung geben und im Gegenzug bei ihm Ruhe finden.

Büffel – Hund
Harmoniesüchtig!

Alle beide setzen in einer festen Beziehung unbedingte Treue voraus und stehen loyal zum Partner. Der Wunsch nach Harmonie steht für sie an oberster Stelle der Anforderungsliste. Probleme werden lieber beiseite geschoben als angepackt. Bis sie zu groß werden …

Tiger – Hund
Wunderbar!

Ihre Verbindung wird getragen von Emotionalität und Wärme. Beide investieren gerne in die Beziehung und scheuen keine tiefen Gefühle. Für den treuen Hund kann der Jagdtrieb der Raubkatze Probleme aufwerfen.

Hase – Hund
Wenn sie wollen …

Viel Familiensinn verbindet den liebevollen Hasen mit dem treuen Hund. Darauf können sie ihre Verbindung gründen und in tiefer Zuneigung ausbauen. Wenn der Hund lauter wird, zieht sich der Hase in sich selbst zurück und schmollt. Generell stehen die Chancen gut!

Drache – Hund
Zu wenig?

»Wo bleibt die zärtliche Zuwendung?«, fragt sich der empfindsame Hund, der den Drachen als oberflächlich ansieht. Der Drache sieht im Hund nur einen ruhigen Hofhund, der ihm keine Anregung bieten kann.

Schlange – Hund
Eine Lernbeziehung!

Eine schwer vorstellbare Verbindung, weil jedem der Partner die Welt des anderen verschlossen ist. Sie könnten viel lernen voneinander, aber dazu müssten sie sich erst einmal kennen lernen!

Pferd – Hund
Unproblematisch!

Gerne kehrt das Pferd seine Schokoladenseiten heraus, wenn der Hund es motiviert. Seine Duldsamkeit, Loyalität und Treue akzeptieren die Eskapaden des draufgängerischen Pferdes – solange sie sich in Grenzen halten. Sie könnten ein ideales Paar werden!

Ziege – Hund

Eine glückliche Beziehung!

Der Hund zeigt der Ziege seine ritterlichsten Eigenschaften, will sie beschützen und zeigt ihr seine Gefühle. Sie ist hingerissen von seiner Empfindsamkeit und seinem Einfühlungsvermögen. Der Hund hat für seinen Partner immer ein offenes Ohr und Verständnis für dessen Kummer. Was soll da schief gehen?

Affe – Hund

Gegensätze!

Zwei so unterschiedliche Persönlichkeiten werden es schwer haben, zueinander zu finden. Sucht der Affe ständig Neues und turnt von Abenteuer zu Abenteuer, sehnt sich der Hund nach Beständigkeit und Geborgenheit.

Hahn – Hund

Große Unterschiede!

Der empfindsame Hund hat seine liebe Not mit dem scharfen Schnabel und der harschen Kritik des Hahns. Er wird versuchen, treu zu seinem Partner zu stehen, auch wenn der Hahn nach neuen Abenteuern im Liebesleben sucht …

Hund – Hund

Keine Aufregung!

Sie verstehen sich hervorragend, Harmonie wird groß geschrieben und das gegenseitige Vertrauen scheint gesichert. Allerdings unter der Voraussetzung, dass die Platzverteilung im Rudel geklärt ist. Aufregend knistern wird es aber wohl nicht …

Schwein – Hund

Ruhige Tage!

Treue und Familiensinn sind beiden heilig, die Liebe zur Wahrheit teilen sie auch. Das Schwein ist sehr anpassungsfähig und optimistisch. Klingt sehr harmonisch! Viel Aufregung dürfte es in ihrer Partnerschaft nicht geben, weder im negativen noch im positiven Sinne …

Beruf

Der Hund will Spaß haben an seinem Beruf, die menschliche Ebene muss stimmen. Mobbing am Arbeitsplatz lässt ihn zum Kampfhund werden. Stress am Arbeitsplatz oder eine ungute Atmosphäre erträgt er nicht.

Für ihn sind Berufe ideal, in denen er Umgang mit Menschen hat und in einem Team arbeitet. Vom Sozialberuf bis zum Orchestermusiker, vom Arzt zum Polizisten reicht die Palette.

In großen Unternehmen ist er als »Nummer zwei« die ideale Besetzung. Verschwiegen, loyal und zuverlässig steht er hinter seinem Chef.

Karriere zu machen ist nicht seine oberste Priorität. Er arbeitet engagiert und effizient, wenn er Freude an seinen Aufgaben hat.

Geld geben Hunde am liebsten aus, um zu helfen oder anderen eine Freude zu machen. Da kann es manchmal für sie selbst ziemlich knapp werden. Im Umgang mit fremdem Geld sind sie äußerst penibel und sehr korrekt.

Der Hund in den abendländischen Tierkreiszeichen

Widder-Hund

Das sind Wachhunde, auf die man sich verlassen kann! Allerdings fühlen sie sich nie im Unrecht. Sie verteidigen ihre Überzeugungen vehement, ihr Bemühen um Gerechtigkeit endet, wenn es vom Gegenüber nicht entsprechend gewertet wird. Wen sie lieben, zu dem stehen sie – solange er es auch tut!

Stier-Hund

Freunde, mit denen man durch dick und dünn gehen kann! Sie halten viel von Beständigkeit und festen Werten, tolerieren aber durchaus, dass andere ihr eigenes Beharren auf Traditionellem nicht in vollem Umfang teilen. Als hingebungsvolle und treue Partner reagieren sie auf Seitensprünge sehr allergisch.

Zwillinge-Hund

Für alles und jedes auf der Welt haben sie eine Erklärung – heute die, morgen jene. Sie sind um Offenheit und Gerechtigkeit bemüht, lassen nichts auf sich beruhen, sondern wollen alles ausdiskutieren. Spontane Handlungen aus dem Bauch heraus kommen bei ihnen nur sehr selten vor.

Krebs-Hund
Wie kaum ein anderer stehen sie zu Werten wie Familie, Partnerschaft und Häuslichkeit. Ihr eigenes Wohlbefinden und ihre Stabilität sind abhängig von einem harmonischen, glücklichen Familienleben. Die Familie bedeutet ihnen alles, wird mit liebevoller Zuwendung überschüttet und manchmal davon beinahe erdrückt …

Löwe-Hund
Aufrichtig und direkt sagen sie, was sie denken. Voller Lebenslust gehen sie jede Aufgabe an und lassen sich nicht auf Sparflamme drehen. Wenn sie sich geliebt und mit Aufmerksamkeit bedacht wissen, sind sie großzügige, leidenschaftliche Partner. Manchmal bellen sie eben ein bisschen …

Jungfrau-Hund
Ihr Sittenkodex ist nicht leicht durchschaubar, muss aber dennoch eingehalten werden, was für ihre Umgebung manchmal stressig werden kann. Die strengsten Maßstäbe legen sie aber an sich selbst an. Im Job ist es wichtig, dass sie sich mit ihrer Arbeit identifizieren können. Ihnen nahe zu kommen ist nicht leicht!

Waage-Hund
Wenn sie bloß den anderen gefallen und ihren Erwartungen gerecht werden! Dann ist die Welt für sie in Ordnung. »Nein« zu sagen, fällt ihnen schwer. In Berufen, in denen es um soziale Gerechtigkeit geht, fühlen sie sich am wohlsten. Dass Ästhetik eine große Rolle bei ihnen spielt, braucht nicht extra betont zu werden …

Skorpion-Hund
Hin und her gerissen zwischen vernünftigem Handeln und emotionalen Bedürfnissen sind die leidenschaftlichen Skorpion-Hunde. Seitensprünge sind keine Seltenheit, der Partner braucht eine gute Portion Gleichmut! Im Job sind sie eher die Einzelkämpfer, die alleine arbeiten wollen – fällt ihnen doch das Unterordnen sehr schwer!

Schütze-Hund

Es macht sie glücklich, auf Reisen zu gehen – geistig und real. Verschiedene Standpunkte zu erforschen, übt einen großen Reiz auf sie aus. Fairness und Gleichberechtigung sind ihnen äußerst wichtig, Gerechtigkeit nehmen sie sehr ernst und reagieren höchst sensibel auf Unrecht.

Steinbock-Hund

Ihre Flexibilität hält sich in Grenzen, tiefsinnig in der Seele zu schürfen ist nicht ihre Sache. Sicherheitshalber betrachten sie alles lieber etwas pessimistischer und verlassen sich nur auf sich selbst. Wenn sie einen gesicherten Wohlstand erreicht haben, können sie sich zurücklehnen – vorher gelingt ihnen das nur schwer.

Wassermann-Hund

Sie haben ihr ganz persönliches Weltbild, halten sich für fair und gewähren anderen die Freiheit, die sie auch für sich beanspruchen und brauchen wie die Luft zum Atmen. Eine Bindung einzugehen, überlegen sie sich sehr genau. Kein Wunder, dass sie manchmal wie der streunende »Strolchi« wirken!

Fische-Hund

Keine atmosphärische Veränderung in einer Runde, einem Raum bleibt ihnen verborgen. Ihr eigener Wille ist nicht sehr ausgeprägt, sie bemühen sich, immer alles richtig zu machen. In helfenden und heilenden Berufen sind sie am glücklichsten. Ihr Partner braucht eine feinfühlige Seele, damit er sie nicht so leicht verletzt.

Prominente Vertreter

Elvis Presley, King of Rock 'n' Roll
Michael Jackson, amerikanischer Popstar
Winston Churchill, englischer Premierminister
Liza Minelli, amerikanischer Musical- und Filmstar
Sophia Loren, italienische Filmdiva
Madonna, amerikanische Pop-Ikone

Das Schwein

Persönlichkeit

Ein aufrichtiger Mensch!

Ein Schwein geizt nicht mit seiner Lebensfreude, sondern teilt sie gerne mit anderen. Es geht offen und ehrlich auf andere zu und lässt keine Zweifel an seiner Geradlinigkeit aufkommen. Ihm Geheimnisse anzuvertrauen ist keine gute Idee, es sei denn, Sie sagen ausdrücklich und mit Nachdruck dazu, dass es sich um eine vertrauliche Angelegenheit handelt. Das Schwein würde niemals in böser Absicht ein Geheimnis ausplaudern, es bedenkt nur nicht, dass manches als Stoff für Plaudereien ungeeignet ist, weil vertraulich. Es selbst kennt ja weder Geheimnisse vor anderen noch Intrigen oder Falschheit.

Ruhig und tolerant, mit viel Sinn für Ehrlichkeit und Gerechtigkeit ist ein Schwein jederzeit bereit, sich für andere aufzuopfern. Wer es aber an seine persönlichen Grenzen treibt, kann einen heftigen Wutausbruch auslösen.

Seine Vorliebe für ungeschminkte Wahrheit und klare Aussagen ist nicht für alle Menschen gleich gut erträglich! Eine komplizierte Schlange kann sich nur schwer mit dem kompromisslos und geradezu undiplomatisch aufrichtigen Schwein anfreunden. Andere wieder schätzen die freundliche, heitere und optimistische Art des Schweins, weil sie wissen, dass dahinter kein Täuschungsmanöver lauert und jedes Wort ehrlich gemeint ist. Das Schwein selbst ist aufgeschlossen und tolerant anderen Charakteren gegenüber und immer geneigt, die positiven Seiten von Menschen und Situationen zu sehen.

Aggressionen und Auseinandersetzungen sind ihm zuwider. Seine Stärke ist eher Zuhören, als selber große Reden zu schwingen. Fühlt es sich in einer Runde wohl, diskutiert es gerne mit. Das vielseitig interessierte Schwein kann bei vielen Themen mitreden und seinen Beitrag mit Begeisterung in die Diskussion einbringen.

Das ruhige Schwein verabscheut auffälliges Verhalten. Bei unterschiedlicher Meinungslage sucht es nach einem für alle Beteiligten akzeptablen Kompromiss. Entscheidungen trifft es nicht spontan, sondern bittet gerne Freunde um Rat.

Wenn es Freundschaften geschlossen hat, steht es loyal und treu zu seinen Freunden, immer bereit zu helfen, wenn es nötig ist. Fehler übergeht und verzeiht es gerne.

So gerade und offen sein Charakter ist, so gegenteilig ist häufig sein Sinn für Ordnung, der andere verzweifeln lässt. Das Schwein selbst findet zielsicher alles, was es sucht … Also doch nur »kreatives Chaos«?

Trotz ihrer manchmal ungesunden Ernährung sind Schweine bei meist guter Gesundheit. Einzig der Verdauungsapparat macht manchmal Mätzchen. Vorsicht ist auch bei der Leber geboten, denn Schweine trinken gerne ein Gläschen – manchmal auch eines zu viel.

Beziehungen

Von der Liebe fasziniert, scheut das Schwein keine Offenheit, wenn es sich verliebt hat. Enthusiastisch und engagiert steuert es auf sein Ziel zu und verleiht seinen Gefühlen und seinem Begehren Ausdruck. Wer ihm einen Korb gibt, wird nicht weiter behelligt. Langwierige Eroberungsrituale sind nicht seine Sache. Für die Wahl eines Partners braucht das Schwein Zeit. Zwar will es unbedingt eine Zweierbeziehung, die von Harmonie, Verständnis und vor allem Ehrlichkeit getragen wird, es bleibt aber kritisch. Es kann schon etwas dauern, bis es den richtigen Partner gefunden hat, dem es sich fürsorglich und liebevoll widmet.

Als Liebhaber ist das Schwein sehr zärtlich, einfallsreich und hingebungsvoll. Sein Liebesleben ist ihm wichtig und wird erschöpfend ausgelebt.

Dass das Schwein in einer fixen Beziehung treu ist und das auch von Ihnen verlangt, versteht sich von selbst. Alles andere wäre ein Widerspruch zu seiner Offenheit und Ehrlichkeit. Dafür erwartet den Partner liebevolle Fürsorge.

Das Schwein und die anderen

Ratte – Schwein
Gute Ergänzung!

Ratte und Schwein ziehen einander an. Das Schwein ist bestrebt, die Wahrheit zu finden, und kann die Ratte animieren, ihre eigenen Vorstellungen und Ziele zu überdenken. Jedenfalls ein gute Freundschaft!

Büffel – Schwein
Ordnung oder Chaos?

Für den Büffel muss alles seine Ordnung haben, für kreatives Chaos hat er nicht viel übrig. Das wird ein Dauerbrenner in den Diskussionen mit dem

Futterneid auf, herrscht eitel Wonne!

Schwein Bringen sie trotzdem Toleranz für die unterschiedlichen Ansprü-

Beruf

Fleißig und ehrgeizig zeigt sich das Schwein im Beruf. Allerdings wird es die Lebensfreude immer über den Ehrgeiz stellen und lieber ein bequemes Leben führen, als der Karriere oder Ruhm und Ehre nachzujagen.

Das Schwein arbeitet lieber allein und eigenverantwortlich nach seinen eigenen Vorstellungen. Es ist ihm bei weitem wichtiger, ein angenehmes, gutes Betriebsklima zu haben, mit den Kollegen ein gutes Einvernehmen zu pflegen, als die steile, atemberaubende Karriere zu machen.

Überall, wo Ordnung und System gefragt sind, wird sich das Schwein nicht in den Vordergrund drängen – gut so! Seine Stärken liegen doch eher in der sorgfältigen, gewissenhaften Ausführung als im detaillierten Planen und Überwachen. In sozialen, heilenden oder künstlerischen Berufen fühlen sich Schweine wohl und können ihre Anlagen bestens entfalten.

Auch wenn ihnen Geld nicht viel bedeutet, behalten sie die Übersicht. Mit fremden Finanzen sind sie sehr zuverlässig und handeln genau nach Anweisung.

Das Schwein in den abendländischen Tierkreiszeichen

Widder-Schwein

Gutherzig und offen sind sie. In ihrer Aufrichtigkeit wirken sie oft wie unschuldige Kinder. Sie sind sich ihrer Kraft meist gar nicht bewusst und lassen sich zu allerhand Unfug hinreißen. Ihr Verantwortungsbewusstsein bräuchte wohl etwas Training! Sie haben Spaß am Sex und lieben Romantik.

Stier-Schwein

Sie prüfen sorgfältig, bevor sie sich auf etwas einlassen. Zeitdruck macht sie krank. Geduldig und fürsorglich, verantwortungsbewusst und häuslich sind sie als Partner, wenn sie sich nach reiflicher Überlegung für jemanden entschieden haben.

Zwillinge-Schwein

Ihr Herz tragen sie auf der Zunge, lieben harmlosen Klatsch, ohne boshaft zu sein. Als unterhaltsame und schlagfertige Gesprächspartner sind sie beliebt. Wenn ihr Job ihnen geistige Energie und rasche Entscheidungen abverlangt, sind sie in ihrem Element. Ohne viel diplomatische Verbrämung sagen sie jedem die Wahrheit.

Krebs-Schwein
Wenn es irgendwie möglich ist, umschiffen sie Probleme, um ungemütliche Spannungen zu vermeiden. In ihrem kuscheligen Zuhause finden sie Stabilität und Sicherheit, die Familie ist ihnen wichtig. Auch wenn sie lieb und anhänglich sind, werden ihre Stimmungsschwankungen nicht von allen Menschen ihrer Umgebung verstanden.

Löwe-Schwein
Ihre Hilfsbereitschaft und Begeisterungsfähigkeit leben sie am besten aus, wenn sie sich geliebt und bewundert fühlen. Warm und offenherzig lassen sie niemanden umsonst um Hilfe fragen. Sie machen alles mit Stil und lieben die Pracht. Für Menschen, die sie lieben, gehen sie durchs Feuer.

Jungfrau-Schwein
Einerseits analytisch, andrerseits sehr charmant, verwirren sie ihre Mitmenschen. Nichts nehmen sie hin, ohne zu hinterfragen. Gutes Benehmen ist ihnen enorm wichtig. Auf den ersten Blick etwas unterkühlt, offenbaren sie ihre sinnlichen Seiten erst bei näherem Kennenlernen.

Waage-Schwein
Ihr Harmoniebedürfnis zieht sich durch alle Lebensbereiche. Es ist nur logisch, dass sie sich daher scheuen, ein klares »Nein« auszusprechen. Nichts vermeiden sie sosehr wie Streit, Probleme und Hässlichkeit. Es liegt ihnen sehr viel an Zusammenarbeit und der Anerkennung durch ihr Umfeld. Als diplomatische Vermittler werden sie sehr geschätzt.

Skorpion-Schwein
Wie ein wandelnder, kurz vor dem Ausbruch stehender Vulkan erscheint ihr Leben. Sie bemühen sich sehr, aufrecht zu handeln, aber bei ihren heißblütigen Anlagen und starken Gefühlen ist das gar nicht einfach! Partnerschaften sind nicht von langer Dauer, aber von unglaublicher Intensität.

Schütze-Schwein
Abenteuerlustige, neugierige Menschen, die für Winkelzüge und Intrigen völlig ungeeignet sind. Was immer sie tun, muss Abwechslung bieten. Intelligent, wandelbar und großzügig, hassen sie jede Einschränkung. Unkonventionell zu leben macht sie glücklich.

Steinbock-Schwein
Ihre Ausstrahlung von Autorität ist bemerkenswert. Macht und Wohlstand sind selbstverständlich für sie, in Verhandlungen gehen sie direkt auf ihr Ziel zu. Wen sie lieben, der wird von ihnen beschützt – und muss das auch zulassen!

Wassermann-Schwein
Toleranz, Ehrlichkeit und Offenheit machen sie beliebt. Ein Schuss Wassermann'sche Exzentrik lässt sie viele Dinge aus ungewöhnlicher Sicht sehen. Wer sich in dieses Schwein verliebt, muss auf alles gefasst sein. Jedenfalls auf eine sprühende, überraschende und interessante Partnerschaft!

Fische-Schwein
Freundlichkeit, Warmherzigkeit und ein liebevolles Wesen zeichnen die Fische-Schweine aus. In ihrer hilfsbereiten Art sind sie immer bereit und willens, sich für andere bis an die Grenzen ihrer eigenen Kraft einzusetzen. Nein zu sagen fällt ihnen extrem schwer. Trotzdem wird ihre Güte selten missbraucht, weil sie sich mit Freundlichkeit durchzusetzen wissen.

Prominente Vertreter

Wolfgang Amadeus Mozart, österreichischer Komponist
Elton John, britischer Sänger
Thomas Mann, deutscher Schriftsteller
Alfred Hitchcock, amerikanischer Starregisseur
Woody Allen, amerikanischer Regisseur und Schauspieler
Maria Callas, griechische Operndiva

Das Indianische Horoskop

Das indianische Medizinrad

Die indianische Denkweise beruht auf der Vorstellung, dass sich die gesamte menschliche Existenz im Rahmen eines natürlichen Kreislaufs bewegt.

Das indianische Medizinrad und das daraus entwickelte Naturhoroskop befasst sich damit, wie wir unsere Verbindung mit der Natur, mit der Erde, den Elementen und anderen Lebensformen für unsere persönliche Weiterentwicklung nutzen können.

Der Tag der Geburt ist der Startplatz auf dem Medizinrad.

Die verschiedenen Totems, wie die Zeichen genannt werden, nennen vorhandene typische Potenziale und weisen darauf hin, welche Grundeigenschaften verstärkt oder ergänzt werden sollten, um die eigene Persönlichkeit abzurunden und zu entwickeln.

Die Bezeichnung Medizinrad symbolisiert, dass der Mensch und sein Charakter durch die neu gewonnenen Erkenntnisse zu einer »heilen« Person werden sollen.

Der Falke

21. März bis 19. April

Persönlichkeit

Der Falke ist ein Jäger, dessen Schnelligkeit und zielgerichtetes Handeln zum Erfolg führt. Hat er seine Beute beobachtet, sein Ziel im Visier, kann er blitzschnell abheben, zielen und zugreifen.

Selbst Fehlschläge brechen weder seine Zuversicht noch seine Durchsetzungskraft. Mit Optimismus und Entschlossenheit wendet er sich einem anderen, neuen Projekt zu. »Action« lautet sein Credo, weder Strategie noch Planung sind seine Sache. Wichtig ist, dass es schnell geht ... Es fehlt ihm nur oft an der Ausdauer, seine hochfliegenden Pläne zu Ende zu bringen.

Den Falken-Menschen prägt ein starker Unabhängigkeitsdrang. Er liebt Dynamik und Spannung, vereint in sich Energie und feuriges Temperament, das sich immer wieder in kurzen, heftigen Gewittern entlädt. Dann bleibt jede Diplomatie auf der Strecke. Vorsicht, scharfer Schnabel!

Ein Falke ist der geborene Anführer. Seine Dynamik reißt alle mit, seine Offenheit räumt Zweifel beiseite und seine ansteckende Begeisterung macht Zweifler verstummen.

Spontan und unkompliziert, aufrichtig und impulsiv geht er auf andere zu. Ihn zu zähmen braucht Geduld und einen Seelen-Handschuh, der gegen die messerscharfen Krallen und den gefährlichen Schnabel schützt.

Seine unnachahmliche Schnelligkeit lässt anderen manchmal keine Chance, sein Tempo raubt vielen den Atem.

Sein gesundheitlicher Angriffspunkt ist die Kopfregion. Kopfschmerzen und Migräne sind bei Falken keine Seltenheit. Dafür ist das aber auch ihr sensibler Bereich für Berührungen ...

Liebe, Partnerschaft, Erotik

Der Falke trägt das Bild seines Wunschpartners bereits fertig im Kopf. Mit seinem Späherauge hält er Ausschau nach Mr. oder Mrs. Wonderful. Seine Ansprüche sind hoch, er gibt sich nicht mit einem Mäuschen zufrieden.

Hat er den Traumpartner gefunden, ergreift er Besitz von ihm. Nicht jeder erträgt sein aufbrausendes Temperament. Von seiner Eifersucht ganz zu schweigen.

In einer Partnerschaft will er unbedingt seinen Willen durchsetzen.

Widerspruch in einem Ausmaß, das keine Langeweile aufkommen lässt, schätzt er aber durchaus!

Als Liebhaber ist er wohl feurig – Geduld und Rücksichtnahme zu lernen, kann ihm und seinem Partner wohl neue Welten öffnen.

Äußeres Ziel und inneres Verlangen

Bewußtes Ziel des Falken-Menschen ist es, zu führen und immer Neues zu beginnen.

Seine starke Persönlichkeit will die eigenen Vorstellungen verwirklicht sehen. Gelingt das nicht, reagiert er manchmal wie ein kleines Kind – mit Zorn und Trotz und unüberlegten Handlungen.

Innere Ausgeglichenheit anzustreben fällt ihm schwer, ließe ihn aber insgesamt runder und weicher werden.

Der Biber

20. April bis 20. Mai

Persönlichkeit

Ein solides Fundament, festen Boden und Ausdauer braucht der Paradebaumeister Biber für seine Bauten ebenso wie für sein Leben. Unermüdlich und ausdauernd arbeitet er an der Erreichung seiner Ziele. Praktisch und methodisch in seinem Vorgehen ruht er nicht, bis sein Projekt fertig gestellt ist.

Sein Bedürfnis nach Sicherheit und Beständigkeit manifestiert sich in allen seinen Unternehmungen. Zuverlässig und umsichtig verwirklicht er seine gründlich überlegten Pläne. Er überlässt nichts dem Zufall. Seine große Geduld und Beharrlichkeit lassen ihn bei Rückschlägen nicht verzweifeln, sondern einen weiteren Anlauf nehmen. Mit Ausdauer bringt er seine Sachen zu Ende.

Der Biber ist der richtige Partner für den Um- und Wiederaufbau, im emotionalen und materiellen Sinn. Keiner versteht es besser, aus einem Trümmerhaufen wieder ein tragfähiges, festes Gebäude zu errichten. Wer emotional durchgerüttelt und gebeutelt wurde und danach an einen Biber gerät, ist zu beglückwünschen: Mit ihm an der Seite stehen die Chancen gut, selbst das labilste Seelengerüst wieder zu festigen.

Risiken sind ein rotes Tuch für ihn – sie lassen sich ja nicht planen! Was nicht berechenbar ist, bereitet dem Biber Unbehagen. Verlangen Sie keine flexiblen und spontanen Aktionen von ihm, das hasst er.

Veränderungen, vor allem Verbesserungen, nimmt der Biber an seinem Leben jederzeit vor. Er baut es aus, verschönert es mit Liebe. Sein ausgeprägtes Gefühl für Schönheit und Sinnlichkeit lebt er besonders im häuslichen Bereich aus. Für ein gutes Leben investiert er gerne Zeit und Mühe, geht mit vorhandenen Ressourcen sorgsam um. Jedes Zweiglein findet Verwendung! Bequemlichkeit schätzt der sinnliche Biber sehr, und er kann wunderbar genießen, wenn er sich nach getaner Arbeit zurücklehnt. Mit dem Blick auf Geschafftes, auf ein gelungenes Werk lässt er sich gerne von heimeliger Atmosphäre umfangen. Vor allem lukullischen Genüssen ist er sehr zugetan!

Die robuste Natur des Bibers ist schwer zu erschüttern. Allerdings tauchen manchmal Probleme im Herzbereich und an den Nieren auf. Eine Folge zu ausschweifenden Wohllebens?

Liebe, Partnerschaft, Erotik

Wie in anderen Lebensbereichen sucht der Biber auch in seiner Partnerschaft Sicherheit und Beständigkeit. Er verlangt nach ständiger Bestätigung der Zuneigung seiner Liebsten. Den treuen und hingebungsvollen Partner finden Sie im Biber, wenn er sich sicher fühlt. Misstrauisch und eifersüchtig geworden, rastet er aus und wird zum schnaubenden Stier, der seinen »Besitz« verteidigt.

Sein sexueller Appetit ist groß, er ist ein aufregender Liebhaber, der fordernd und anspruchsvoll sein kann.

Äußeres Ziel und inneres Verlangen

Motivation sind für ihn Sicherheit, Besitz und Genuss. Danach strebt er in seinem äußeren Leben mit aller Kraft.

Das Unbewusste verlangt nach Befreiung, vor allem nach Befreiung aus der Abhängigkeit von materiellen Werten, die sein Seelenleben in Schranken halten.

DER HIRSCH

21. Mai bis 20. Juni

Persönlichkeit

Der Hirsch ist immer auf der Suche nach neuen Anregungen und Impulsen. Sensibel und unbeschwert bewegt er sich rasch von Herausforderung zu Herausforderung.

Sein Leben ist in raschem Fluss, Schnelligkeit erlaubt ihm nur begrenztes Zuhören, begrenzte Konzentration auf eine Sache. Kommunikation mit anderen Menschen ist für den Hirsch die Quelle neuer Inspirationen, er sucht sie bei jeder Gelegenheit und kann mit jedem über alles reden. Wortspiele können ihn entzücken. Seine Interessen sind weit gestreut, geistige Nahrung ist für ihn lebensnotwendig. Mit wachem Geist ist er nicht nur aufgeschlossen für neue Eindrücke und Menschen, sondern geradzu süchtig danach. Für Schönes – geistig und emotional – ist er sehr empfänglich.

Es fehlt ihm nicht an Selbstvertrauen. Charmant, geistreich und witzig, fällt es dem Hirsch leicht, Kontakte zu knüpfen.

Mitfühlend und verständnisvoll geht er auf seine Gesprächspartner ein, vertieft sich aber nicht bis auf den Grund, weil er zumindest gedanklich schon unterwegs zu Neuem ist. Das hinterlässt manchmal den Eindruck, er sei oberflächlich und flatterhaft. In negativen Phasen neigt er zu Reizbarkeit, Depression und Sarkasmus.

Wegen der Geschwindigkeit in seinem Leben nimmt er sich nicht genug Zeit, Dingen und Menschen auf den Grund zu gehen. Daraus entsteht manchmal ein etwas vorschnelles Urteil, das er ebenso rasch widerruft. Nach außen wirkt er dann sprunghaft und zerrissen.

Der aktive Hirsch schläft zu wenig und steht wegen seines Tempos unter ständiger nervlicher Spannung. Das belastet seinen Organismus, vor allem Lungen und Bronchien leiden unter der Atemlosigkeit seiner vielfältigen Unternehmungen. Arme und Schultern sind sehr empfindsam und empfindlich, in jeder Hinsicht!

Liebe, Partnerschaft, Erotik

Hirsch-Menschen sind freundlich bis zur Koketterie und flirten liebend gerne. Ihr charmantes Auftreten bezaubert, ihre unterhaltsame Art besticht, und ihre Gespräche fesseln den Partner.

Vielseitig und umtriebig sind sie auch in ihrem Liebesleben. Treue ist nicht ihr oberstes Prinzip – Eifersucht aber auch nicht. Was sie selbst fordern, gewähren sie dem Partner selbstverständlich auch!

Der Hirsch liebt Spiele und Fantasien. Ein ausgedehntes Vorspiel im weitesten Sinne macht ihm Freude. Die Sprache und das Spiel mit ihr kommen aber nie zu kurz! Reden kann er IMMER …

Äußeres Ziel und inneres Verlangen

Der Hirsch will wechselseitig fruchtbare Verbindungen und Beziehungen herstellen. Er folgt im Denken der Logik und lässt sich kaum von Gefühlen leiten.

Seine Talente und Energien soll er miteinander verbinden, statt sie voneinander zu trennen und auf separaten Wegen zu verfolgen.

DER SPECHT

21. Juni bis 21. Juli

Persönlichkeit

Ein wirklich sensibler, einfühlsamer Mensch, der von Emotionen abhängig ist. Sein empfindsames Innenleben macht den Specht verletzlich und führt zur extremen Vorsicht im Umgang mit Unbekanntem. Vor allem Fremde treffen manchmal auf eine ziemlich harte Schale, die den weichen Kern schützend umgibt.

Durch heftige Stimmungsschwankungen reagiert er oft sehr emotional und ist rasch aufgebracht.

Die Beziehungen zu anderen Menschen spielen eine herausragende Rolle im Leben eines Spechts. Er verwendet viel Energie darauf, gute, tragfähige Beziehungen aufzubauen. Hat er Vertrauen gefasst, neigt er dazu, sich ganz und gar dem anderen zu verschreiben. Er sucht die Nähe der vertrauten Menschen. Wenn er diese Hingabe übertreibt, klammert er sich wie eine Klette an den lieben Menschen und sein gewohntes Umfeld. Nicht immer leicht, für die Liebsten! Er verlässt seine Umgebung nur äußerst ungern. Sein Heim ist der Ort, an dem er sich geschützt, geborgen und sicher fühlt, wohin er immer wieder zurückkehrt.

Das starke Bedürfnis, gebraucht zu werden, macht ihn sehr fürsorglich. Er kümmert sich rührend um seine Familie und seine engen Freunde. So bemuttert zu werden ist aber nicht jedermanns Sache ...

Gefühle spielen in seinem Leben eine entscheidende Rolle. Die engen Bindungen erschweren es ihm aber, ein selbstbestimmtes Leben zu führen. Er ist damit abhängig von den Reaktionen anderer auf ihn.

Specht-Menschen sind sehr schmerzempfindlich. Von Krankheiten erholen sie sich aber rasch. Dass ihnen ihr Magen Kummer bereitet, ist weiter nicht verwunderlich, wenn sich jemand so viele Sorgen macht!

Der Brustraum ist zwar anfällig für Beeinträchtigungen, aber auch empfindsam für Streicheleinheiten!

Liebe, Partnerschaft, Erotik

Auf die Liebe eines Spechts kann man bauen. Sie hält allem stand außer der Untreue. Hat er sein Herz verschenkt, liefert er sich dem anderen bedingungslos aus.

Das Wichtigste für den Specht ist Kuscheln. Er liebt es, in den Arm genommen, gestreichelt und geküsst zu werden. Intensive Küsse und Streicheleinheiten lassen ihn schmelzen. Frau Specht hat den größeren Appetit auf Erotik als Herr Specht. Beide suchen nicht nur nach physischer, sondern auch nach emotionaler Wärme und Befriedigung. Entsprechend einfühlsam sind sie als Liebhaber.

Äußeres Ziel und inneres Verlangen

Äußerlich gesehen definiert sich der Specht über seine Gefühle. Das macht ihn sehr verletzbar. Er will wissen, wann der richtige Moment zum Festhalten gekommen ist und wann er loslassen soll. Das lässt ihn immer unsicher sein. Ein Specht stellt sich gern in den Dienst eines höheren Zieles. Er will etwas oder jemandem dienen, das oder der alles überstrahlt.

Das Loslassen ist sein inneres Thema. Um innere Harmonie zu erlangen, soll er lernen, sich nicht mehr an Ereignisse und Menschen zu klammern.

DER LACHS

22. Juli bis 21. August

Persönlichkeit

Wer flussaufwärts springt, vollbringt große Leistungen. Für die Indianer ist der Lachs das Symbol für Langlebigkeit, seine Weisheit und Zielstrebigkeit vereinen sich mit der Inspiration. Der Lachs-Mensch ist eine starke Persönlichkeit, die selbstbewusst und von sich überzeugt im Leben steht.

Er hat ein großes Herz, ist enthusiastisch und warmherzig. Seine wohltuende, kraftvolle Ausstrahlung vermittelt Sicherheit und gibt das Gefühl, sich an ihn anlehnen zu können. Er ist eine Führungspersönlichkeit, die bereit und imstande ist, Verantwortung zu tragen. Stolz und energiegeladen macht der königliche Lachs keine halben Sachen, nichts Halbherziges. Er hat die Kraft, Positionen einzunehmen, die große Anforderungen stellen. Ruhm und Anerkennung fordert er als selbstverständlichen Lohn dafür.

Der Lachs schöpft gerne aus dem Vollen, liebt Üppiges und schätzt die Pracht. All das tut seinem Anspruch auf Beachtung und Bewunderung gut. Fehlt ihm die nötige Aufmerksamkeit und fühlt er sich vernachlässigt, ist er gekränkt und wird mürrisch oder laut. Emotional ist er ebenso verschwenderisch, wie er mit seinen finanziellen Mitteln großzügig umgeht.

Auf seine äußere Erscheinung legt er großen Wert. Er gibt sich gerne elegant und weltmännisch. Seine Eitelkeit macht ihn aber anfällig für falsche Schmeicheleien, die er selbstgefällig manchmal allzu ernst nimmt.

Übertreibt er sein Selbstbewusstsein, wirkt er arrogant, nimmt er seine Verantwortung zu wichtig, dann versucht er, der Umgebung seinen Willen aufzuzwingen.

Gesundheitliche Probleme entstehen meist durch die übergroße Intensität, mit der Lachs-Menschen leben. Sie leiden an Folgen von Überanstrengung und Stress. Im Alter kann das Auswirkungen auf Blutdruck und Kreislauf haben.

Liebe, Partnerschaft, Erotik

Liebe ist für Lachs-Menschen extrem wichtig. Charmant und liebenswürdig gewinnen sie Herzen und ziehen sie andere Menschen an. Sie können sich ganz und gar dem Gefühl der Liebe hingeben, haben die Fähigkeit, leidenschaftlich und verrückt im anderen aufzugehen.

Als Liebhaber sind sie intensiv, gefühlvoll und ausdauernd.

Dass sein Partner in der Bewunderung nicht nachlassen darf, erwartet der Lachs als selbstverständlich! Mangelt es daran, sieht er sich sehr schnell nach neuen Anbetern um ...

Der Lachs-Mann möchte zwar eine starke Frauenpersönlichkeit an seiner Seite, aber in den Schatten stellen darf sie ihn nicht!

Äußeres Ziel und inneres Verlangen

Der Lachs strebt die Herrschaft an. Alles soll sich nach seinem Willen richten. Er kennt nur eine Angst: zu versagen und damit nicht mehr im Zentrum der Aufmerksamkeit zu stehen.

In seinem Innersten sehnt er sich danach, emotionale Weisheit zu erlangen.

DER BRAUNBÄR

22. August bis 21. September

Persönlichkeit

Er hat viele praktische Fähigkeiten, der strebsame, vernünftige und zielstrebige Braunbär-Mensch. Er arbeitet hart und viel. Sich auf andere verlassen zu müssen, verursacht ihm Unbehagen. Lieber will er selbstständig sein. Seine hoch gesteckten Ziele verfolgt er ausdauernd und genau nach Plan.

Entspannen und ausruhen fallen ihm sehr schwer. Selbst wenn er nach außen hin ruhig scheint, sammelt er Eindrücke, die er bei Gelegenheit verwenden könnte.

Zurückhaltend und bescheiden läuft er Gefahr, nicht genug gewürdigt zu werden. Dabei leistet er unermüdlich viel und erledigt seine Pflichten gründlich und genau, mit einem Hang zur Perfektion. Der Braunbär bewegt sich gern innerhalb eines festen, überschaubaren Rahmens, der ihm Sicherheit gibt. Unerwartete Situationen verunsichern ihn manchmal. Fantastische Spekulationen und risikoreiche Unternehmungen sind nicht seine Sache. Dazu ist er zu gewissenhaft und pflichtbewusst.

Er verlangt von sich und anderen enorm viel. Vor allem in den Anforderungen an sich selbst übertreibt er manchmal und scheitert an sich selbst. Mit Misserfolgen umzugehen, fällt dem Braunbären sehr schwer. Kritik verträgt er noch schlechter, dabei ist er selbst im Austeilen von Kritik Meister. Da hinterlässt seine Tatze mit den scharfen Krallen hin und wieder böse Wunden!

Magen- und Darm verursachen ihm die meisten gesundheitlichen Probleme. Auch die Galle zählt zu seinen körperlichen Schwachpunkten. Weil ein Braunbär aus Mücken gerne Elefanten macht und somit aus Kleinigkeiten große Probleme, sind Magengeschwüre und Koliken keine Seltenheit.

Liebe, Partnerschaft, Erotik

Seine Emotionen sind nie überschäumend, er hat sich immer im Griff und unter Kontrolle. Nach außen wirkt das auf viele Menschen gefühlskalt, emotionslos und hart. In seinem Inneren ist der Braunbär aber warmherzig und verletzlich. Seine Gefühle anderen gegenüber öfter zuzulassen und zu zeigen, das würde ihn emotional lockern. Dann fällt es ihm leichter, sich zu öffnen und Bindungen einzugehen. Aber das Öffnen und Fallenlassen ist schwer!

Sein moralischer Anspruch ist hoch und von besonderer Art, die von anderen Menschen nicht so leicht zu erfüllen ist. Er kämpft zwar um die Aufrechterhaltung einer festen Beziehung, toleriert dabei aber nicht alles.

Als Liebhaber ist er sanft und zärtlich. Wilder Sex ist nicht sein Ding und schreckt ihn ab.

Äußeres Ziel und inneres Verlangen

Bewusst strebt der Braunbär nach der besten Möglichkeit, mit praktischen und physischen Dingen umzugehen.

Im Inneren sucht er nach dem verborgenen, spirituellen Kern aller Dinge.

DER ADLER oder RABE

22. September bis 22. Oktober

Persönlichkeit

Ein harmonisches und friedliches Miteinander ist für den sozialen Raben wichtiger Bestandteil seines Lebens. Als Einzelgänger fühlt er sich unwohl, er zieht die Gesellschaft einer Gruppe vor. Deshalb ist es ihm auch wesentlich lieber, in einem Team zu arbeiten, als sämtliche Aufgaben im Alleingang zu bewältigen. Sein Bedürfnis nach Harmonie und seine entgegenkommende Art kann er in einer vermittelnden, diplomatischen Tätigkeit bestens ausleben und zum Vorteil aller nutzen. Er drückt sich sprachlich gut aus und redet gerne.

Wenn möglich, weicht der Rabe Streit und Missstimmungen weiträumig aus. Als sensibler Mensch spürt er bereits die geringsten Disharmonien in der Atmosphäre und setzt seine Fähigkeiten ein, um wieder Ausgleich und Frieden zu schaffen.

Gerechtigkeit ist ihm ein echtes Anliegen. Er ist immer bemüht, beide Seiten zu sehen und zu verstehen. Er selbst ist manchmal Stimmungen unterworfen, die ihn aus dem lauten gesellschaftlichen Treiben reißen, für kurze Zeit zum Alleinsein zwingen und seine innere Ausgeglichenheit wiederherstellen. Manchmal fällt es ihm sehr schwer, sich zu entscheiden, dann wirkt er auf andere unentschlossen und wankelmütig.

Ein ausgeprägter Sinn für Schönheit und Ästhetik ist dem Raben eigen. Sie werden ihn nie mit zerzaustem Gefieder sehen, sondern immer seine gepflegte und elegante Erscheinung bewundern können. Liebevoll und mit sicherem Geschmack schafft er eine unvergleichliche Atmosphäre, die jeden Besucher wohlig umfängt und zu Bewunderung hinreißt.

Was ihn aus dem Gleichgewicht bringt, bedroht ihn auch in gesundheitlicher Hinsicht. Der Rabe schnappt wörtlich nach Luft, wenn ihm etwas zu viel wird – er hat Probleme mit den Atmungsorganen. Die Nieren als reinigender Filter im Körper sind auch gefährdet. Muskelprobleme infolge von Verspannungen können auftauchen, vor allem im unteren Rückenbereich. Dort – und tiefer – sind auch die sensibelsten Zonen für Berührungen …

Liebe, Partnerschaft, Erotik

Der Adler oder Rabe ist ein Romantiker. Er ist verliebt in die Liebe. Und er sucht nach dem perfekten Gefährten, nach der idealen Ergänzung. Dass es ihm da nicht leicht fällt, eine Wahl zu treffen, verwundert kaum. Er läuft Gefahr, sich im Überschwang eines euphorischen Glücksgefühls zu binden, ohne eine Beziehung wachsen und reifen zu lassen.

Charmant und verführerisch, wie er ist, kommt er beim anderen Geschlecht gut an. Kokett flirtet er unwiderstehlich, von seinen Lippen fließen Komplimente, die Herzen höher schlagen lassen.

Äußeres Ziel und inneres Verlangen

Sein äußeres Ziel sind das Zusammenleben in Schönheit und Harmonie und Zusammenarbeit im Team.

Sich auch in die inneren Werte seiner Umgebung zu vertiefen, kann für den Raben ein Gleichgewicht zu seinem nach außen gerichteten, auf Äußeres bedachten Lebenswandel herstellen. In der indianischen Lehre befindet er sich am tiefsten Punkt eines Pendelschwungs, zwischen auf und ab im Moment der Balance.

DIE SCHLANGE

23. Oktober bis 22. November

Persönlichkeit

Die Schlange steht für die Macht der Erneuerung. Ihr Wesen ist geheimnisvoll und unergründlich. Schlangen-Menschen neigen zu dramatischen Veränderungen. Sie befreien sich immer wieder von der Vergangenheit.

Der Schlangen-Mensch ist eine tiefgründige, impulsive Person, faszinierend anziehend, aber auch abstoßend für manche Menschen. Er will mehr wissen, als für das Auge sichtbar ist, will die Tiefen im Menschen ausloten und Hintergründe erforschen. Alles, was undurchsichtig, verworren und mystisch ist, reizt ihn besonders.

Die Schlange ist zerrissen zwischen Extremen: Geistige, spirituelle und materielle Höhen erreicht sie ebenso, wie sie in dunkle, finstere Abgründe der Verzweiflung fallen kann. Niemals sind ihre Emotionen oberflächlich.

Sie begegnet anderen als kühle, aber impulsive, ehrgeizige und entschlossene Persönlichkeit. Ihre Ziele verfolgt sie ausdauernd und konsequent. Aufgeben wird sie so schnell nicht. Selbst wenn andere schon längst das Handtuch geworfen hätten, hält sie beharrlich und bis an die Grenzen der Belastbarkeit daran fest. Sie schont weder sich noch andere.

Auf ihre Unterstützung können ihre Freunde bauen. Wenn sie sich jedoch verraten fühlt, vergisst sie das nie.

Die Schlange versteht es, großzügig, mit einem Sinn für Luxus und einer Neigung zu Ausschweifungen zu leben. Eine aufregende Mischung aus kalt und heiß! Der eiskalte Zug an ihr kann zu emotionalen Erfrierungen führen. Das Nervensystem reagiert empfindlich. Auch Magen und Darm reagieren sensibel.

Liebe, Partnerschaft, Erotik

Sie will ständig Zuneigung gezeigt haben und will geliebt werden, um selbst lieben zu können. Dann gibt sie sich dem süßen Gefühl selbstvergessen hin. Loyale und rücksichtsvolle Partner, die aber glühend misstrauisch werden können und sich und den Partner in Eifersucht verzehren. Wird ihr Wille, zu beherrschen und zu kontrollieren, zu stark, kann sie unerträglich sein.

Ihr Sexualtrieb ist sehr ausgeprägt und kann in Besessenheit münden. Mit ganzer Leidenschaft gibt sie sich erotischen Begegnungen hin. Auch da gilt das Extrem: totaler Sex – oder gar keiner.

Äußeres Ziel und inneres Verlangen

Ganz offensichtlich will die Schlange ihr ungestümes Verlangen stillen. Ihr persönliches Begehren muss nicht nur kontrolliert, sondern auch durch Loslassen verwandelt werden.

Sie muss ablegen, was sie bisher an der Weiterentwicklung gehindert hat.

Die Eule

23. November bis 21. Dezember

Persönlichkeit

Der Vogel Eule wird mit Weisheit und Wissenschaft in Verbindung gebracht.

Die Eule ist stolz, unabhängig und benimmt sich manchmal auffällig. Manchmal, nicht nur nächtens, haben sie den Wunsch, einfach von der Bildfläche zu verschwinden. Ihrem scharfen Auge und ihrer Aufmerksamkeit entgeht nichts. Ungeduld und Unverständnis zeigt sie gegenüber Ungerechtigkeit. Für Gerechtigkeit setzt sie sich mit ihrer ganzen Kraft ein und prangert Verstöße dagegen unbestechlich an. Ihre entschlossene Persönlichkeit verfolgt getroffene Entscheidungen unbeirrbar.

Nach außen wirkt sie sehr offenherzig, obwohl sie kaum jemanden an ihr Innerstes, ihre tiefsten Gefühle heranlässt.

Sie ist warmherzig, mag jeden Spaß, hat einen lebhaften Geist und liebt Abenteuer über alles. Ihre Ansichten sind unabhängig von der Meinung anderer oder gesellschaftlicher Vorgaben. Als Individualistin entdeckt sie immer neue Wege, um ihrer Abenteuerlust zu frönen und Genuss zu finden.

Ein wacher Geist wie der ihre geht manchmal mehr Interessen nach, als er verarbeiten und bewältigen kann. Spontane Reiselust treibt sie von Sinneseindruck zu Sinneseindruck. Ihre Aufnahmefähigkeit für geistige Anregungen scheint unbegrenzt.

Die Eule kann sich an Diskussionen berauschen. In Gesellschaft anregender Menschen blüht sie auf und brilliert mit Charme und Witz.

In freier Natur fühlt sie sich wohl und kann entspannen. Da erlebt sie das unmittelbare Gefühl von Freiheit, das ihr so wichtig ist. Sie liebt es, zu provozieren. Gelingt es einem anderen Menschen, sie aus der Reserve zu locken, muss man mit einem Wutanfall und harten Schnabelhieben rechnen.

Die Eule schätzt das gute Leben, vor allem Essen und Trinken. Das lässt sich manchmal am Hüft- und Bauchumfang in Zentimetern ablesen. Die Leber meldet sich bei einigen spürbar. Oberschenkel und Hüften sind gefährdet und empfindlich in jeder Hinsicht …

Liebe, Partnerschaft, Erotik

Die Eule ist romantisch und liebt den Flirt. Verlieben ist für sie aufregend und spannend, sie genießt die Achterbahnfahrt der Gefühle. Aber der Gedanke an eine feste Bindung ist ihr ganz und gar nicht geheuer.

Sollte sie sich doch binden wollen, muss die erotische Seite der Beziehung aufregend und abenteuerlich sein. Sie ist ein feuriger und hemmungsloser Liebhaber.

Solange alles stimmt, ist sie ein erfreulicher Partner, mit dem es nicht langweilig wird. Nur vor wirklich tiefen Gefühlen scheut sie zurück – sie öffnet ihre Seele ungern so weit.

Äußeres Ziel und inneres Verlangen

Die Eule strebt Erkenntnis an. Lässt sie zu, dass die Verschlossenheit ihren Gefühlen gegenüber die Oberhand gewinnt, kann sie verhärten. Eine positive, warme und liebende Energie kann dann nicht mehr fließen.

Auf innerer Ebene sucht sie ihre Bestimmung, damit sie sich für ein Ziel entscheiden kann. Sie wird von Freiheit erregt und bewegt.

Die Gans

22. Dezember bis 19. Januar

Persönlichkeit

Sie ist eine kraftvolle Persönlichkeit, die eine starke Vorstellungskraft besitzt. Das befähigt die Gans dazu, sich langfristigen Zielen zuzuwenden.

Ihre Pläne sind anspruchsvoll, aber realistisch und vernünftig. Sie werden mit Ehrgeiz und Zähigkeit umgesetzt.

Ihre ernste Lebenseinstellung lässt sie für viele Menschen distanziert und sogar gefühlskalt scheinen. Dabei liegen ihr die, die sie liebt, sehr am Herzen. Besonnenheit und Zurückhaltung kennzeichnen ihr Verhalten anderen gegenüber. Innerlich ist sie verletzlich und fühlt sich schnell deprimiert, wenn ihre Wünsche nicht in Erfüllung gehen. Dann nörgelt die Gans und wird recht schwierig.

Sie ist entschlossen, einfallsreich und praktisch. Die Gabe, Dinge und Zusammenhänge klar zu erkennen und zu analysieren, macht sie zur beliebten Ratgeberin in komplizierten Situationen.

Traditionen schätzt die Gans sehr, weil sie ihr die Sicherheit erprobter Verhaltensweisen bieten. Gerne akzeptiert sie auch Autoritäten und Hierarchien.

Sie bezieht ihre große Energie aus einem inneren Kraftreservoir, das sie schier unermüdlich und hart arbeiten lässt. Wo andere vor der Größe der Aufgabe kapitulieren, krempelt die Gans die Ärmel hoch und packt erst richtig an. So fühlt sie sich in ihrem Element, wenn sie zeigen kann, zu welchen geistigen und körperlichen Kraftakten sie im Stande ist! Ihre Leistungsfähigkeit scheint unbegrenzt, wenn sie ihre eigenen Interessen verfolgt. In das Leben anderer möchte sie aber nicht involviert werden.

Durch ihren Perfektionismus stört sie sich manchmal an ganz unwichtigen Kleinigkeiten und macht sich so das Leben unnötig schwer.

Ihr Pflichtbewusstsein und ihr Ehrgeiz lassen sie leider viel zu leicht auf die angenehmen und schönen Dinge im Leben vergessen. Die Gans hat wenig Bezug zu Genuss und der Leichtigkeit des Lebens im positivsten Sinn. Sie nimmt alles Ernst, sogar ihr Vergnügen. Hinter ihrer Reserviertheit verbirgt sich eine große Freude daran, im Zentrum der allgemeinen Aufmerksamkeit zu stehen – auch wenn sie sich nicht von selbst ins Rampenlicht drängt.

Grundsätzlich hat sie eine hervorragende Konstitution. Wenn sie krank ist, hält sie sich möglichst lange aufrecht und verneint ihre körperlichen Schwächen. Ihre unterdrückten Emotionen brechen vielleicht in Ausschlägen oder Allergien aus. Rheumatische Beschwerden ereilen sie vor allem im Kniebereich.

Liebe, Partnerschaft, Erotik

Die Gans sucht die Festigkeit und Sicherheit einer dauerhaften Beziehung. Die stürmische Liebe auf den ersten Blick ist ihr fremd. Ein so inniges Gefühl kann sich in ihren Augen erst in einer jahrelangen Freundschaft entwickeln.

Als Partner schafft sie ein behagliches Zuhause, ist ein guter und zuverlässiger Versorger, der sich um seine Liebsten bemüht.

Als Liebhaber ist sie nicht sehr sinnlich, aber sehr potent, ausdauernd und liebevoll.

Äußeres Ziel und inneres Verlangen

Nach außen sichtbar ist ihr Bestreben, zu organisieren und zu bewahren.

Innerlich suchen Gänse nach Selbstvertrauen, Selbstständigkeit und Individualität. Ein Erneuerungsprozess soll zum angestrebten Ziel führen.

DER OTTER

20. Januar bis 18. Februar

Persönlichkeit

Freundlich, verspielt und hilfsbereit ist der Otter in der Tierwelt.

Er ist beseelt vom Gedanken, anderen zu helfen. Gerne ist er in karitativen Organisationen tätig. Voll Zuversicht und Engagement setzt sich der human denkende Otter für seine Ideen und Ideale ein.

Seine revolutionären Vorstellungen machen ihn zum Kämpfer für visionäre Ideen. In ambitionierten Gruppen schmiedet er Pläne zur Verbesserung der Welt. Er setzt sich für Werte wie Gleichberechtigung, Unabhängigkeit und Freiheit ein. Sie liegen ihm auch persönlich am Herzen. Ohne sie kann auch er selbst nicht glücklich leben. Vor allem seine Freiheit verteidigt der Otter mit Klauen und Zähnen. Viele seiner Pläne sind entweder zu utopisch, zu unpraktisch oder er hat zu wenig Zeit, sie umzusetzen. Der Begriff, das Phänomen Zeit hat für ihn seine Tücken: Er übernimmt gern mehr Verpflichtungen, als er erfüllen kann, weil es ihm schwer fällt, mit einem begrenzten Gut wie Zeit umzugehen.

Als extravertierter Mensch beschäftigt er sich viel mit anderen Leuten. In geselliger Runde ist er gern gesehen. Mitreißend und amüsant versteht er zu erzählen und zu diskutieren. Seine originelle, bunte und rebellische Persönlichkeit macht ihn interessant. Er kennt kaum Tabus und will alles ausprobieren. Eine Bereicherung für jede Gesellschaft!

Gesundheit ist für den Otter kein Thema. Er ist recht sportlich und hält sich fit. Aber seine Ernährung ist sehr wechselhaft – von ungesund bis übergesund. Er isst, was er am schnellsten und einfachsten kriegen kann. Was Magen und Darm davon halten, ist nicht schwer zu erraten. Auch Probleme mit den Blutgefäßen können auftreten.

Liebe, Partnerschaft, Erotik

Wenn es um Liebe geht, ist der Otter heiß-kalt. Prinzipiell mehr am Geist als am Körper interessiert, macht er als elektrisierender, fantasievoller Liebhaber dennoch eine gute Figur.

Sie wollen nicht nur den idealen Gefährten finden, sondern auch selbst der perfekte Liebhaber sein. In ihren Gedanken, in der Fantasie haben sie die tollsten Vorstellungen von Erotik, die sie auch irgendwann ausleben. Ob das gerade dann passiert, wenn es von ihnen angedacht war …? Leidenschaft und tiefe Gefühle hegt der Otter selten. Beziehungen empfindet er generell als Fessel, die seine unbändige Freiheitsliebe einengt. Deshalb lässt er sich nicht leicht »einfangen«.

Äußeres Ziel und inneres Verlangen

Der Otter will alles möglichst selbst entdecken und erkennen. Er will Wissen erfahren und erleben. Mit Schilderungen vom Leben will er sich nicht begnügen.

Innerlich sucht er nach der letzten, großen Weisheit.

DER WOLF

19. Februar bis 20. März

Persönlichkeit

Für die Indianer war der Wolf Führer und Lehrer in geheiligten Dingen.

Der Wolf-Mensch ist besonders intuitiv und sensibel für alle Vorgänge in seiner Umgebung. Mit feinen Antennen ahnt und fühlt er, was in anderen vorgeht, welche Bedürfnisse die Menschen seiner Umgebung haben. Diese Empfindsamkeit und Feinfühligkeit machen ihn selbst sehr verletzbar. Sogar eine harmlose Bemerkung kann den Wolf verwunden. Seine Menschenkenntnis ist enorm, durch seinen Instinkt und seine Intuition erkennt er die Absichten anderer sehr schnell und sicher. Idealistisch, spirituell und selbstlos zeigt er sich, wenn er den richtigen Weg gefunden hat. Launisch und unzufrieden knurrt der fehlgeleitete Wolf.

Obwohl er ein Rudeltier ist, braucht er sein eigenes Territorium, auf das er sich zurückziehen kann. Seinen häuslichen Bereich, der ihm als Rückzugsmöglichkeit und sicherer Hort gilt, braucht er als Ort der Kraft und Ruhe. Betritt jemand sein Territorium unaufgefordert und gefährdet es, kann er sich furchtbar aufregen und zum reißenden Wolf werden.

Der Wolf gilt als mitfühlend, hilfsbereit und aufopferungsvoll, manchmal auch als gutgläubig. Es fällt ihm nicht schwer, mit anderen ins Gespräch zu kommen, ohne aber von seinen eigenen Gefühlen viel preiszugeben. Wohlwollend begegnet er anderen Menschen und kann sich tief auf ihre emotionale Befindlichkeit einlassen. So weit, dass er selbst ausgelaugt zurückbleibt. Wenn er ohne emotionales Echo einfach stehen gelassen wird, reagiert er frustriert und bitter. Dann zeigt er sein gefährliches Gebiss und beißt mit spitzen Zähnen. Im Kampf lebt mancher Wolf seine zurückgehaltenen Emotionen so richtig aus ...

Kritik ertägt der Wolf nur schlecht. Vor allem, wenn es um seine künstlerischen Neigungen und sein schöpferisches Talent geht, nimmt er jede Bemerkung sehr persönlich. Er liebt Schönheit, ob in der Natur, Kunst oder an dekorativen Gegenständen.

Der Wolf isst gerne und neigt zu Übergewicht. Er soll daher auf Kreislauf, Krampfadern und Blutdruck achten. Er fühlt sich zu natürlichen Heilmethoden hingezogen.

Liebe, Partnerschaft, Erotik

Beinahe noch lebensnotwendiger als Essen und Trinken braucht der Wolf Zuneigung und Liebe. Hat er sein Herz vergeben, dann soll das für immer sein. In eine Beziehung und in seinen Partner investiert er mehr Energie als in sich selbst. Er idealisiert seinen Partner ungemein. Dieses Bild zu erfüllen fällt in der Realität nicht leicht!

Als Liebhaber ist der Wolf liebevoll und zärtlich, sanft und weich. Die gegenseitige Vertrautheit lässt ihn und seine Sinnlichkeit aufblühen.

Äußeres Ziel und inneres Verlangen

Der Wolf versucht, sich aus Einschränkungen und Begrenzungen zu befreien.

In seinem Inneren sucht er die Quelle und den Sinn des Seins zu erkennen und die Liebe zu verstehen. Sein inneres Gleichgewicht erlaubt es ihm, seine eigenen Gefühlen anderen gegenüber zu zeigen und konstruktiv damit umzugehen.